変わる縄文

遺跡発掘作業員のわたしが追いかけた一万年

今井しょうこ

はじめに

縄文時代は魅力的です。
あのパワフルな造形の土器たちを目の前に、解《わか》ろうとすると全然解らなくて、ただひたすらウットリ。

でも、それではお仕事になりません。そう、わたしの仕事は遺跡発掘調査事務所の作業員。発掘調査の専門家の方々の下であれやこれやをしています。

遺跡発掘の現場に出て土を掘ることもありますが、近頃の業務は、室内作業です。遺跡から出た土器片を洗って記号を記して、分けて、数えて、組み立てて、図面にして……など、本当に些細《ささい》なことを繰り返している毎日です。お気づきのとおり歴史的大発見のロマンとはかけ離れていますが、この些細なことの積み重ねが面白いのです。やがてそれらが積み重なって遺跡の全貌が見えてきます。山登りも一歩一歩の積み重ねで頂上までたどりつくのですから、それと同じですね。

そうして、次第に、縄文時代というものの全貌を見たくなって、この本を描きました。一万年以上という長い長い縄文時代と、最新の発掘成果や化学分析であきらかになってきていることを追いかけました。それでもあまりにも長くて広くて深い縄文時代。まだまだ冒険の途中ですが、縄文が好き、気になる！　と思ってくれているあなたなら、一緒に楽しんでくれるはず。

さあ、参りましょう。謎だらけで、魅力的、でも我々のすぐ隣、そんな縄文世界へ。

今井しょうこ

はじめに……004
プロローグ～わたしと暮らしと縄文と～……006
第1章 考古学について～遺跡と土器と研究と～……017
コラムマンガ●『縄文時代』について……031
年表●縄文時代のざっくり流れ……032
博物館マップ●必見！ 国立歴史民俗博物館……034

三内丸山《さんないまるやま》遺跡 P090・140・174・222
亀ヶ岡石器時代遺跡 P226
大森勝山遺跡 P193
砂沢遺跡 P233
大湯環状列石 P175
是川《これかわ》石器時代遺跡 P104・144・175
伊勢堂岱《いせどうたい》遺跡 P175
御所野《ごしょの》遺跡 P095・175
縄文の里・朝日
奥三面《おくみおもて》歴史交流館 P161
新潟県立歴史博物館 P162
馬高《うまたか》縄文館 P139・162
蝦島《えびしま》貝塚 P216
十日町市博物館 P162
三貫地《さんかんじ》貝塚 P219
津南町農と縄文の体験学習館 なじょもん P161
北杜市考古資料館 P202
津南町歴史民俗資料館 P161
中野谷松原遺跡 P190
梅之木遺跡 P106・125・150
水子貝塚 P070・085
居家以《いやい》岩陰遺跡 P213
下宅部《しもやけべ》遺跡 P085
浅間縄文ミュージアム P155
釈迦堂《しゃかどう》遺跡群 P202
中里貝塚 P063
茅野市尖石縄文考古館 P142
前田耕地《まえだこうち》遺跡 P063
東京国立博物館 P116
エリ穴遺跡 P185
明治大学博物館 P116
唐渡宮《とうどのみや》遺跡 P222
中妻《なかづま》貝塚 P218
伊那市創造館 P142
国立歴史民俗博物館 P034・146
井戸尻《いどじり》考古館 P187
取掛西《とりかけにし》貝塚 P82
金生遺跡 P156・178
加曽利《かそり》貝塚 P134
大曲輪遺跡 P183
國學院大學博物館 P116・134
大森貝塚 P031
町田市考古資料館 P085・178
南アルプス市ふるさと文化伝承館 P202
東京都埋蔵文化財センター P116・118
西富岡《にしとみおか》・向畑《むこうばた》遺跡埋没林 P039
山梨県立考古博物館 P202
稲荷木《いなりぎ》遺跡 P101
中屋敷《なかやしき》遺跡 P231
伊川津《いかわづ》貝塚 P210
上中丸遺跡 P048
保美《ほび》貝塚 P219
見高段間《みたかだんま》遺跡 P170

Contents

第2章 変わる環境 ～ムシと嵐と絶滅と～……035
博物館マップ●九州編……056
ミニマンガ●遺跡発掘現場見学会へ行ってみよう！……057

第3章 変わる食 ～木の実とグルメと分析と～……059
博物館マップ●東京近郊編……085
ミニマンガ●土偶宇宙人説に迫った話……086

第4章 変わる住居 ～ススと焼失とインテリアと～……087
図解●縄文竪穴建物 ようこそ縄文ハウス……114
コラムマンガ●『土器を掘る』に迫った話……115
博物館マップ●東京編……116

第5章 変わる土器 ～縄と粘土と火の精と～……117
博物館マップ●長野編……142

第6章 変わる装い ～ムラとおしゃれと悪霊と～……143
図解●縄文人装い……160
コラムマンガ●アンギンに新潟で迫った話……161
博物館マップ●新潟編……162

第7章 変わる豊かさ ～あの子と宴と往来と～……163
コラムマンガ●縄文時代のお嫁入り……173
博物館マップ●東北編……174

第8章 変わる信仰 ～石と土偶とシンボルと～……177
コラムマンガ●土偶のこと聞きました！……201
博物館マップ●山梨編……202

第9章 変わる埋葬 ～眠りと祖先とまじないと～……203
コラムマンガ●私自身に見る日本人の多様性みたいなことを考えた話……228

エピローグ 終わらない縄文 ～祈りと命とわたし～……230

オススメ縄文本……248
おわりに……251
ご協力いただいた方々……252
参考文献……254

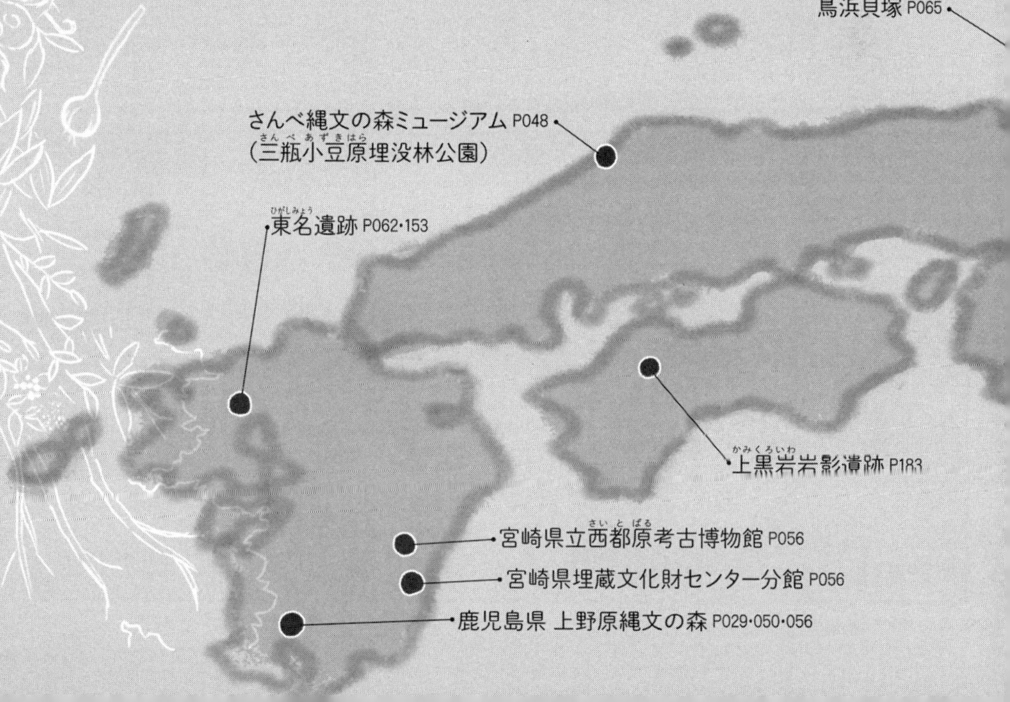

鳥浜貝塚 P065
さんべ縄文の森ミュージアム P048
(三《さん》瓶《べ》小豆《あずき》原《はら》埋没林公園)
東名《ひがしみょう》遺跡 P062・153
上黒岩《かみくろいわ》岩影遺跡 P183
宮崎県立西都原《さいとばる》考古博物館 P056
宮崎県埋蔵文化財センター分館 P056
鹿児島県 上野原縄文の森 P029・050・056

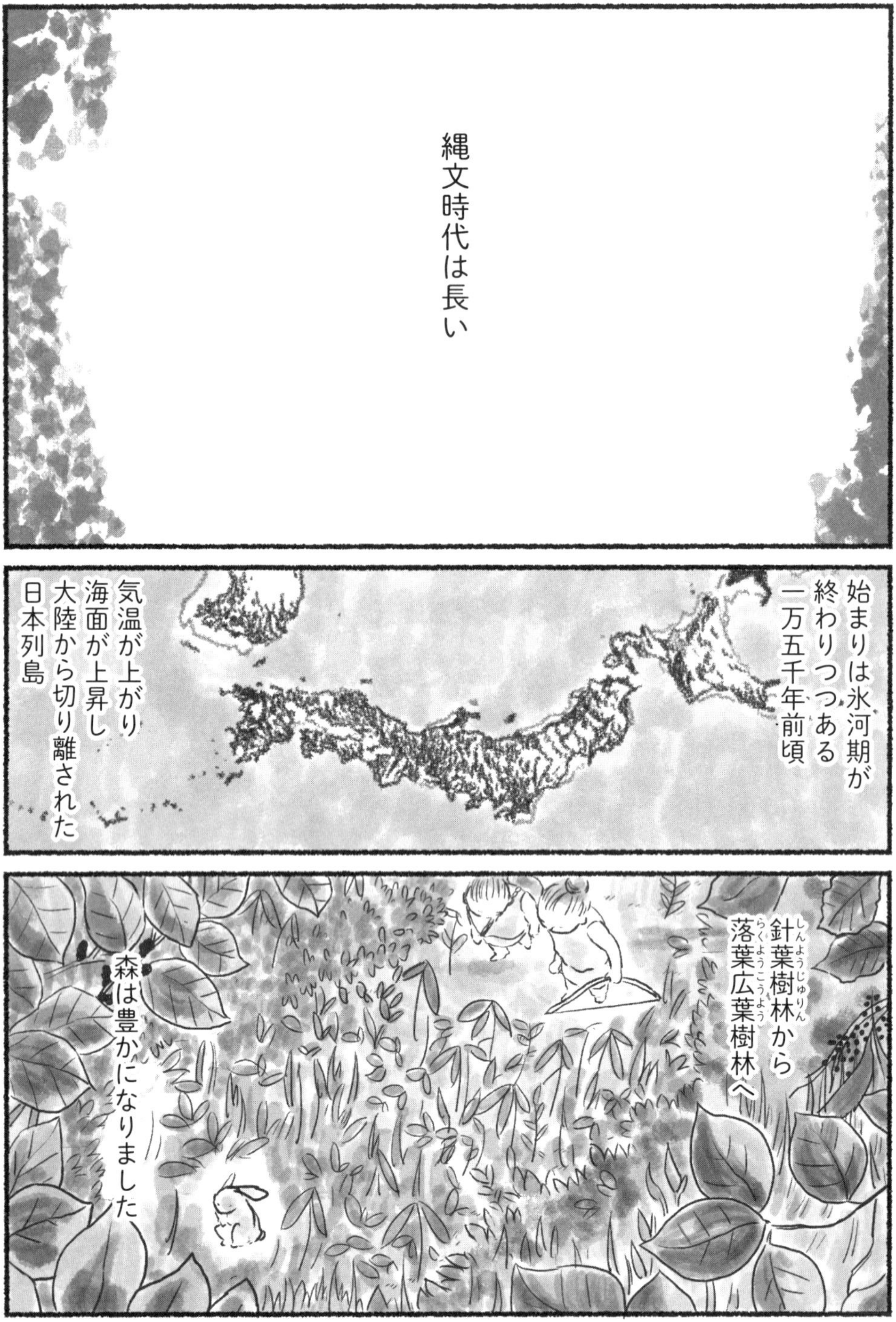
縄文時代は長い
始まりは氷河期が
終わりつつある
一万五千年前頃
気温が上がり
海面が上昇し
大陸から切り離された
日本列島
針葉樹林《しんようじゅりん》から
落葉広葉《らくようこうよう》樹林へ
森は豊かになりました

キリキリ
キリ
パシュッ
ドス
旧石器時代の人々は
ナウマンゾウや
オオツノジカという
大きな獲物を追って
旅をしながら
キャンプ生活をして
いました
縄文時代を
生きた彼らには

やがて
帰るムラが
できたのです
それは、縄文時代が始まってから
五千年ほど経った頃でした

※考古学や民俗学では、現在の自治体の区域と区別するために人の居住しているエリアを「ムラ」「クニ」とカタカナで表します

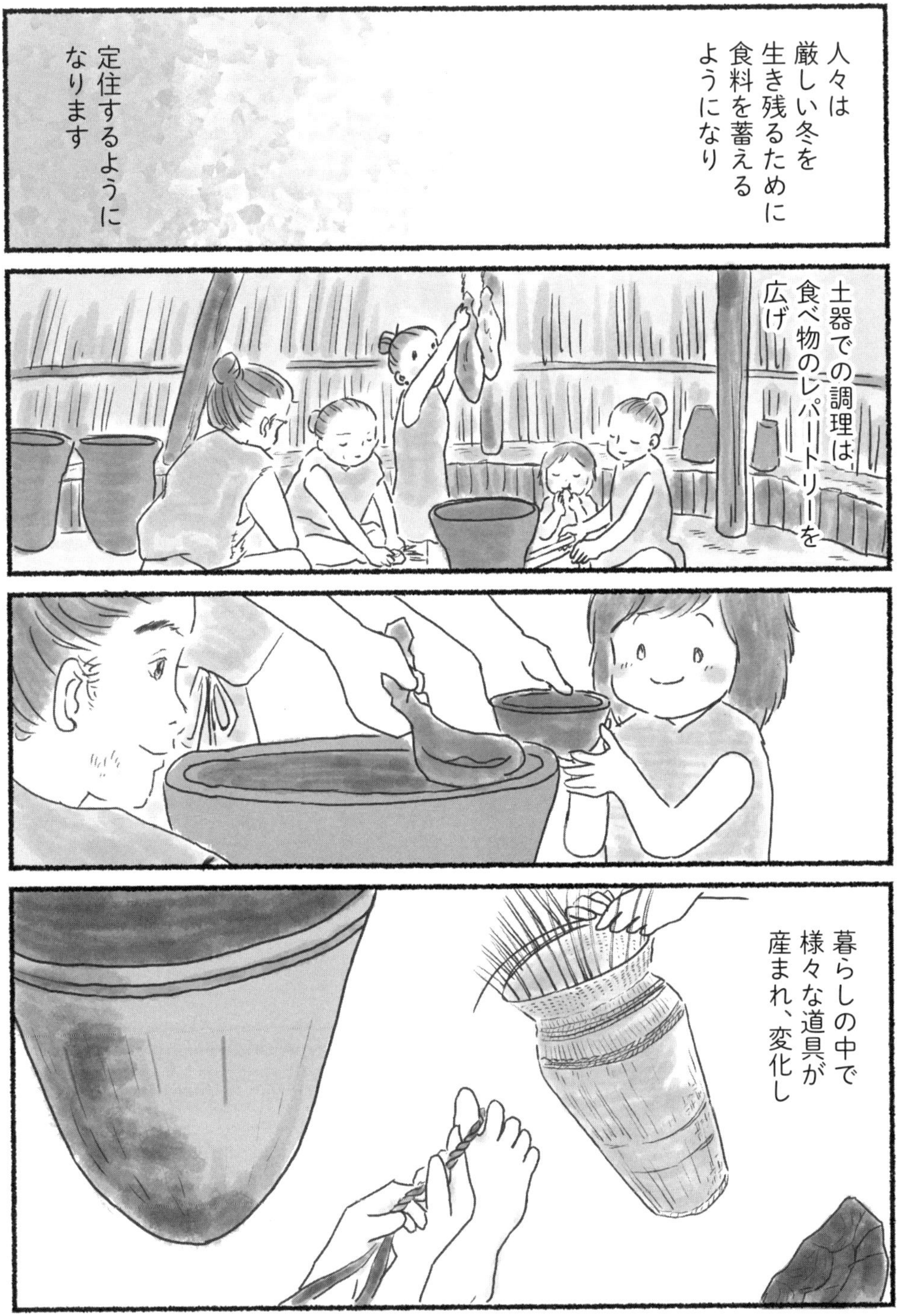
人々は
厳しい冬を
生き残るために
食料を蓄える
ようになり
定住するように
なります
土器での調理は
食べ物のレパートリーを
広げ
暮らしの中で
様々な道具が
産まれ、変化し

そして
現在
それらは遺跡として
わたしたちの前に現れます
ふう‥
今井です
主婦
子供4人
わたしは
遺跡発掘
調査事務所で
働いています

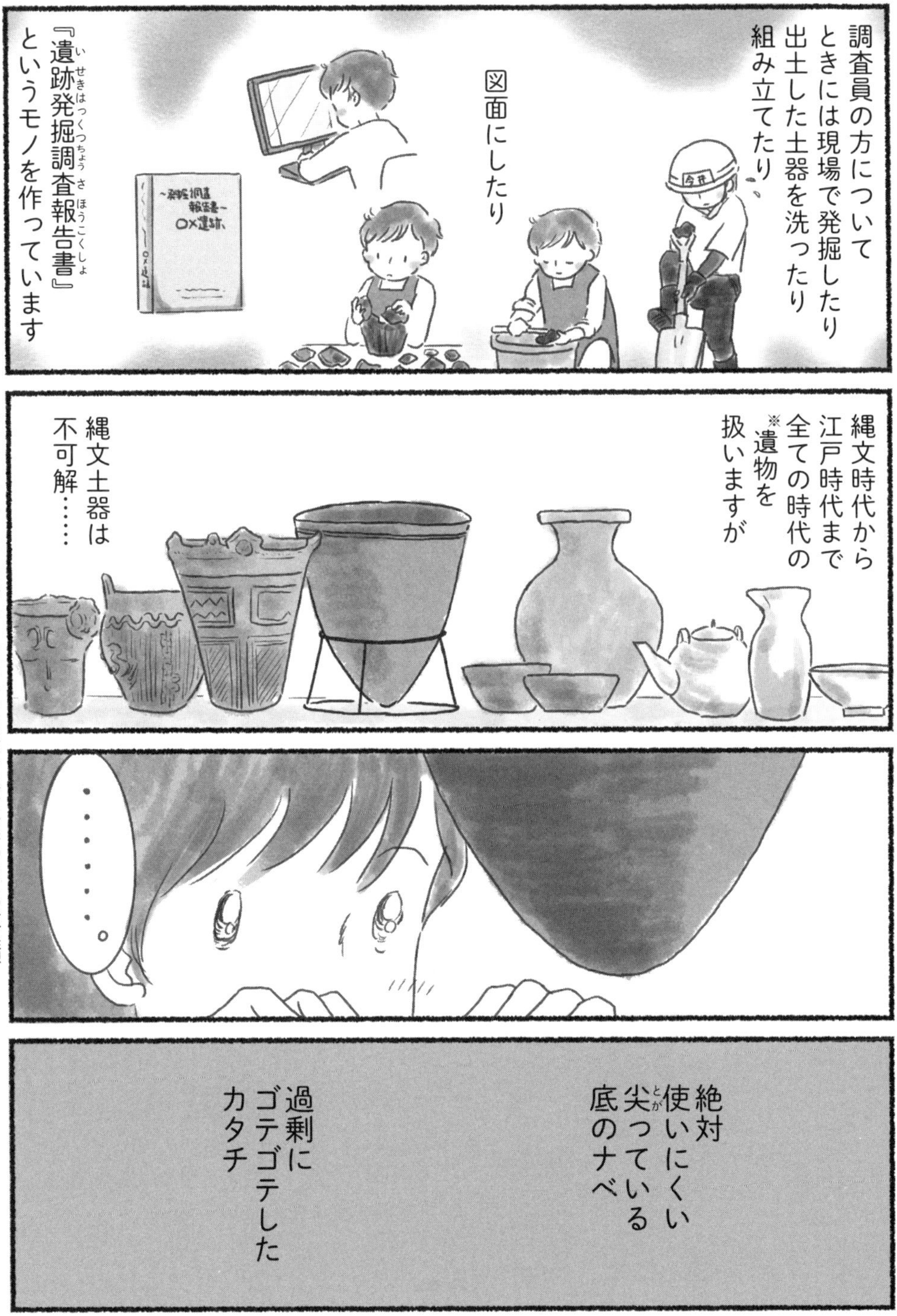
調査員の方について
ときには現場で発掘したり
出土した土器を洗ったり
組み立てたり
図面にしたり
『遺《い》跡《せき》発掘《はっくつ》調《ちょう》査《さ》報告書《ほうこくしょ》』
というモノを作っています
縄文時代から
江戸時代まで
全ての時代の
※遺物を
扱いますが
縄文土器は
不可解……
・・・・・・。
絶対
使いにくい
尖《とが》っている
底のナベ
過剰に
ゴテゴテした
カタチ

※考古学においては人類が作り使用した土器、石器、木製品などの道具類

ヘンよね
でも
理由があったはず
よね
ホラ
このくびれは
持ちやすい
確かに！
このカタチだと
当時の炉《ろ》に
設置するのに
ピッタリ
そして
早く中身が
沸《わ》くらしいわ
いや
サイコーに
使いやすい
んだって
なるほど
当時の
ライフスタイルを
反映しているんですね
土器の前
からあった
編みカゴの
イメージが
残ってるのかも
ともいわれて
いるのよ
Image 脱せず

定住化が進んだ縄文前期には
おウチがあると置けるのよ
で
我家なんて
こんな…
平らなところに置けるカタチの平らな底の土器もつくるようになるわ
さっすがせんぱいっ!!
一万年以上も続いた縄文時代だもの土器のカタチや文様《もんよう》に変化があったしその理由もあるのよ
縄文時代の遺物
それ一点だけ見ても使い方はおろか
一体なんなのかさえわからないものも多いです

でも
点と点が
線になって
遺物の出土
さらに
面になる
○×遺跡
周辺の遺跡
その重なりを
辿《たど》ることが
できたら
時間的
変化

近づけるんじゃないのかな
わたしたちの祖先たちと
同じ人間なんだから
土器の図面を描く時
キャリパーという道具で
器面の厚さを計ります
一万年以上の
長い時間の中で
変化していった
縄文時代

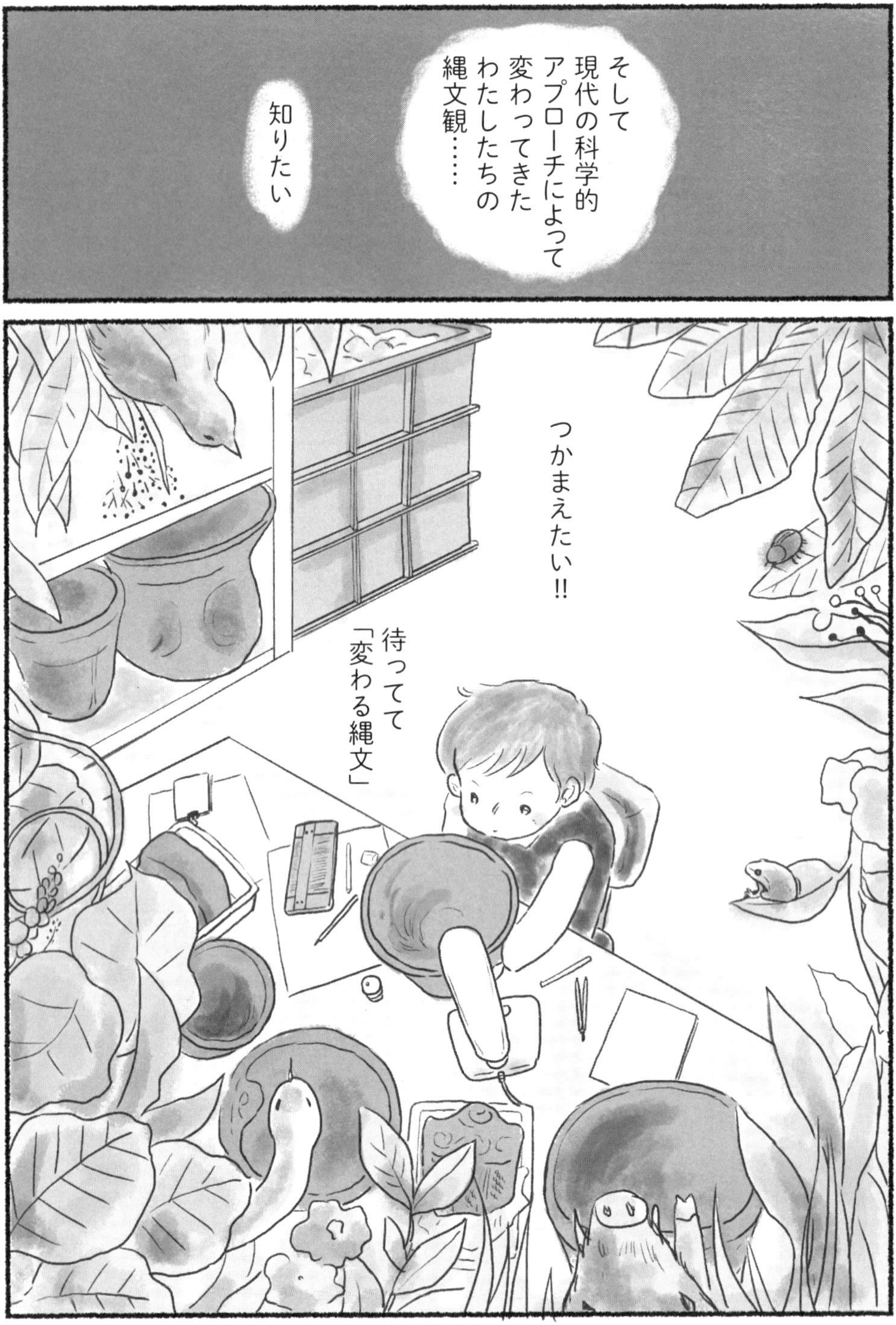
そして現代の科学的アプローチによって変わってきたわたしたちの縄文観……
知りたい
つかまえたい!!
待ってて「変わる縄文」

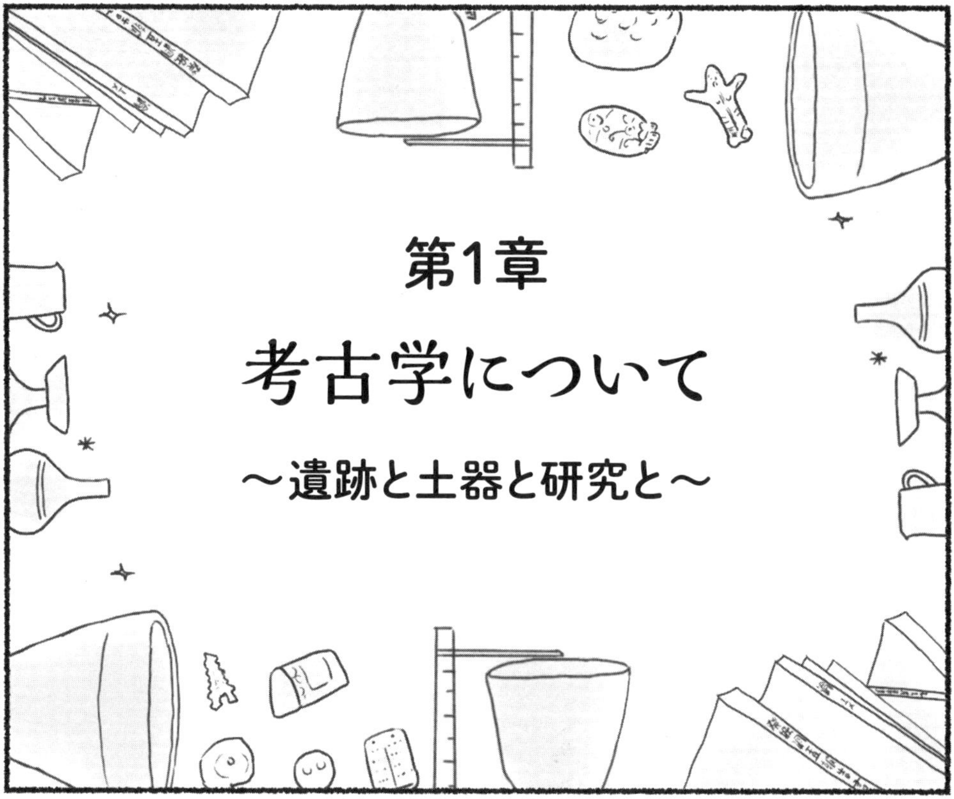

第1章
考古学について
～遺跡と土器と研究と～

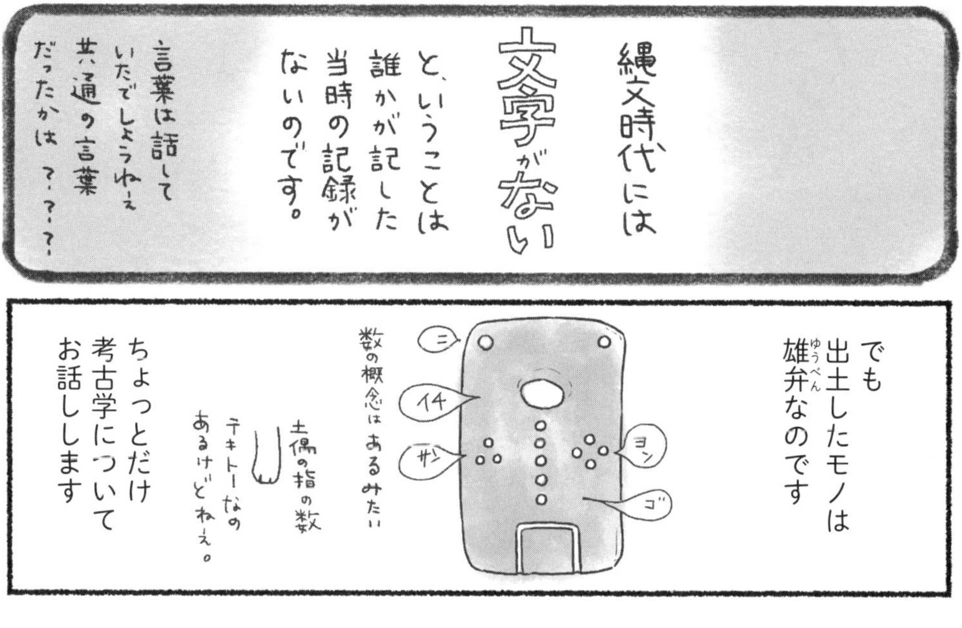

縄文時代には
文字がない
と、いうことは
誰かが記した
当時の記録が
ないのです。
言葉は話していたでしょうねぇ
共通の言葉だったかは？・？・？
でも
出土したモノは
雄弁《ゆうべん》なのです
ニ
イチ
サン
ヨン
ゴ
数の概念はあるみたい
土偶の指の数
テキトーなのあるけどねぇ。
ちょっとだけ
考古学について
お話しします

※日本の土は酸性で有機物を溶かしやすいのです

それに……
職場で見る
この破片たちっ!!
こ、この一番下に
この箱を
戻さねば…
その「量」に
圧倒されます
仕事場に
運ばれてくる
土器たちが
丸々一個カタチに
なるのは
結構レア!!
選ばれしモノだけが
表舞台に出るのです
この成れの果てが
現代の環境破壊
ゴミ問題……
なんて
思っちゃう
けど
やっぱり…

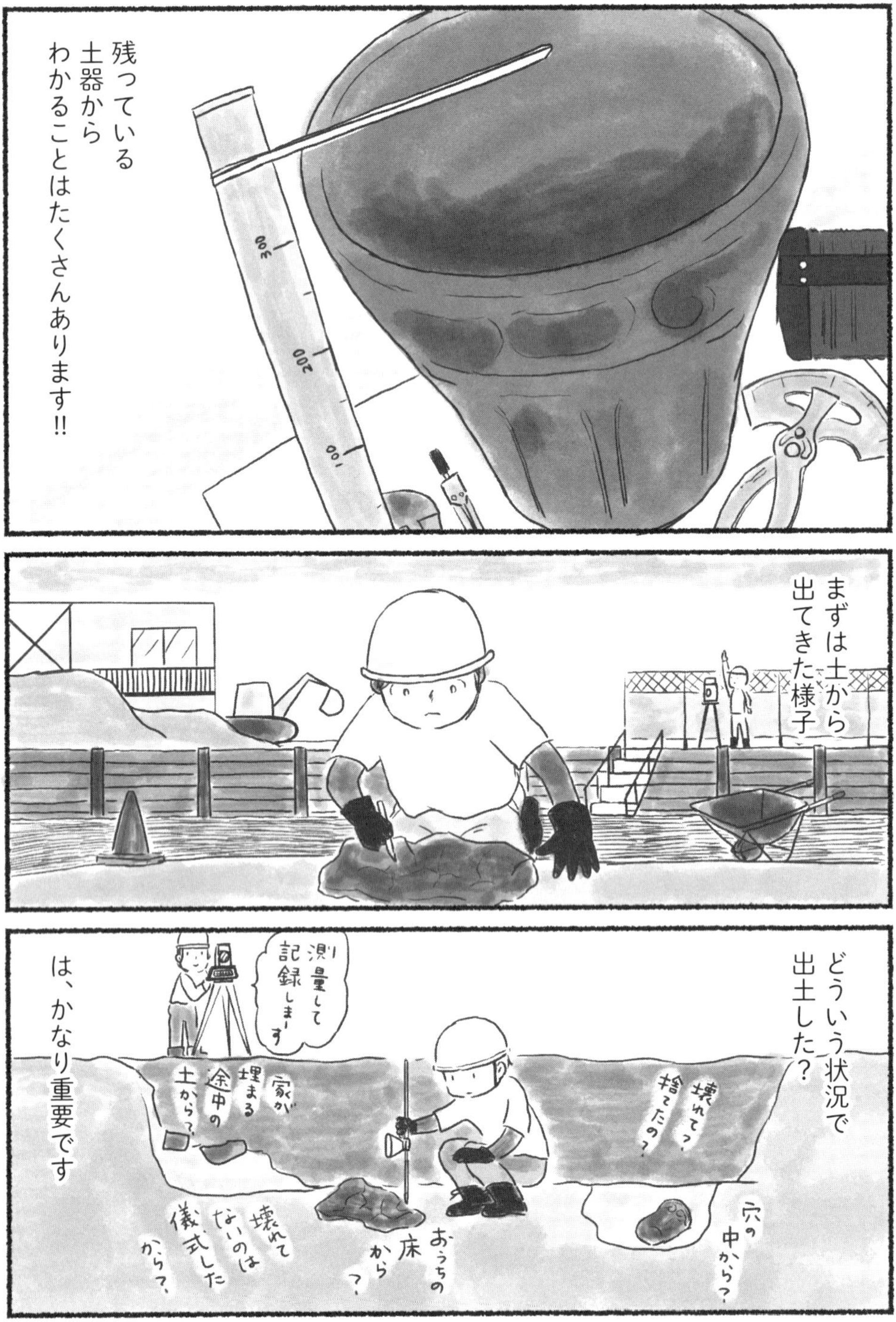

残っている
土器から
わかることはたくさんあります!!
まずは土から
出てきた様子
どういう状況で
出土した?
壊れてっ、
捨てたの?
穴の
中から?
おうちの
床
から
?
測量して
記録しまーす
家が
埋まる
途中の
土から?
壊れて
ないのは
儀式した
から?
は、かなり重要です

で、この土器から
なにを食べた？
おコゲがついてることも!!
こっちはスス
どんな環境で
いつ、どうやって
どんな道具を
使ってつくった？
なんてことがわかります
で、
器《うつわ》そのものの
カタチ
自由気ままに
縄文人の
創作意欲が
爆発している感のある
縄文土器ですが
縄文は
バクハツだぁぁぁ
あくまでイメージです
実際は
きちんとしたルールの
中でつくられています

粘土は自由にカタチをつくることができます
わ〜い
粘土って自由
つくり手の背景が、意志がそのまま反映され
それは器のカタチや文様にあらわれます
真弧《マコ》という土器のカタチを写しとる道具です
図面を描くぞう!!
の時はメガネ…
ヤッパリネ
弥生土器なんて時代になると
シュッとしてるの
機能美ってカンジになるんですのよ
生産性重視の時代
で、まだ注目するもの
それは「土」

文様と土から
土器そのものが
外の地域から
この地域に
持ち込まれたのか
お土産持って来たよー!!
テク
テク
他の土地の技術を
持った人がやってきて
ここの粘土でつくったのか
スゴーイ
わたしのムラではこうやるの
…なんてことがわかる
そして見えてくる
このコの姿が
意味するもの
ホッ
図面描き終えて
いやいや
話は
ここから
なのです

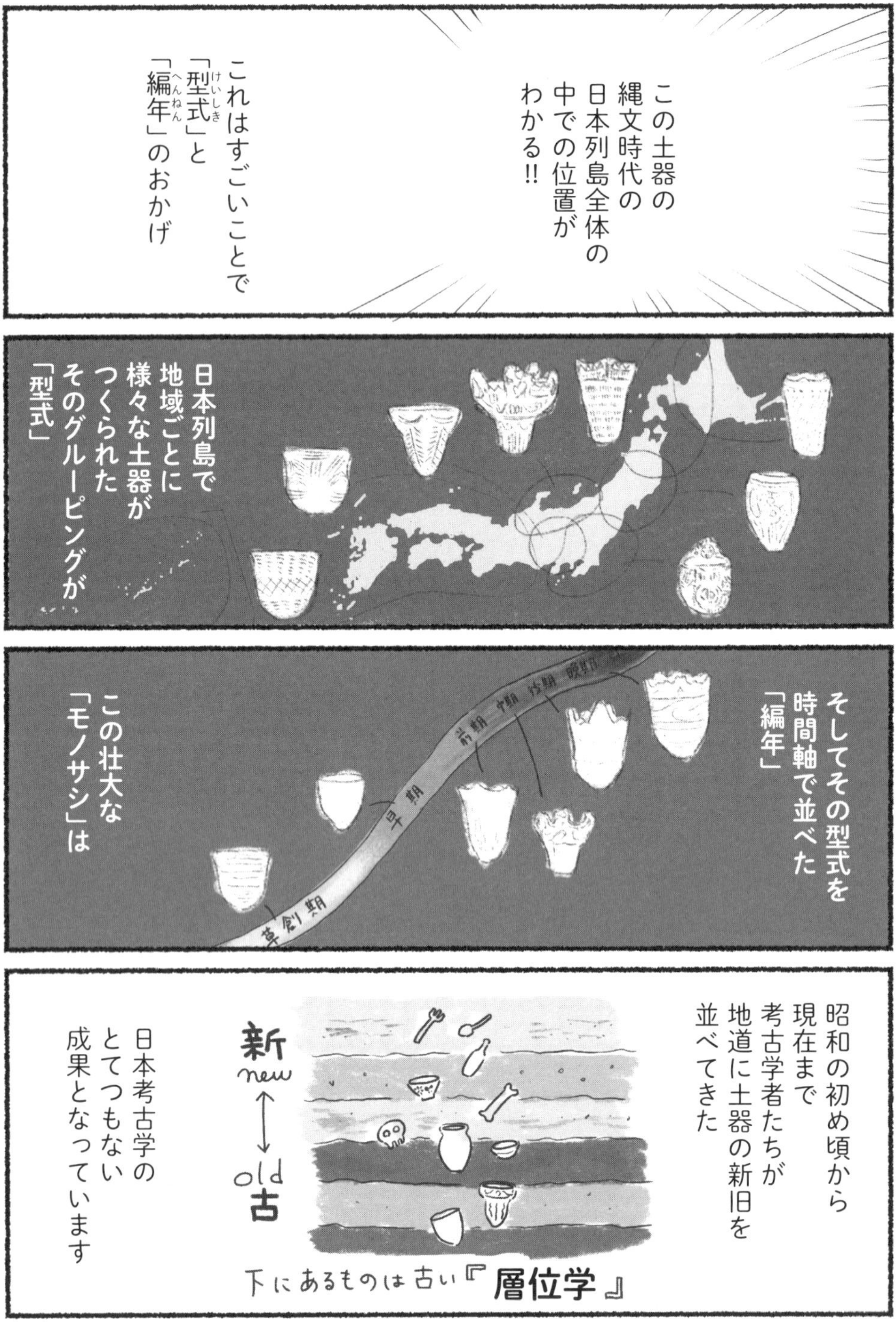
この土器の
縄文時代の
日本列島全体の
中での位置が
わかる!!
これはすごいことで
「型式《けいしき》」と
「編年《へんねん》」のおかげ
日本列島で
地域ごとに
様々な土器が
つくられた
そのグルーピングが
「型式」
そしてその型式を
時間軸で並べた
「編年」
草創期
早期
前期
中期
後期
晩期
この壮大な
「モノサシ」は
昭和の初め頃から
現在まで
考古学者たちが
地道に土器の新旧を
並べてきた
新
new
old
古
下にあるものは古い『層位学』
日本考古学の
とてつもない
成果となっています

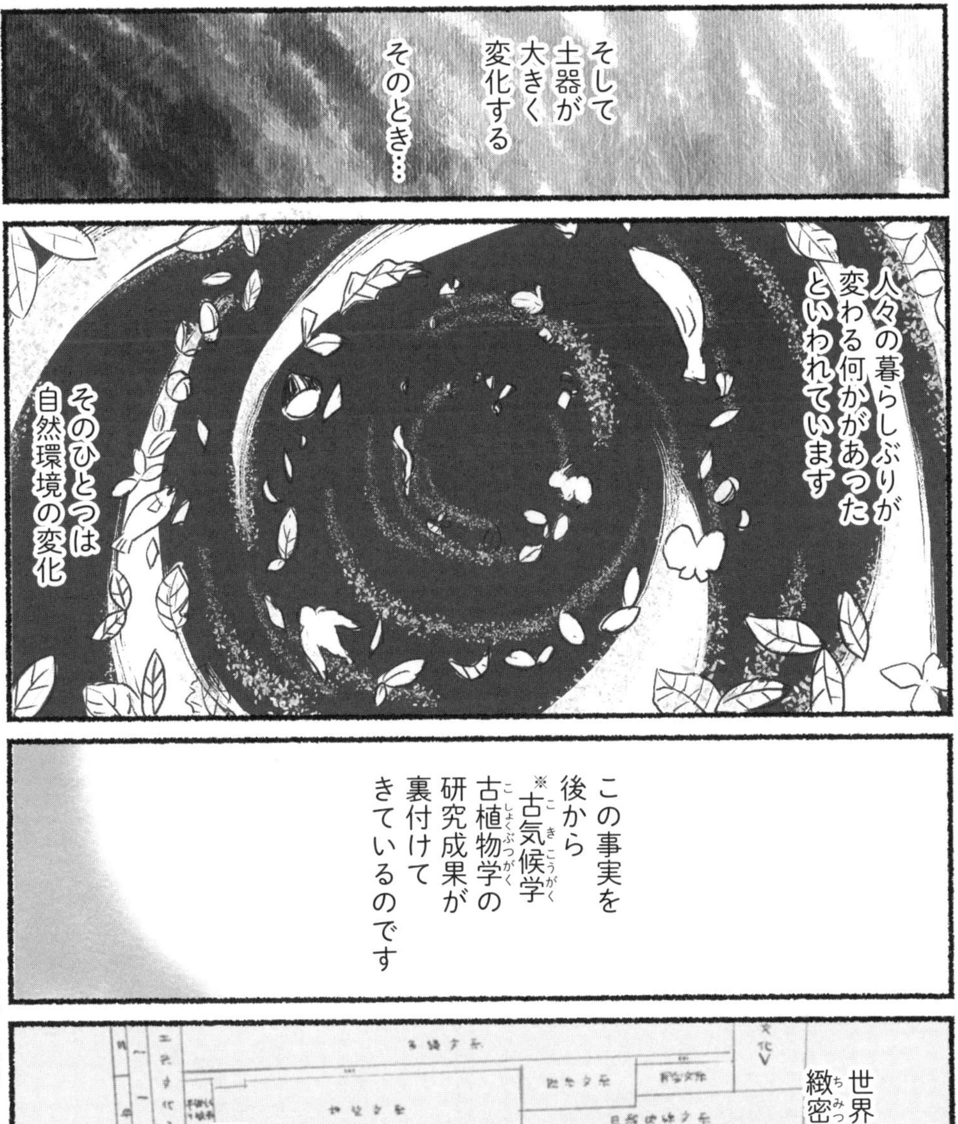
そして土器が大きく変化する
そのとき…
人々の暮らしぶりが変わる何かがあったといわれています
そのひとつは自然環境の変化
この事実を後から※古気候学《こきこうがく》古植物学《こしょくぶつがく》の研究成果が裏付けてきているのです
世界に冠《かん》たる緻密《ちみつ》・精密《せいみつ》なモノサシ
「編年」

※古気候学　過去の気候を研究する学問
古植物学　過去の植物、植物群について研究する学問

出典:総覧縄文土器　小林達雄編　アム・プロモーション　2008

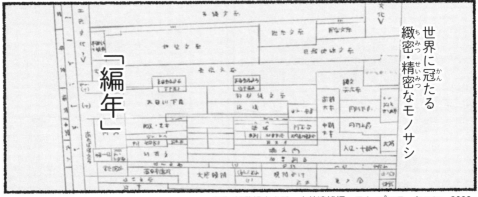

今、ここに
残されている
「土器《モノ》」
という確かな点が
つながって
面になり
さらに
立体的になって
解明されていきます
実際、職場では
チマチマした
作業ばっかりで
こんなんより
もっと最新技術で
ドカッと大きな
ことがわかるんじゃ
ないのかねぇ
今なんどきだい？
などと
しばしば
感じます
うわぁああ
し、か、し
じつは
「発掘で何かが
出土して
それだけで
たちまち歴史を
塗り変える
大発見！」
ってのは
稀《まれ》なのです
最近も
卑弥呼《ひみこ》の墓か!?
って発掘調査が
あったけど
SNSで？
実況中継
やってる!?
ランチタイム
釘付け！
どうですか？
すぐには
わからないわよ

たとえ「卑弥呼の墓」って書いてあるモノがそこから見つかったとしても
パカッ
オーッ
卑弥呼の墓
誰がどういう状況で書いたのかの検証と近頃は化学分析もして研究の総合の成果でやっと解《わか》ってくるのよ
あとの時代の人が書いた可能性もあるでしょ〜
研究って地道
卑弥呼の
そう！ある土偶のカタチが変化していく様をあきらかにするのに25年以上をもかけた専門家もいるわ
25年……四半世紀……
まるで……

考古学
それ自体が大きな生き物みたいに変わり続け、日々育っていってる!!
って、感じます
類例
物理学
分子生物学
民族例
動物学
編年
人類学
古気候学
民俗例
科学分析
植物学
化学
環境学
地質学
あまりにもでっかい…
先生たちは一つ一つの細胞なのかも…
さてお仕事がんばろ!
Viva 地道
本日はひたすら土器を数えるお仕事デス
あ
指紋だぁ…

そうです…
現代の我々の
考古学だの研究だの
事情はどうあれ
この土器の向こう側には
コレをつくった、
使っていた
人々がいました
鹿児島
上《うえ》野《の》原《はら》縄文の森
で見た
縄文時代の人の骨
ひゃああ
歯が
擦《す》り減ってる！

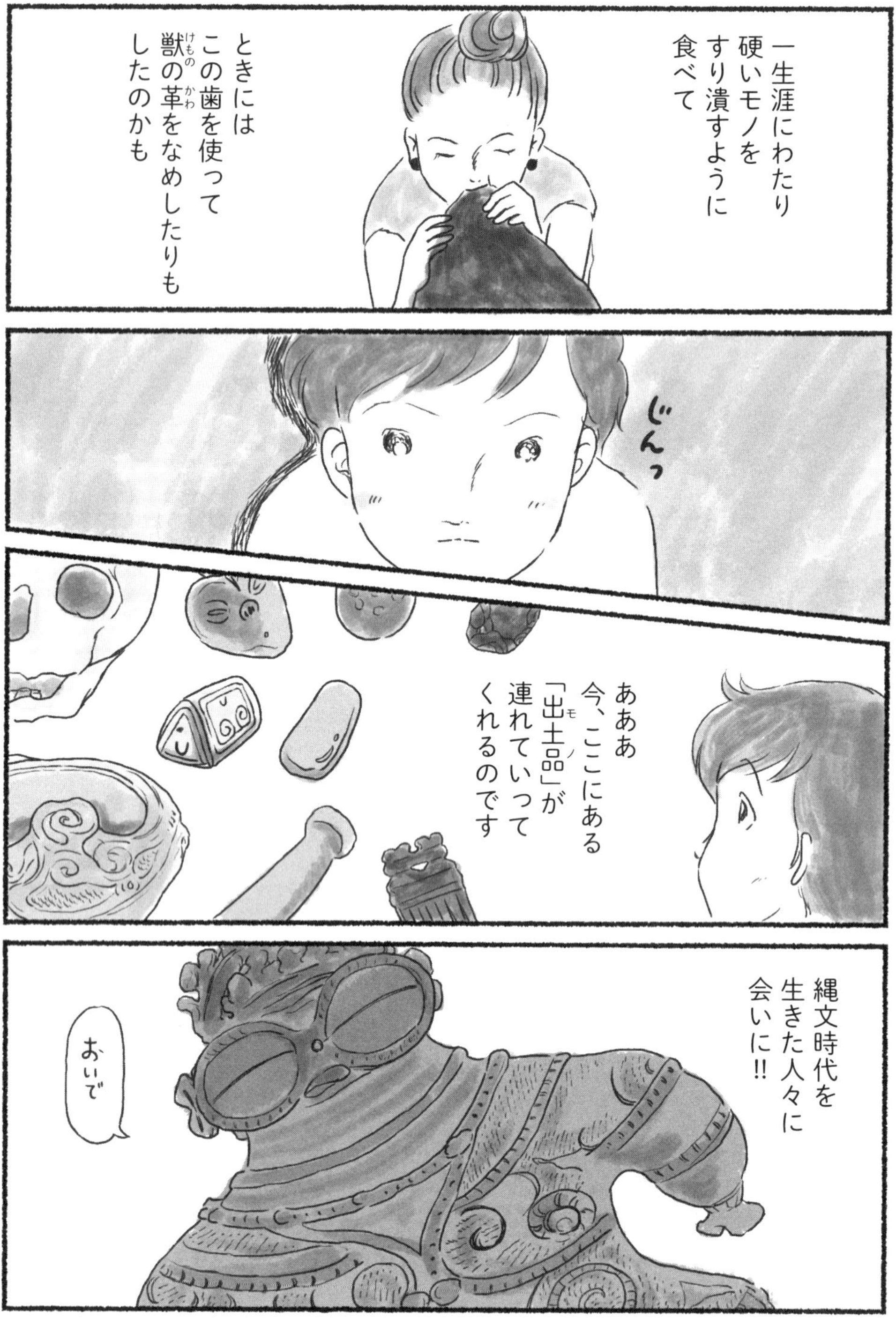
一生涯にわたり
硬いモノを
すり潰すように
食べて
ときには
この歯を使って
獣《けもの》の革《かわ》をなめしたりも
したのかも
じんっ
あああ
今、ここにある
「出土品《モノ》」が
連れていって
くれるのです
縄文時代を
生きた人々に
会いに!!
おいで

なぜ『縄文時代』というの？

アメリカ人生物学者エドワード・S・モースが明治10年、貝類の研究のために来日しました。その際、開通したばかりの横浜‐新橋間の鉄道の車内から大森貝塚を発見しました。

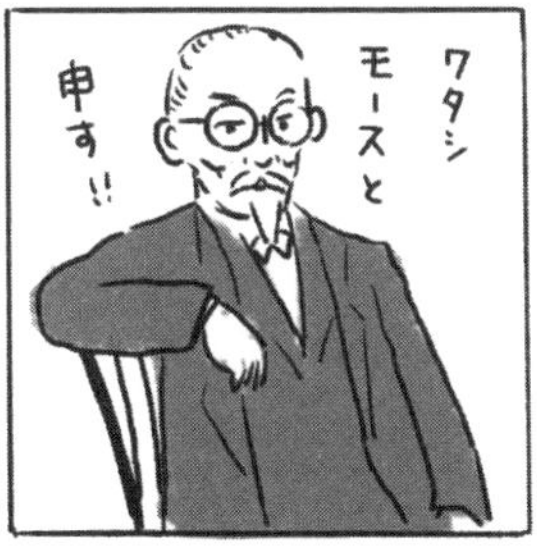
ワタシ
モースと
申す!!

その翌年、発掘調査を実施し、明治12年に刊行された『Shell Mounds Omori』で出土品を「Cord marked pottery」と表記しました。これが日本語で「縄文土器」と訳されて、日本考古学でも定着したのです。

縄目
ついてる!

『縄文時代』いつからいつまで？

じつは縄文時代の始まりは「いつから！」と、スッパリ決まっているわけではありません。現在専門家の間でも様々な考えがあり、代表的な3つの学説を紹介します。

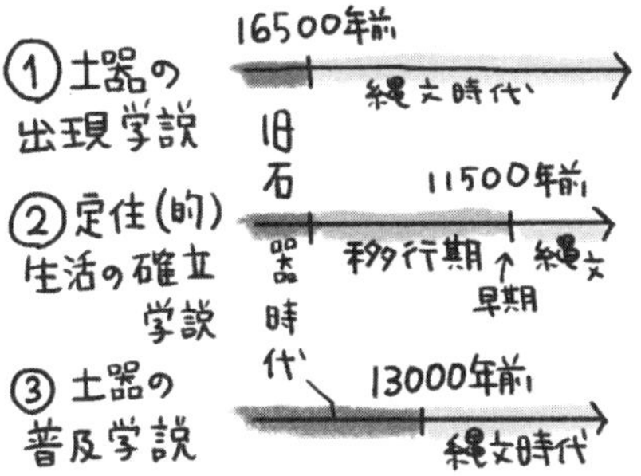
①土器の出現学説
16500年前
縄文時代
旧石器時代
②定住(的)生活の確立学説
11500年前
移行期
縄文
早期
③土器の普及学説
13000年前
縄文時代

人々の暮らしは徐々に変化するものなので、後の我々の捉え方次第という側面があります。「縄文時代の終わりである弥生時代の始まり」も、その定義から、稲作の証拠となる土器付着炭化物の化学分析結果や、土器編年での考察など、様々な論議が巻き起こっています。

現在、従来考えられていたよりも、弥生時代の始まりを早く見る説が有力になってきていて、紀元前10～8世紀が妥当と考えられているようです。

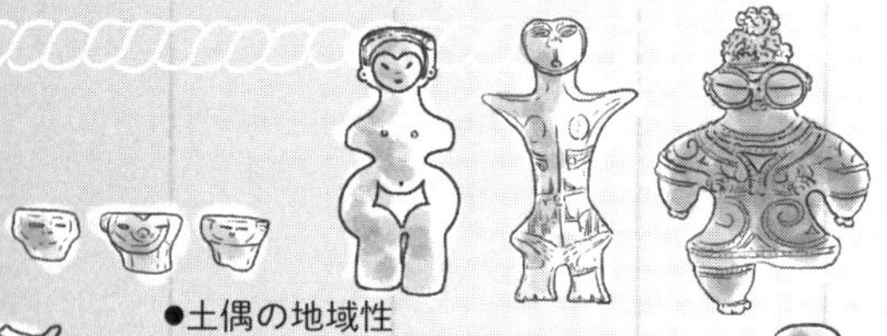

●土偶の地域性

●弥生時代になっても
土偶を作る地域あり

●弥生時代の土偶形容器

●精巧な土器

●掘立柱建物《ほったてばしらたてもの》の建設
●大型住居の建設
●本格的環状集落

●器の種類の増加
●環状《かんじょう》集落の増加（関東・中部）
●敷石《しきいし》住居（南関東）
●大型石棒

●植物の管理・栽培
●アスファルトの利用（東北）

●集落遺跡の減少
●集団墓地
●ストーンサークル

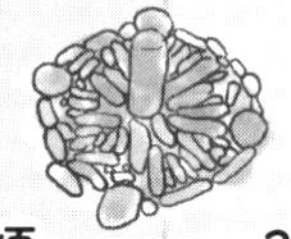

7000年前頃　5500年前頃　4400年前頃　3200年前頃　2400年前頃　**現在**

前期《ぜんき》　中期《ちゅうき》　後期《こうき》　晩期《ばんき》　弥生時代以降

鬼界カルデラ大噴火
温暖化進行

縄文海進《じょうもんかいしん》

現在と
同じくらいの
気候に

寒くなったり
暑くなったり

◆東名《ひがしみょう》遺跡（佐賀県）
◆居家以《いやい》岩陰遺跡（群馬県）
◆是川《これかわ》石器時代遺跡（青森県）
◆水子《みずこ》貝塚（埼玉県）
◆三内丸山《さんないまるやま》遺跡（青森県）
◆井戸尻《いどじり》遺跡郡（長野県）
◆梅之木《うめのき》遺跡（山梨県）
◆蝦島《えびしま》貝塚（岩手県）
◆牛石《うしいし》遺跡（山梨県）
◆金生《きんせい》遺跡（山梨県）
◆伊勢堂岱《いせどうたい》遺跡（秋田県）
◆大湯《おおゆ》環状列石《かんじょうれっせき》（秋田県）
◆伊川津《いかわづ》貝塚（愛知県）
◆西富丘《にしとみおか》・向畑《むこうばた》遺跡（神奈川県）
◆亀ケ岡《かめがおか》石器時代遺跡（青森県）
◆エリ穴遺跡（長野県）
◆中屋敷《なかやしき》遺跡（神奈川県）
◆砂沢《すなざわ》遺跡（青森県）

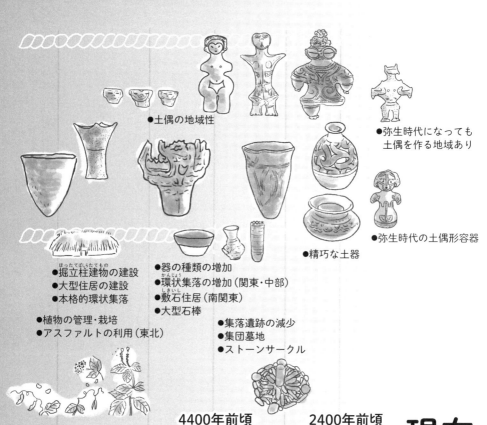

縄文時代の流れ
チョーザックリ版

●土偶の前に石偶《せきぐう》

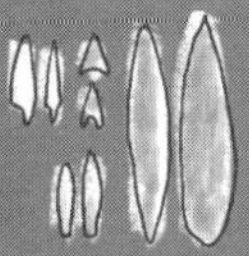

●土器の出現
●いろいろな石器

●弓矢の使用開始
●洞窟《どうくつ》の遺跡多数

16500年前頃

草《そう》創《そう》期《き》

◆前田耕地《まえだこうち》遺跡（東京都）
◆上黒岩岩影《かみくろいわいわかげ》遺跡（愛媛県）

●トルソー土偶

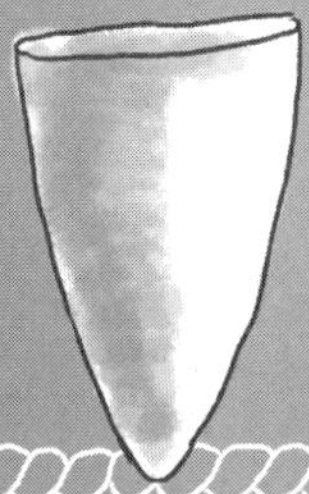

●竪穴建物《たてあなたてもの》の普及
●竪穴建物に炉の設置
●ムラができる
●貝塚

11500年前頃

早《そう》期《き》

温暖化

◆取掛西《とりかけにし》貝塚（千葉県）
◆上野原《うえのはら》遺跡（鹿児島県）

Let's go to the Jomon!

必見！国立歴史民俗博物館編

「縄文時代、気になる！　でも、どこに行ったらいいかわからない」、そんな方にオススメなのが、こちらの博物館です。骨やお墓の展示は純粋に興味深く、地中から出土するもので当時を解明する「考古学」のリアルさも感じられます。

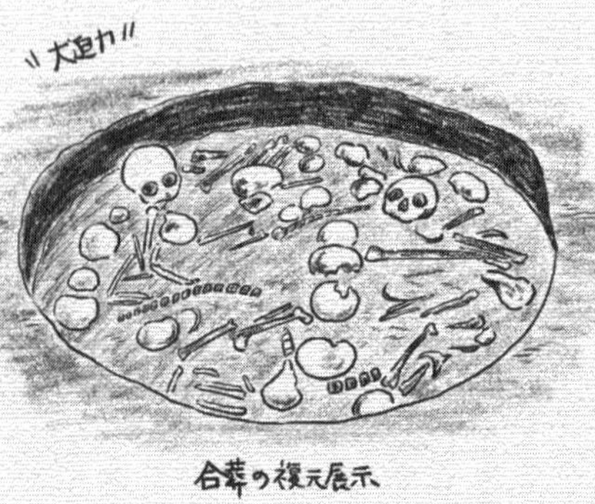

合葬の復元展示

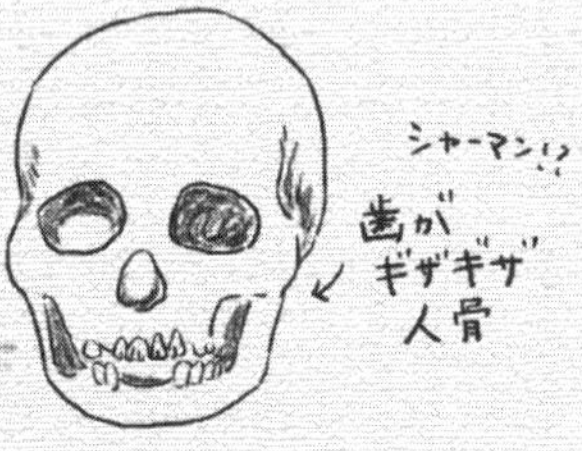

赤ちゃんの埋葬

縄文からあとの時代の展示も、民俗展示も、ミュージアムショップも、レストランも楽しい。縄文だけでなく、博物館に目覚めちゃうこと、間違いなし！

第2章

変わる環境

～ムシと嵐と絶滅と～

縄文時代は
今ぐらいの気温
だったって
聞いたことがある
くり
そんなくらいの
わたしの
イメージ映像
縄文時代の人々は
どんな環境で
暮らしていた
のでしょう
今と同じって
相当よ…
ちょっと前の
気温よねぇ…
暑かったのかな
寒かったのかな
よく考えると
そんなことも
知らないのです
ワタシ

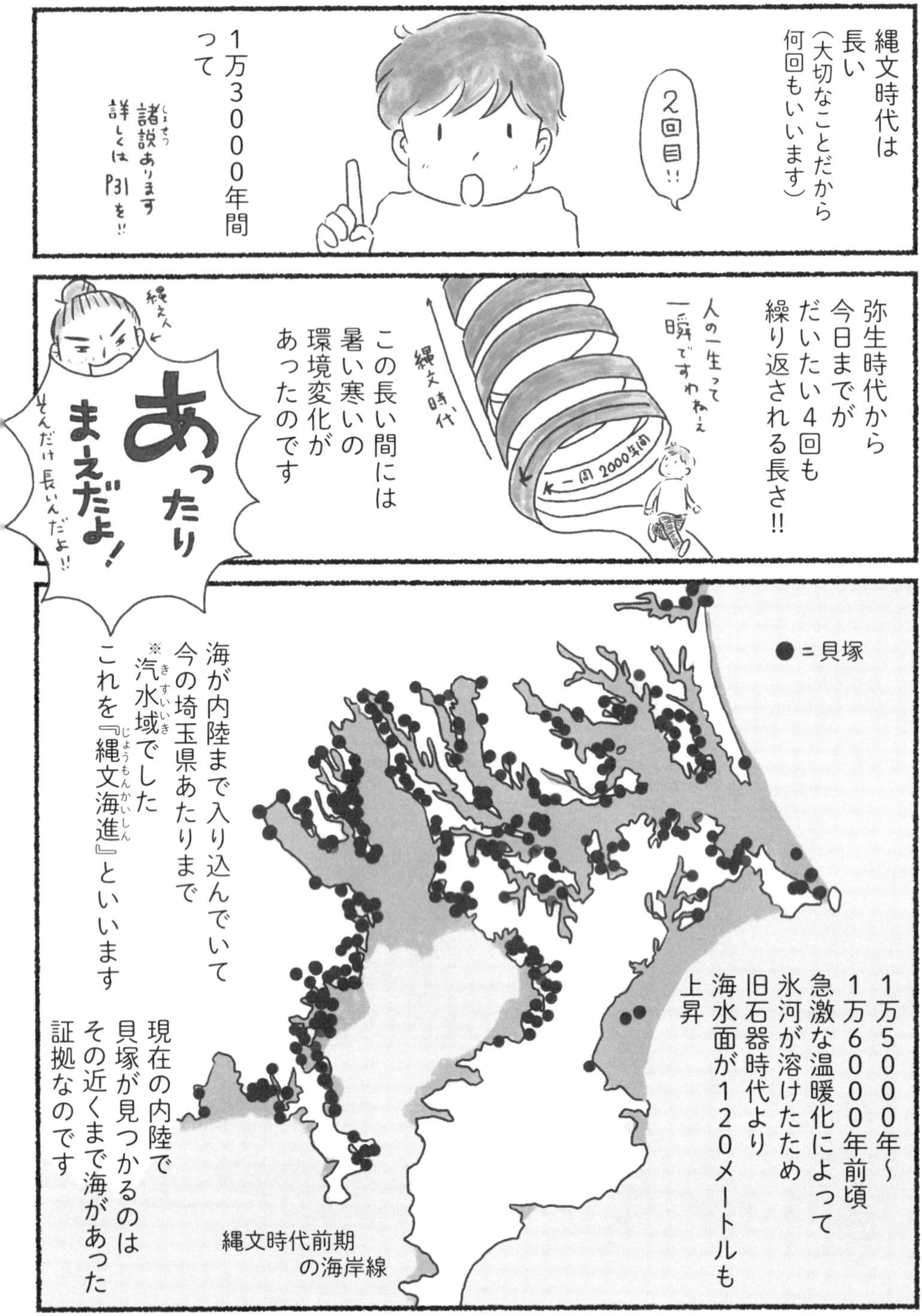

※河川と海が接触する部分で、淡水と海水が混じりあっている水域

じつは
土器の出現って
1万6500年前頃で
環境変化よりちょっと前！
そう
土器の出現は
まだまだ寒冷期《かんれいき》だったのです
「人々が土器をつくりだした要因が環境変化ではない」と
最近の研究でわかってきています
この謎が解けるのはこれからっ
で、
「縄文海進《じょうもんかいしん》」のあと
bye
ザザザ
うみーっ
実際には時間をかけて現在の海岸線の位置になりました
「※縄文海退《じょうもんかいたい》」があり
温暖で暮らしやすさが安定する縄文前期と中期
これは約2500年間続きます
そして、中期末から後期初頭
大きなムラが分散して小さな集落を中心とした暮らしぶりになる地域があります
クリがとれねぇ
これからはミニマムライフだっ
これにも気候変動や環境変化が関係していると考えられています

※縄文海進の後、海水面が下がって海岸線が後退した現象

さて、遺跡発掘調査現場です
現代の地面から江戸時代
中世、奈良・平安、古墳、弥生と
掘り下げていきます
そしてついに!
縄文時代の地面!!
そこに立つと
縄文時代の
人々がいた
地面だあ
夕やけも
きっと
同じ…
と、
感激はする
けれど
地面は土…

そこに生えていた木々や草花
そこにいた虫や鳥はどんなだったんでしょう
って、しばしば思っていましたら
ーえっ この現場 見学会!!
現場 10/15 見学会
西富岡・向畑 遺跡 伊勢原市
わー!
なんと!? 発見されたのです！
神奈川県伊勢原市の発掘調査現場から
地滑《じすべ》りでパックされた
縄文時代の森が!!
西富岡《にしとみおか》・向畑《むこうばた》遺跡（神奈川県）

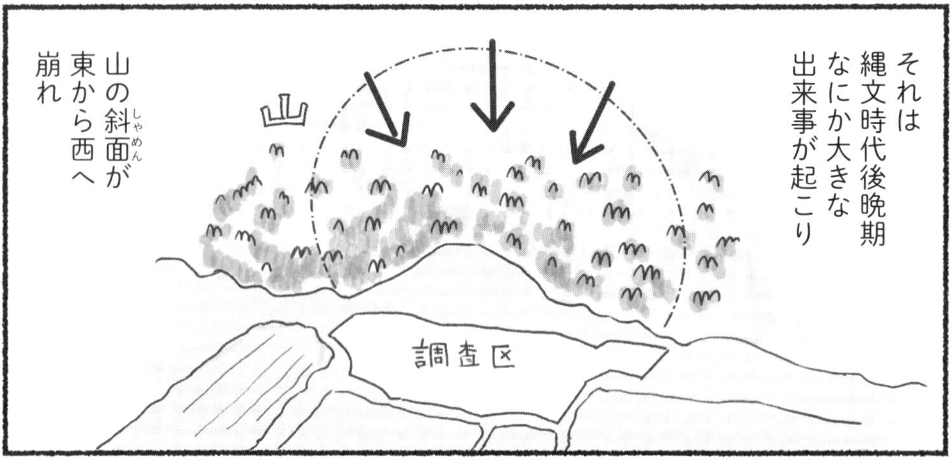
それは
縄文時代後晩期
なにか大きな
出来事が起こり
山の斜面《しゃめん》が
東から西へ
崩れ
山
調査区

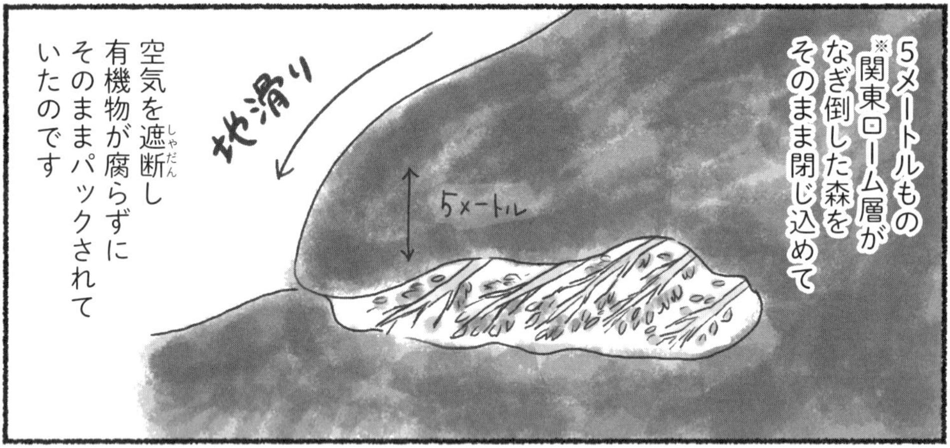
5メートルもの
※関東ローム層が
なぎ倒した森を
そのまま閉じ込めて
空気を遮断《しゃだん》し
有機物が腐らずに
そのままパックされて
いたのです
地滑り
5メートル

※関東地方に分布する火山灰起源の地層群

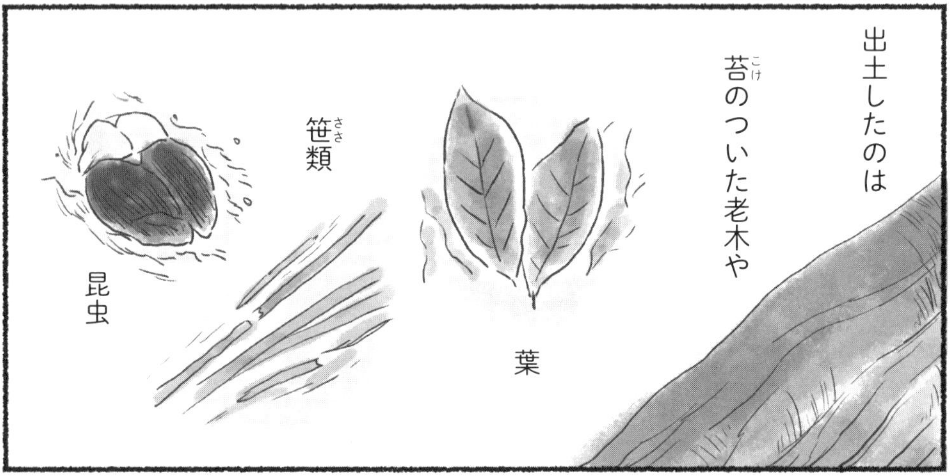
出土したのは
苔《こけ》のついた老木や
葉
笹《ささ》類
昆虫

「縄文時代のある日」
が
そのまんま
かながわ考古学財団
新山保和《にいやまやすかず》さん
凄《すご》かったですよ
みずみずしい葉や虫が
倒れた木の下から
発見されるんだけど
空気に触れると
みるみる色が褪《あ》せて
いくんです

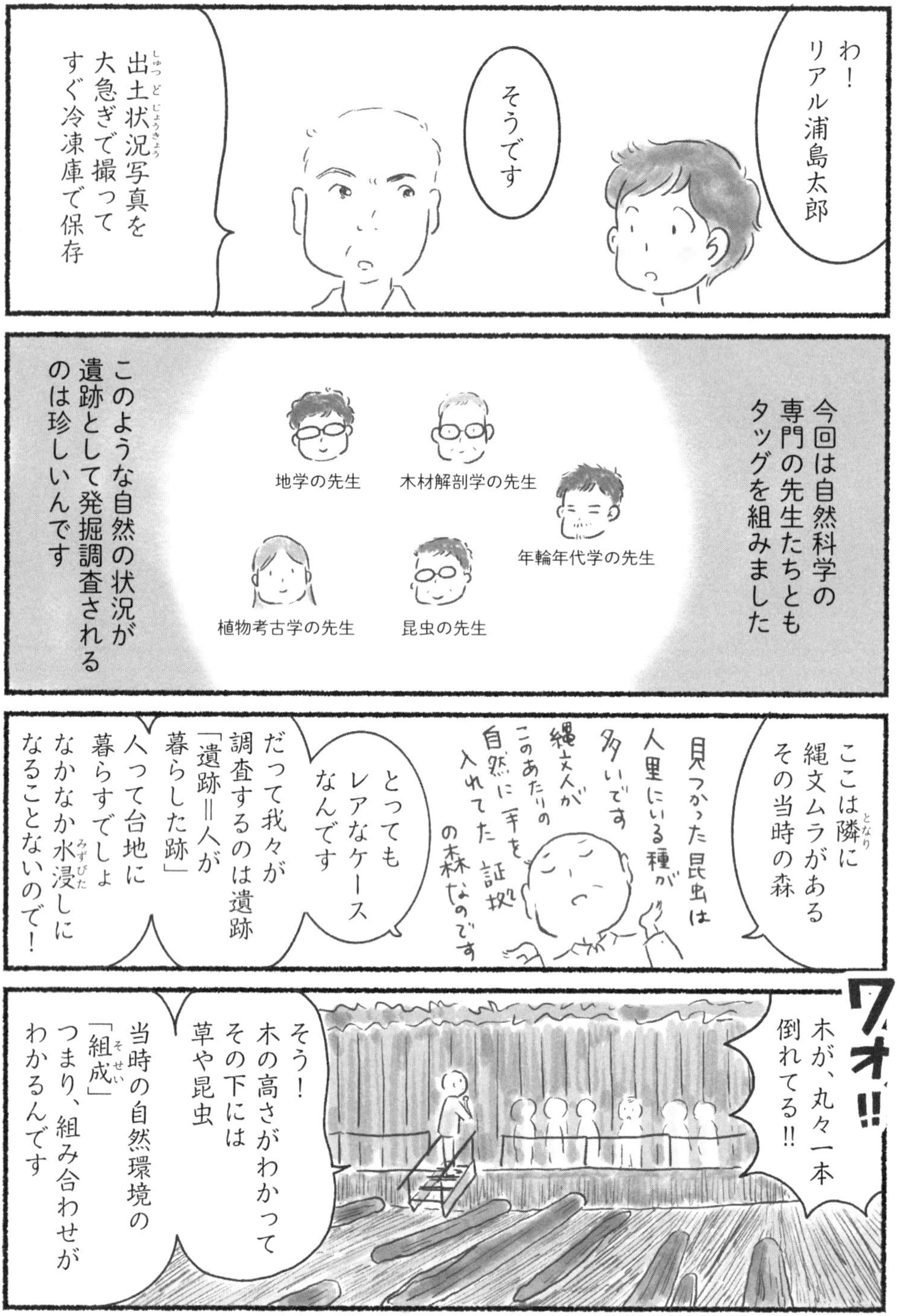
わ！
リアル浦島太郎
そうです
出土《しゅつど》状況《じょうきょう》写真を
大急ぎで撮って
すぐ冷凍庫で保存
今回は自然科学の
専門の先生たちとも
タッグを組みました
年輪年代学の先生
木材解剖学の先生
地学の先生
昆虫の先生
植物考古学の先生
このような自然の状況が
遺跡として発掘調査される
のは珍しいんです
ここは隣《となり》に
縄文ムラがある
その当時の森
見つかった昆虫は
人里にいる種が
多いです
縄文人が
このあたりの
自然に手を
入れてた証拠
の森なのです
とっても
レアなケース
なんです
だって我々が
調査するのは遺跡
「遺跡＝人が
暮らした跡」
人って台地に
暮らすでしょ
なかなか水浸《みずびた》しに
なることないので！
ワオ!!
木が、丸々一本
倒れてる!!
そう！
木の高さがわかって
その下には
草や昆虫
当時の自然環境の
「組成《そせい》」
つまり、組み合わせが
わかるんです

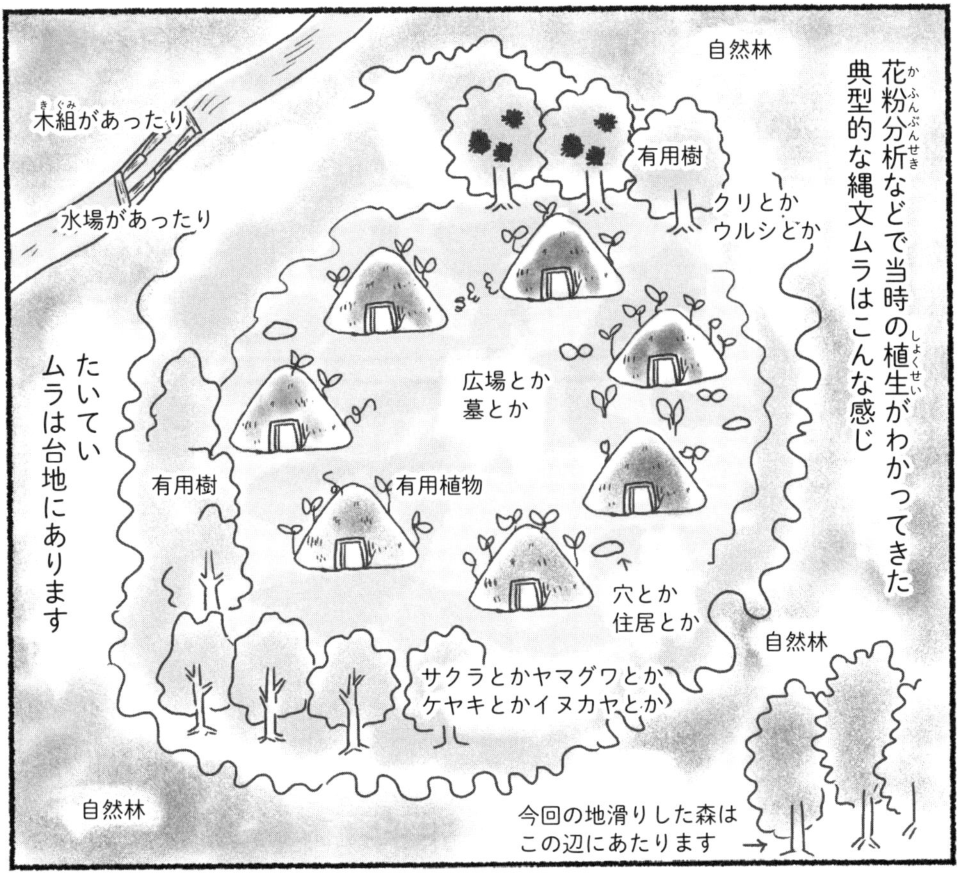
花粉分析《かふんぶんせき》などで当時の植生《しょくせい》がわかってきた
典型的な縄文ムラはこんな感じ
自然林
木組《きぐみ》があったり
水場があったり
有用樹
クリとか
ウルシとか
たいてい
ムラは台地にあります
広場とか
墓とか
有用樹
有用植物
穴とか
住居とか
自然林
サクラとかヤマグワとか
ケヤキとかイヌカヤとか
自然林
今回の地滑りした森は
この辺にあたります

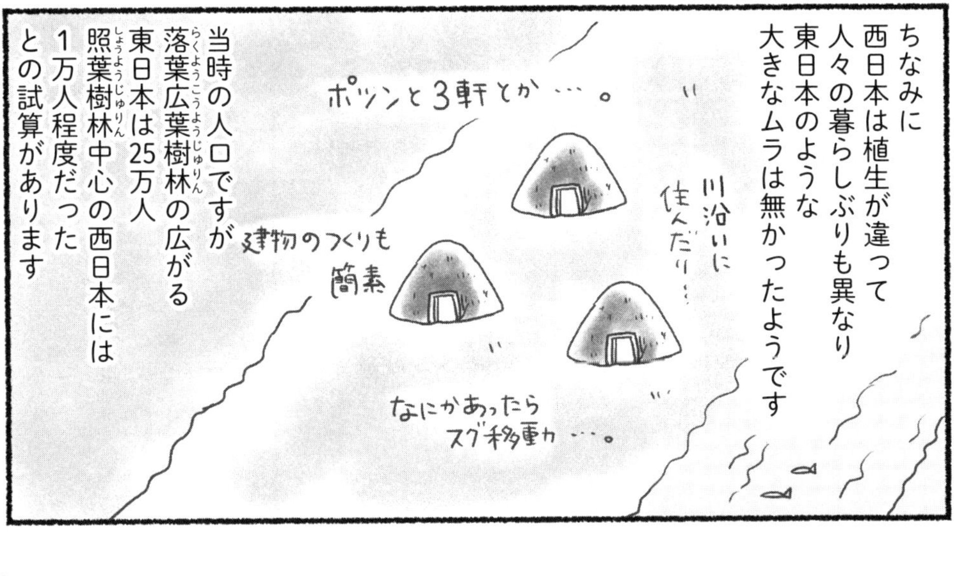
ちなみに
西日本は植生が違って
人々の暮らしぶりも異なり
東日本のような
大きなムラは無かったようです
当時の人口ですが
落葉広葉樹林《らくようこうようじゅりん》の広がる
東日本は25万人
照葉樹林《しょうようじゅりん》中心の西日本には
1万人程度だった
との試算があります
ポツンと3軒とか…。
川沿いに住んだり…
建物のつくりも簡素
なにかあったら
スグ移動…。

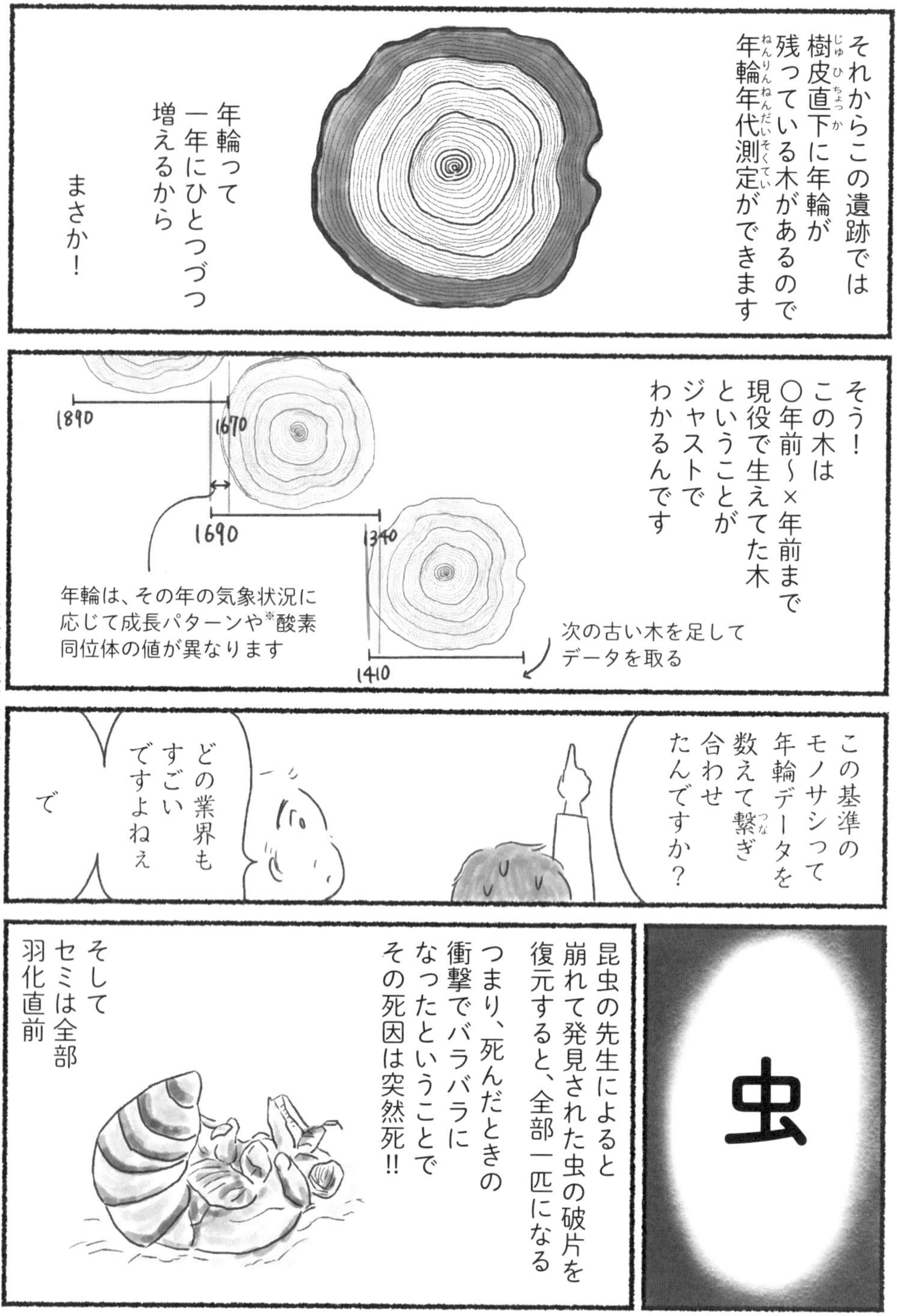

それからこの遺跡では
樹皮直下《じゅひちょっか》に年輪が
残っている木があるので
年輪年代測定《ねんりんねんだいそくてい》ができます
年輪って
一年にひとつづつ
増えるから
まさか!
そう!
この木は
○年前~×年前まで
現役で生えてた木
ということが
ジャストで
わかるんです
1890
1670
1690
1340
1410
年輪は、その年の気象状況に応じて成長パターンや※酸素同位体の値が異なります
次の古い木を足してデータを取る
この基準のモノサシって
年輪データを
数えて繋《つな》ぎ
合わせ
たんですか?
どの業界も
すごい
ですよねぇ
で
虫
昆虫の先生によると
崩れて発見された虫の破片を
復元すると、全部一匹になる
つまり、死んだときの
衝撃でバラバラに
なったということで
その死因は突然死!!
そして
セミは全部
羽化直前

※原子番号(陽子数)が同じで、中性子数が異なる酸素の原子核のこと

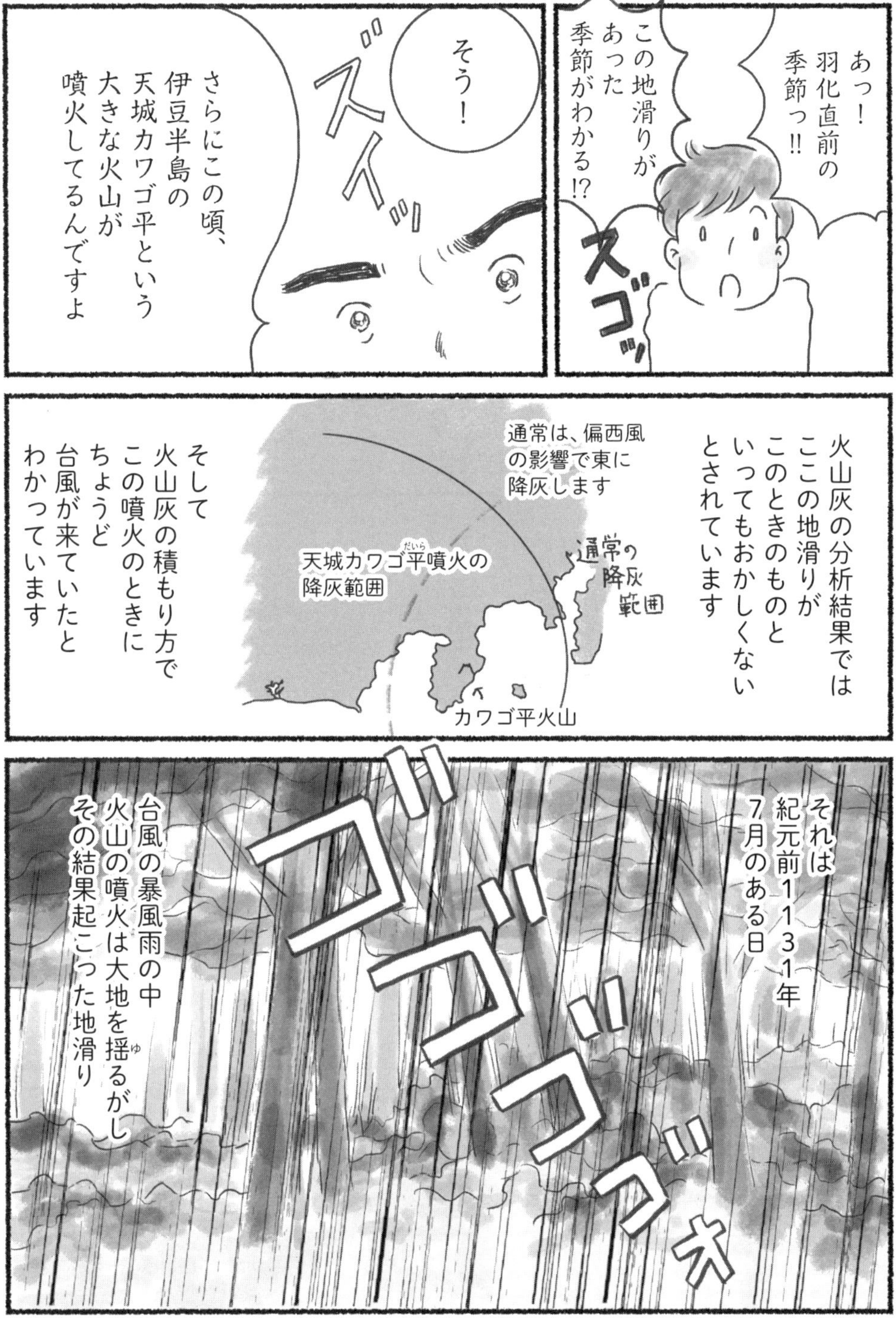
あっ！羽化直前の季節っ!!
この地滑りがあった季節がわかる!?
そう！
さらにこの頃、伊豆半島の天城カワゴ平という大きな火山が噴火してるんですよ
火山灰の分析結果ではここの地滑りがこのときのものといってもおかしくないとされています
通常は、偏西風の影響で東に降灰します
通常の降灰範囲
天城カワゴ平《だいら》噴火の降灰範囲
カワゴ平火山
そして火山灰の積もり方でこの噴火のときにちょうど台風が来ていたとわかっています
それは紀元前1131年7月のある日
台風の暴風雨の中火山の噴火は大地を揺《ゆ》るがしその結果起こった地滑り

うあああ
この時
人々は
どうしたんだろ〜う
ひぃぃっ
ゾロ
ゾロ
ゾロ
こちらでも
説明
しますよ〜
もうしばらく
ここの発掘調査は
続きます
もしも、この地滑りに
巻き込まれた
縄文人がいたら…
未だ衣類を
まとったままの
縄文人の出土例は
ありません
ここでは
そんな大発見も
ありえます
かながわ考古学財団
新開基史《しんかいもとふみ》さん
な、る、ほ、ど…
キラ
キラ
＊ピュアな瞳＊

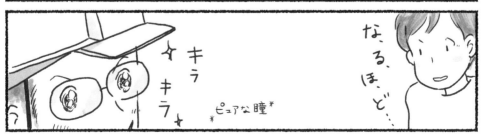

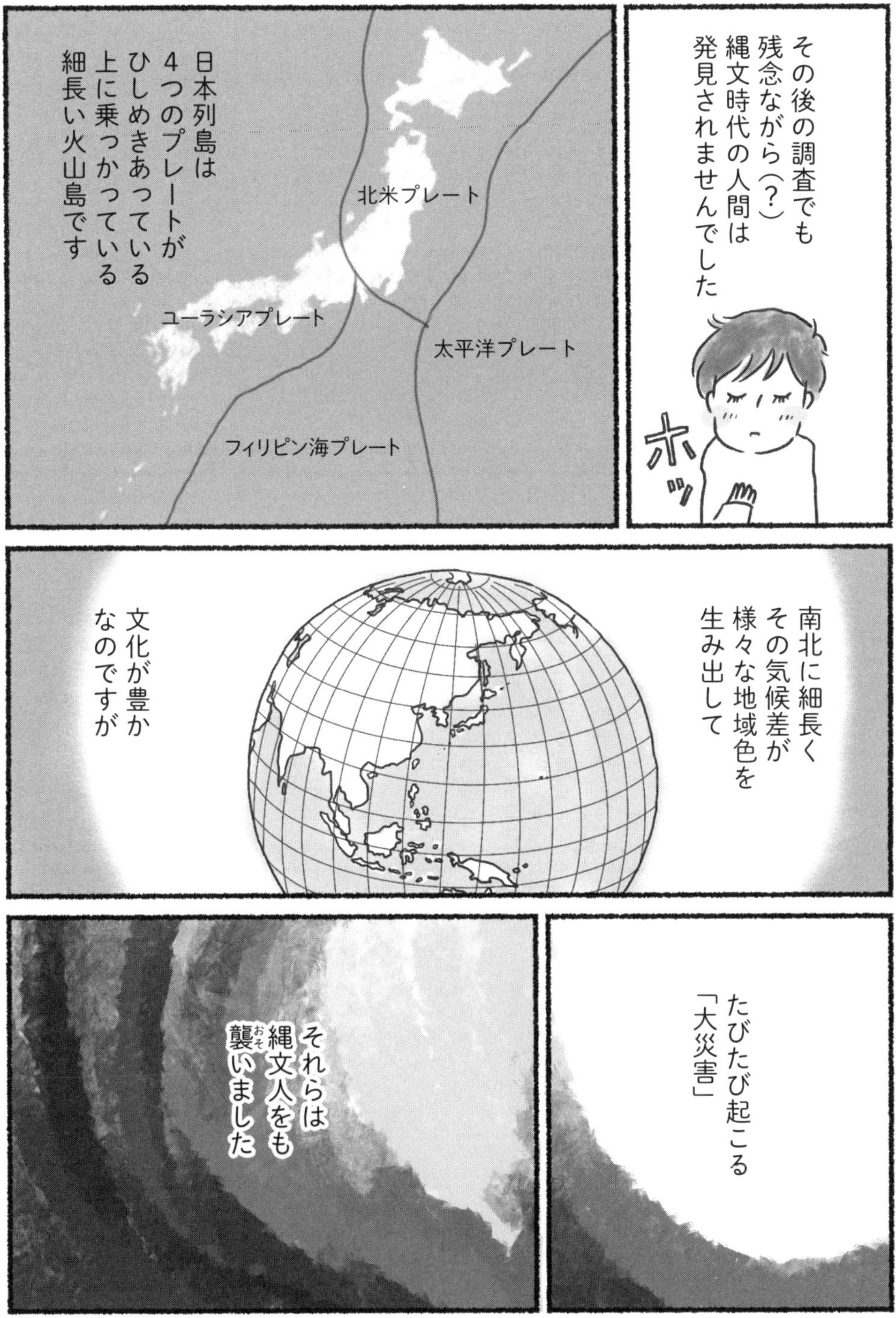
その後の調査でも
残念ながら(?)
縄文時代の人間は
発見されませんでした
ホッ
日本列島は
４つのプレートが
ひしめきあっている
上に乗っかっている
細長い火山島です
北米プレート
ユーラシアプレート
太平洋プレート
フィリピン海プレート
南北に細長く
その気候差が
様々な地域色を
生み出して
文化が豊か
なのですが
たびたび起こる
「大災害」
それらは
縄文人をも
襲《おそ》いました

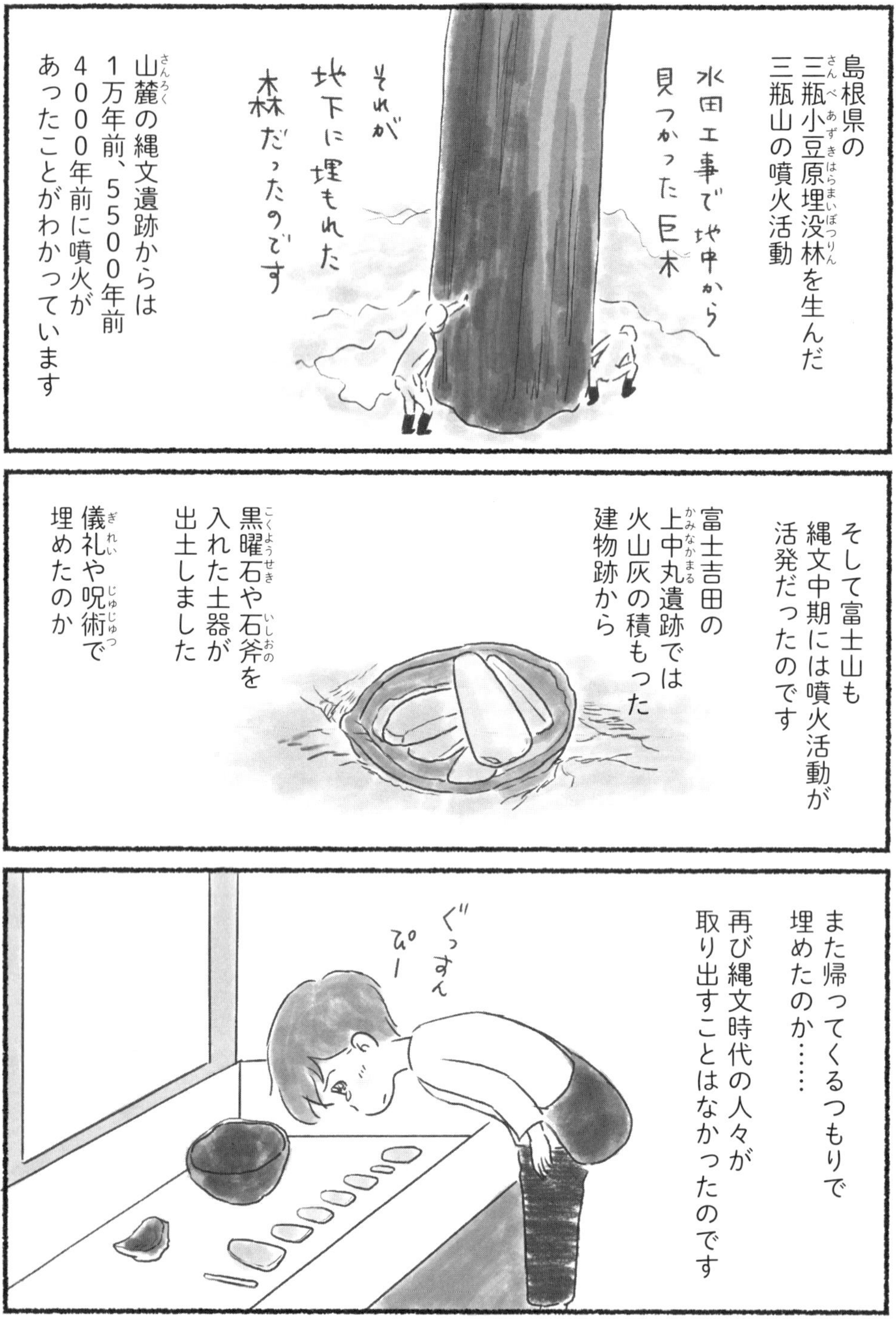
島根県の
三瓶《さんべ》小豆原《あずきはら》埋没林《まいぼつりん》を生んだ
三瓶山の噴火活動
水田工事で地中から
見つかった巨木
それが
地下に埋もれた
森だったのです
山麓《さんろく》の縄文遺跡からは
1万年前、5500年前
4000年前に噴火が
あったことがわかっています
そして富士山も
縄文中期には噴火活動が
活発だったのです
富士吉田の
上中丸《かみなかまる》遺跡では
火山灰の積もった
建物跡から
黒曜石《こくようせき》や石斧《いしおの》を
入れた土器が
出土しました
儀礼《ぎれい》や呪術《じゅじゅつ》で
埋めたのか
また帰ってくるつもりで
埋めたのか……
再び縄文時代の人々が
取り出すことはなかったのです
ぐっすん
ぴー

そうして
もうひとつ
お話ししたい
ことがあります
それは絶滅した
縄文人のこと
ごくっ
タラ
タラ
わたしは以前
職場の先生から
「九州で縄文人が全滅した」
と聞いたことが
ありました
…なんですよ
へーっ
96、97、98…
数え中です
聞いてない。→
でも実際に
博多や大分の博物館や
遺跡に行ってみたら
縄文時代の人々の
展示がちゃんとある
縄文人さん
立派に
いらっしゃるわ…
どういうこと
でしょう？

で、
そんなことも
忘れたある日
鹿児島には
縄文土器には珍しい
四角い深鉢《ふかばち》があるよ
と、聞いて
えー! 見たあい♡
やってきました
上野原《うえのはら》縄文の森
(鹿児島県)
なんて
かわいい
復元建物
ここ、上野原遺跡では
国内最古級の
ムラが見つかっています
桜島
錦江湾
気候は温暖で
とっても
暮らし
やすかった
んだろうなぁ
連結土坑《れんけつどこう》って
スモークする
施設があったよ

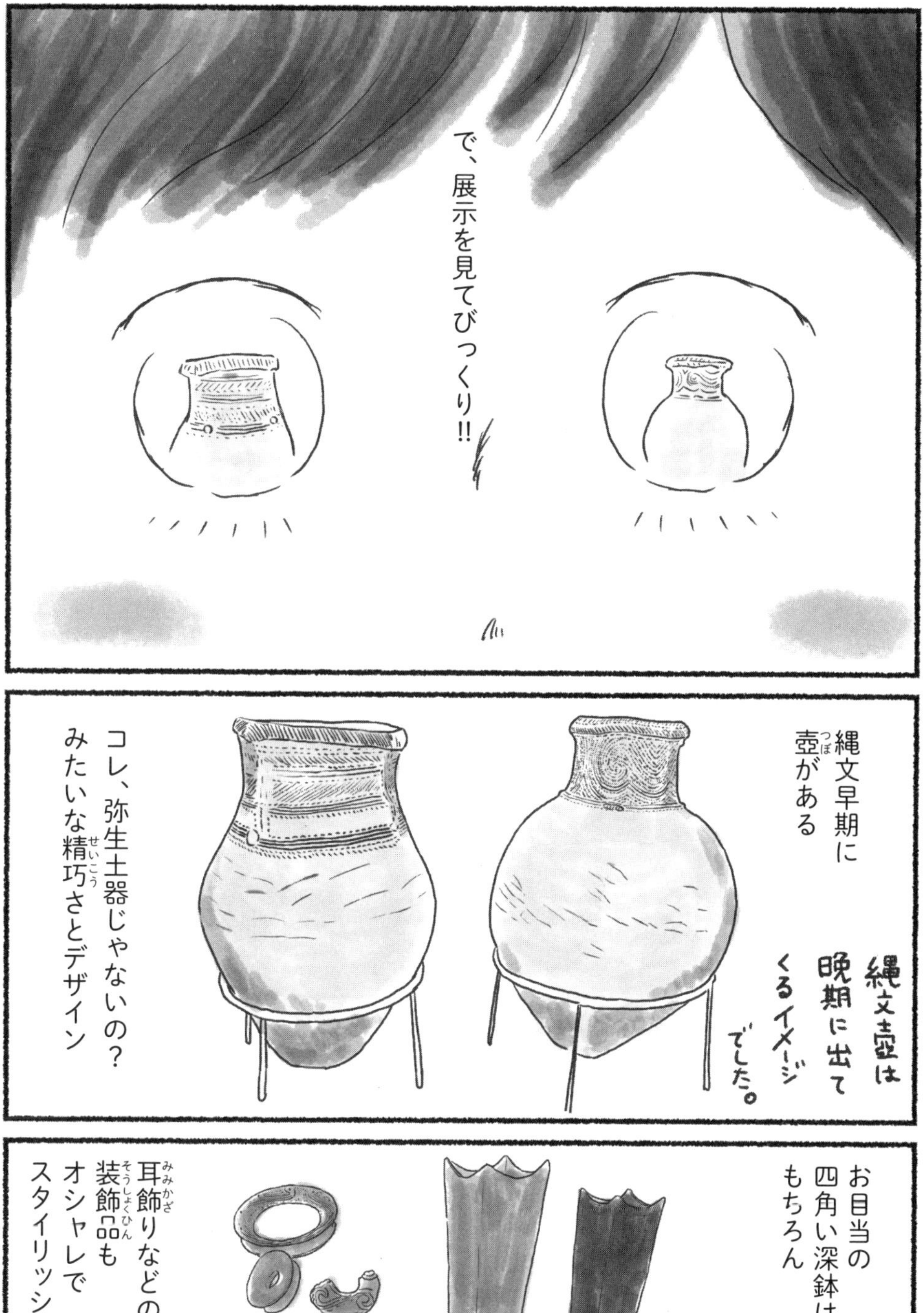
で、展示を見てびっくり!!
縄文早期に壺《つぼ》がある
縄文壺は晩期に出てくるイメージでした。
コレ、弥生土器じゃないの？みたいな精巧《せいこう》さとデザイン
お目当の四角い深鉢はもちろん
耳飾《みみかざ》りなどの装飾品《そうしょくひん》もオシャレでスタイリッシュ

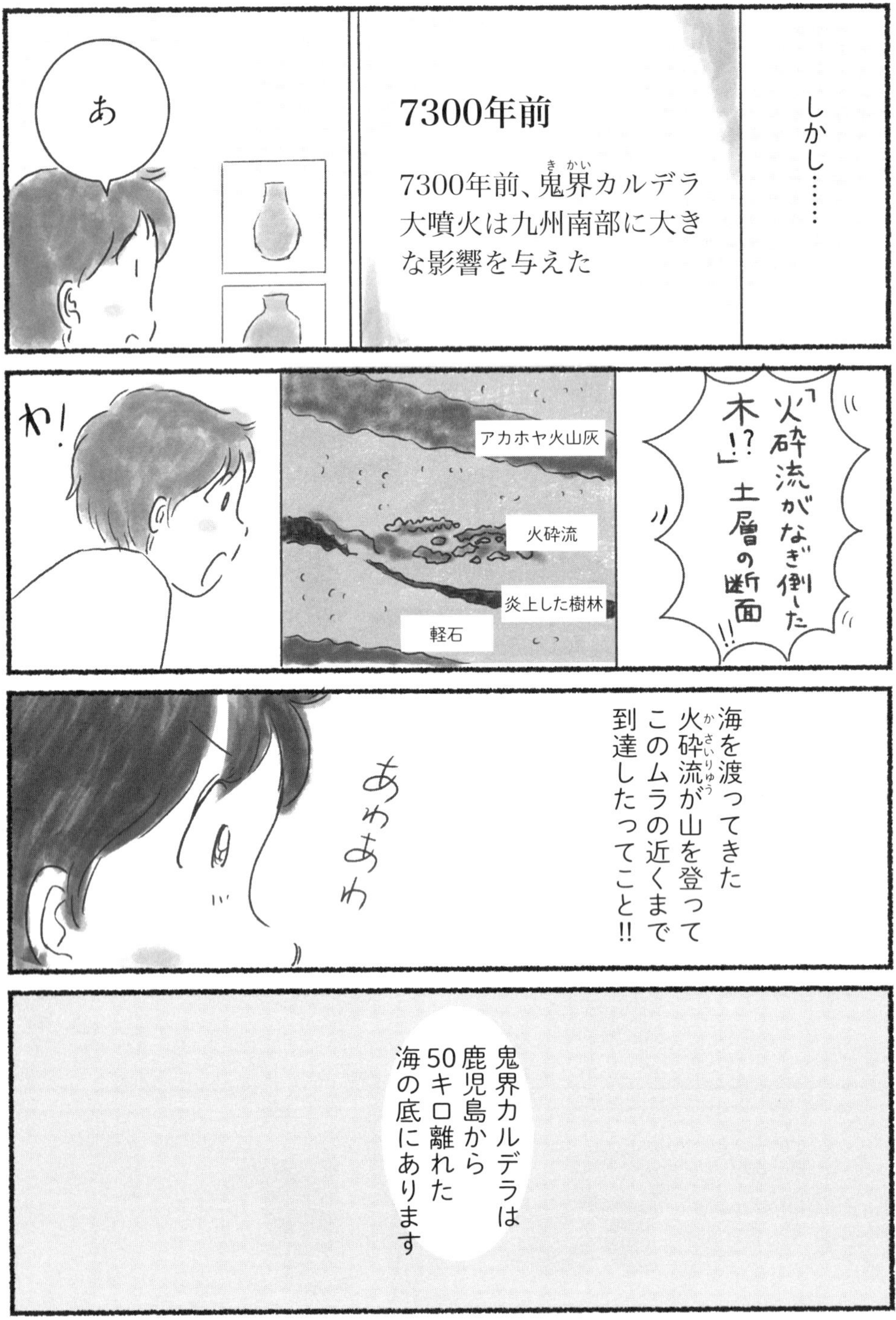
しかし……
7300年前
7300年前、鬼界《きかい》カルデラ大噴火は九州南部に大きな影響を与えた
あ
「火砕流がなぎ倒した木!?」土層の断面!!
アカホヤ火山灰
火砕流
炎上した樹林
軽石
わ!
海を渡ってきた火砕流《かさいりゅう》が山を登ってこのムラの近くまで到達したってこと!!
あわあわ
鬼界カルデラは鹿児島から50キロ離れた海の底にあります

最後の大規模噴火のとき
火砕流は時速３００キロで海上を走り
大隈《おおすみ》半島や薩摩《さつま》半島に到達
単純計算してもその間15分
そのときのアカホヤ火山灰は
東北地方でも確認できるほど
上野原遺跡は
50センチ以上の火山灰が
積もったエリア
少なくとも６００年間は
森が復活しなかったという
説があります
その後
１０００年間は
人間の暮らした跡は
見られません

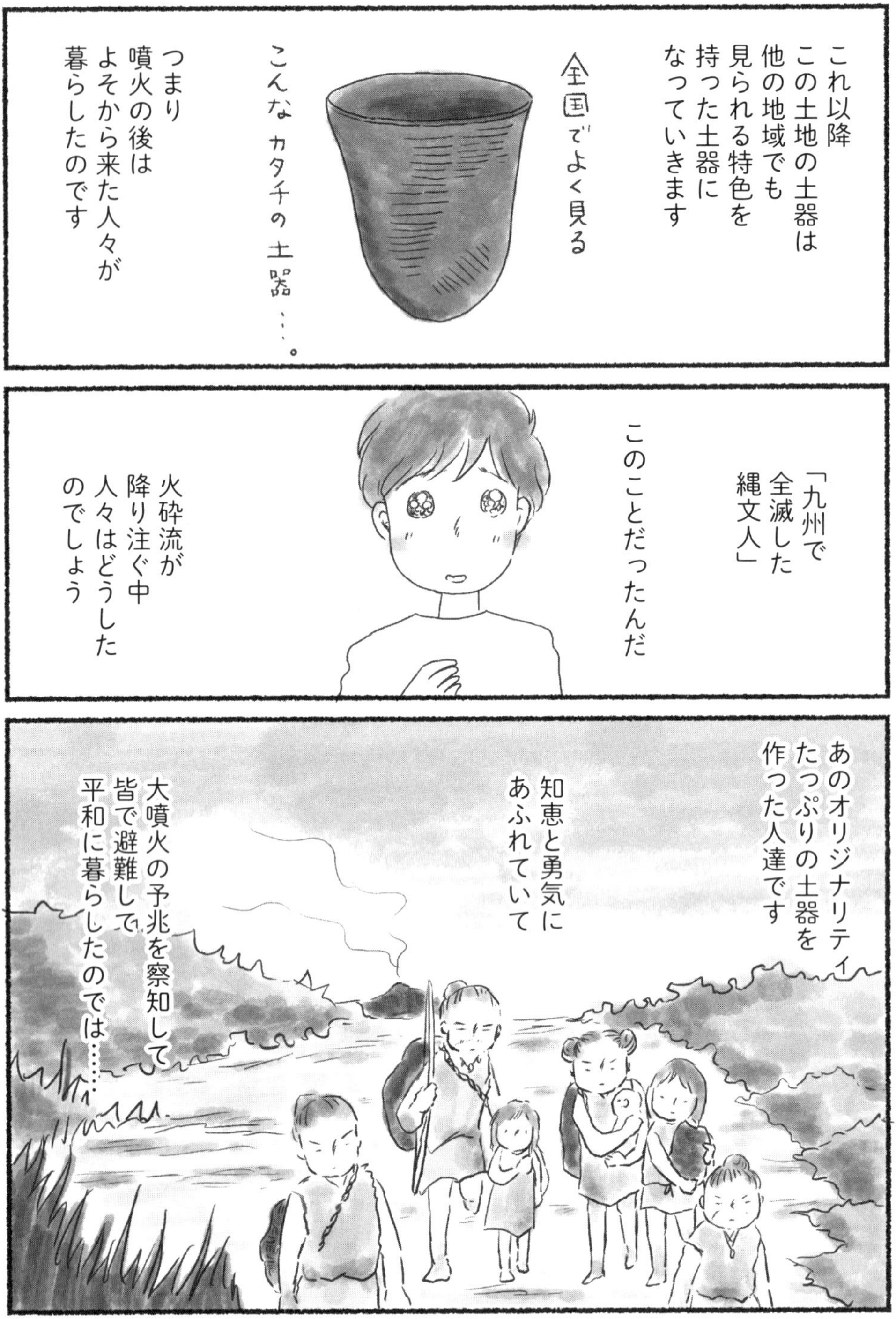
これ以降
この土地の土器は
他の地域でも
見られる特色を
持った土器に
なっていきます
全国でよく見る
こんな カタチの土器……。
つまり
噴火の後は
よそから来た人々が
暮らしたのです
「九州で
全滅した
縄文人」
このことだったんだ
火砕流が
降り注ぐ中
人々はどうした
のでしょう
あのオリジナリティ
たっぷりの土器を
作った人達です
知恵と勇気に
あふれていて
大噴火の予兆を察知して
皆で避難して
平和に暮らしたのでは……

じゃあ
どうしてもう
あの精巧な土器を
作らなくなって
しまったのか
それは土
火山灰が混じってしまった粘土
九州の粘土の質は
東北や関東みたいな
造形の土器を
つくれるものじゃ
ないんですよ
宮崎県
埋蔵文化財センター分館
の職員の方
腕がなかったんじゃ
ないんです
っておっしゃってたし
うん
みんな
生きのびた
わたしはそう
思うことにします

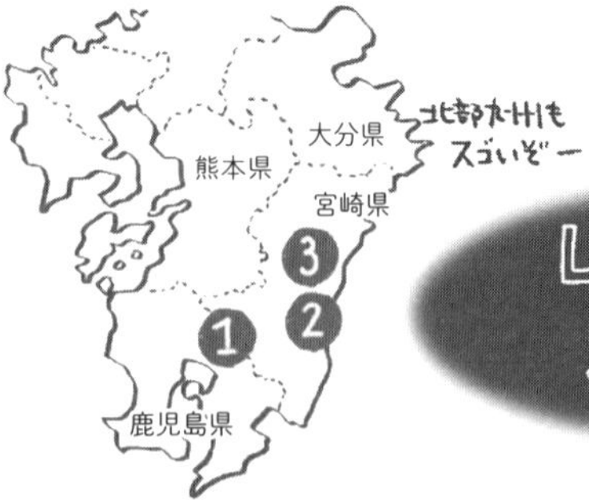

Let's go to the Jomon!

大胆南九州編

1

上野原縄文の森・展示館

鹿児島県霧島市国分上野原縄文の森1-1

公園内には遺跡、保存館、地層観察館、復元集落もあります。展示館で、南九州の個性的な縄文土器たちに出会ってください。

2

宮崎県埋蔵文化財センター分館

宮崎県宮崎市神宮2-4-4

遺跡ごとに展示されています。ダイナミックな文様なのに、案外と器面が薄く繊細なつくり。土器作りの技術の高さが伺えます。

3

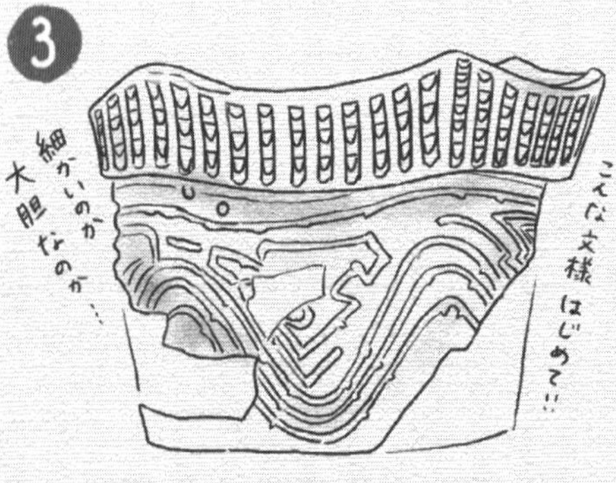

宮崎県立西都原《さいとばる》考古博物館

宮崎県西都市三宅5670

関東人の私には、見慣れない土器のオンパレードにびっくり！　そして文明、文化について考えさせられる解説文の深さにまたびっくり!!　古墳好きの方にもお勧めです。

あなたの家の近くで、もし、遺跡発掘調査の現場見学会が開かれたら、それはすごく貴重な機会ですので、是非!!

"遺跡発掘"現場見学会へ行ってみよう!

遺跡発掘の現場見学会
終わりまぎわ
本日はこれにて終了です
パチパチパチ
パチ
パチ
拍手がおきるよ
お母さん帰ろー
ちょっとまって
縄文人の立ってた地面を
感じたいの
スー
ハー
この方とお友達になれそうだなあ
わかる

調査後はたいてい開発されて道路や家ができちゃいます。開催は、地域の埋蔵文化財センターで告知されているかもしれません。チェックしてみて下さいね。

このコたちのこと
おじさんだと
思っていました。

今もちょっと
思っています。

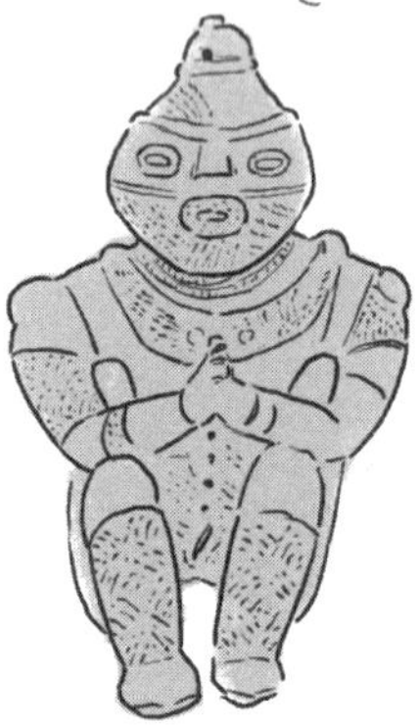

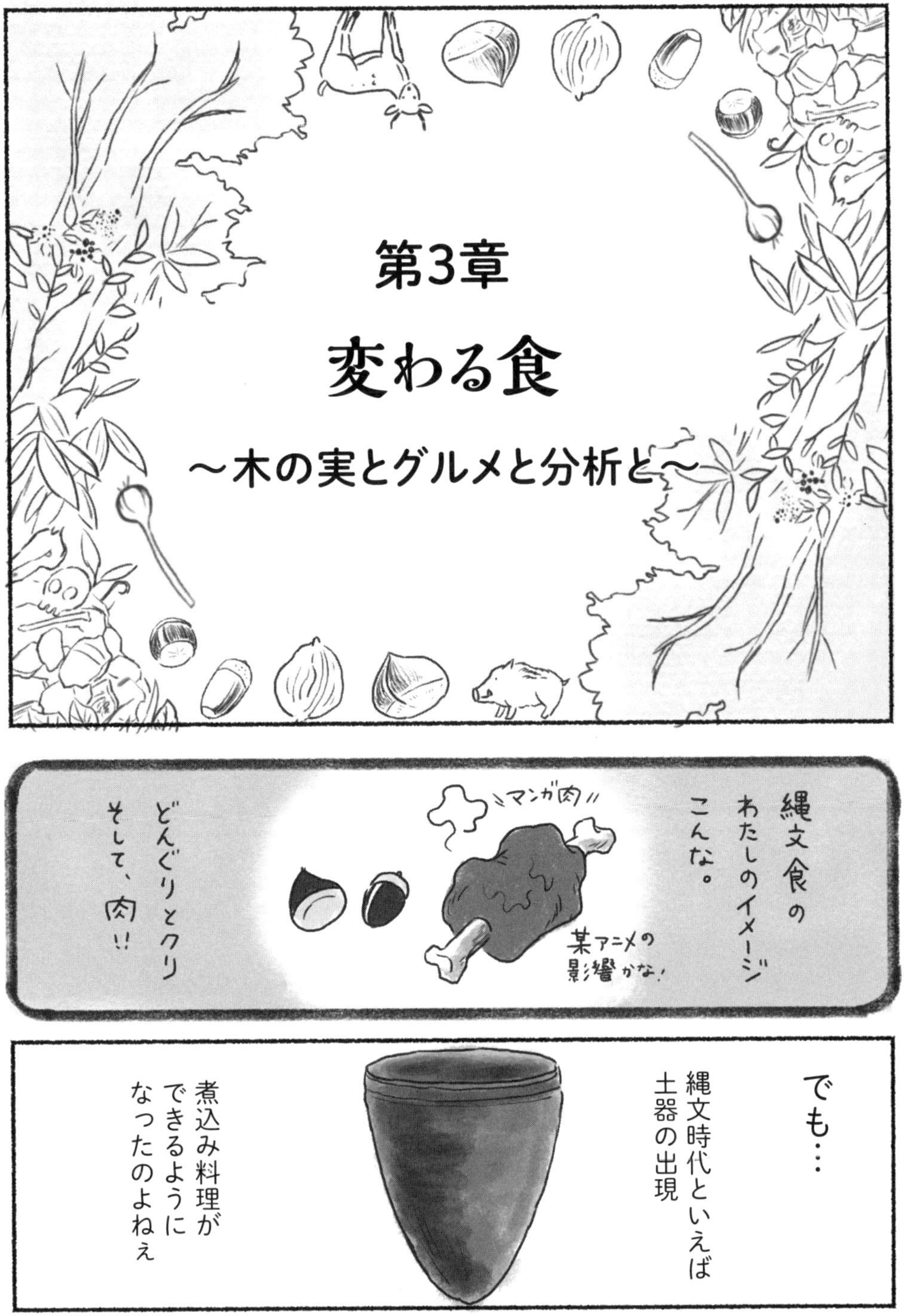
第3章
変わる食
～木の実とグルメと分析と～
縄文食のわたしのイメージこんな。
マンガ肉
某アニメの影響かな！
どんぐりとクリ そして、肉!!
でも…
縄文時代といえば土器の出現
煮込み料理ができるようになったのよねぇ

本当に煮る料理ができるって革命ですわ
あったかい汁物って偉大よ焼いたら落ちる脂や栄養も全部いただけるもの
それだけじゃなくて殺菌もされるし
コトコト
煮込むことで赤ちゃんやお年寄りが食べられるものも作れるようになるし
土器ができたことで生きながらえた命がたくさんあったはずよ

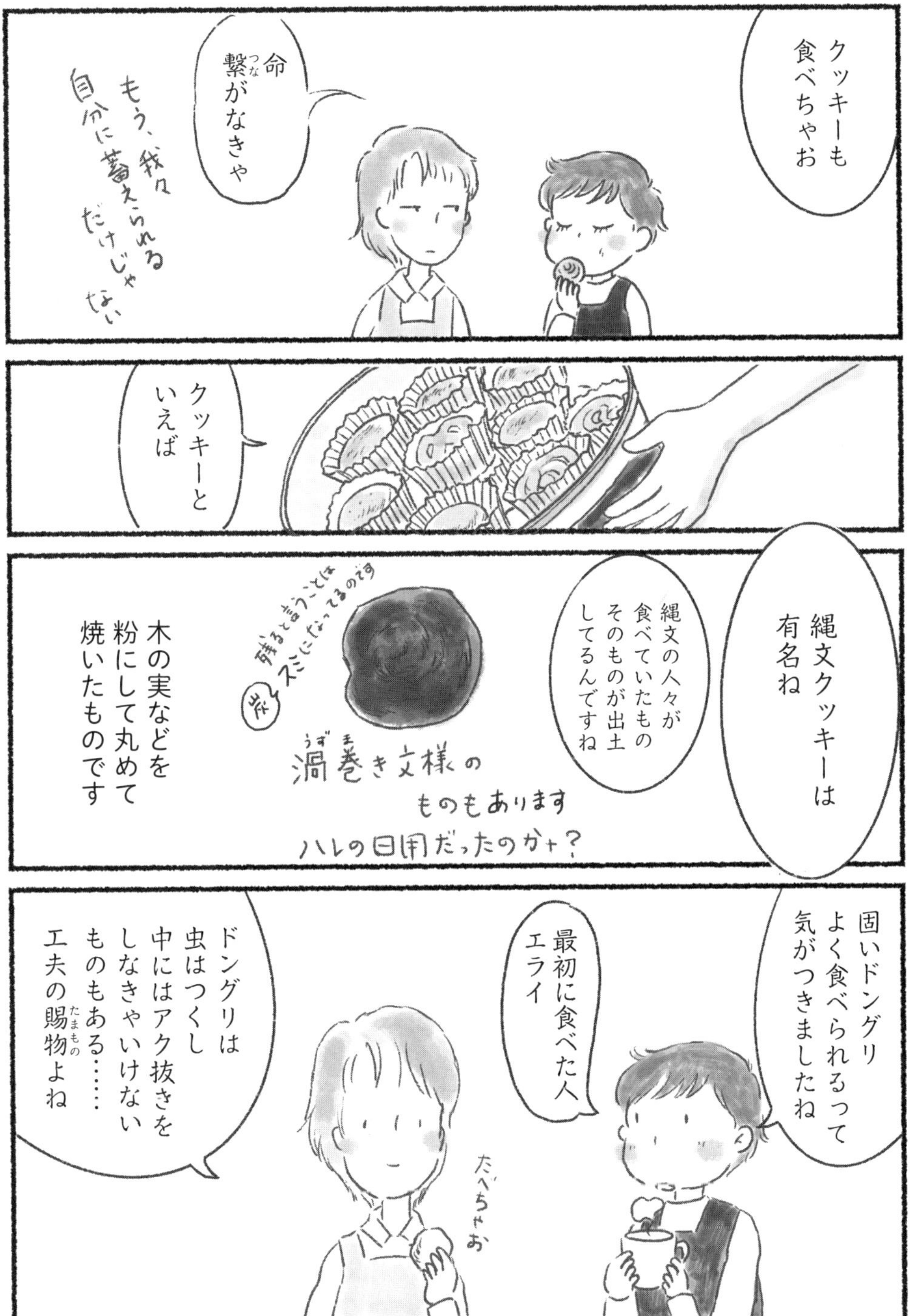
クッキーも食べちゃお
命繋《つな》がなきゃ
もう、我々
自分に蓄えられる
だけじゃない
クッキーといえば
縄文クッキーは有名ね
縄文の人々が食べていたものそのものが出土してるんですね
残るということは
スミになってるのです
炭
渦《うず》巻《ま》き文様の
ものもあります
ハレの日用だったのかナ？
木の実などを粉にして丸めて焼いたものです
固いドングリよく食べられるって気がつきましたね
最初に食べた人エライ
ドングリは虫はつくし中にはアク抜きをしなきゃいけないものもある……工夫の賜物《たまもの》よね
たべちゃお

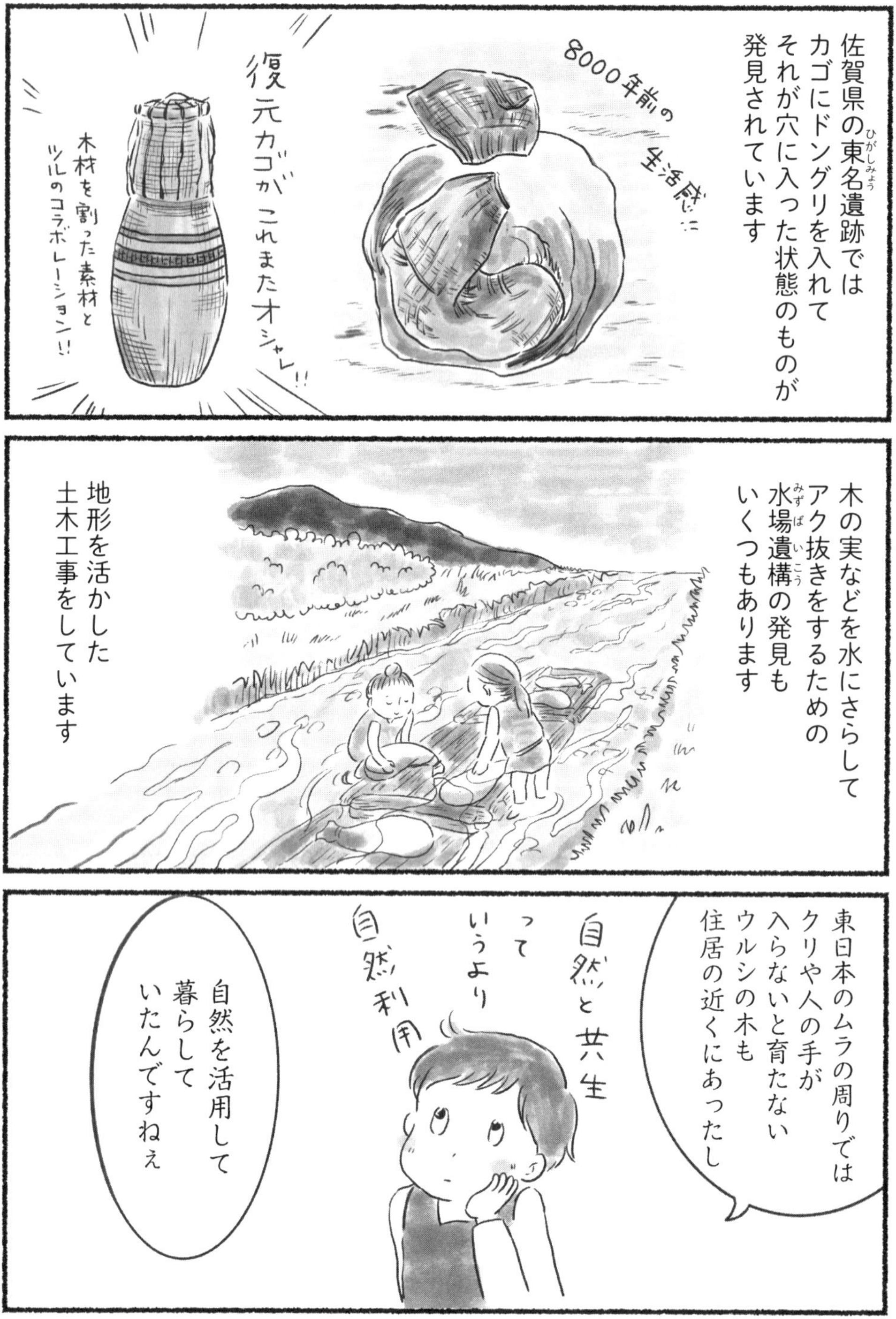
佐賀県の東名《ひがしみょう》遺跡では
カゴにドングリを入れて
それが穴に入った状態のものが
発見されています
8000年前の生活感に
復元カゴがこれまたオシャレ!!
木材を割った素材と
ツルのコラボレーション!!
木の実などを水にさらして
アク抜きをするための
水場《みずば》遺構《いこう》の発見も
いくつもあります
地形を活かした
土木工事をしています
東日本のムラの周りでは
クリや人の手が
入らないと育たない
ウルシの木も
住居の近くにあったし
自然と共生
っていうより
自然利用
自然を活用して
暮らして
いたんですねぇ

圧倒的な自然の中で縄文時代の人々はそのとき、その土地にあるものを工夫して食べたのね
縄文草創期《そうそうき》は少し寒いのよ今とは環境も違うでしょうね
前田耕地《まえだこうち》遺跡（東京都）からはサケの骨が多数見つかっているわ
しかも小屋があってそこで処理されてたみたい
ワオ！草創期には多摩の秋川にサケが遡上《そじょう》していたんだ！
貝塚も有名
中には貝を加工した灰が層になっている遺跡があります
貝を採ってここで加工していたんですね
中里貝塚（東京都）

自然の中で
山の民は山の暮らし
落とし穴にも
工夫があります
イルカ
骨こんな
獣類
ももんが
木の実
犬は
狩りの
お供
冬
秋
春
夏
ギョッ
キノコ類
魚類
カキ
貝類
ハマグリ
シジミ
海の民は海の暮らし
そうやって
その土地の
旬のものを旬のときに
食べていたのよ
真のグルメですね！
豆類
ベリー類
球根類
もぐる縄文人の
耳には特徴あり
山菜類
子供も
狩りの
名人
丸木舟も活躍！
北海道ではアザラシ・
オットセイなども

ソッ
パタン
あーみなさん
お食事は
終わりましたか？
食べカスが
出土することで
色々当時の
食べものが
推測される
わけですが…
なんと福井県の
鳥浜《とりはま》貝塚からは
縄文人の糞石《ふんせき》が
２０００点も出土して
いるのっ
湖に桟橋を
つき出して
そこでやってた
模様です
フンッ
糞!?
クソっ!?
つまり、うん…

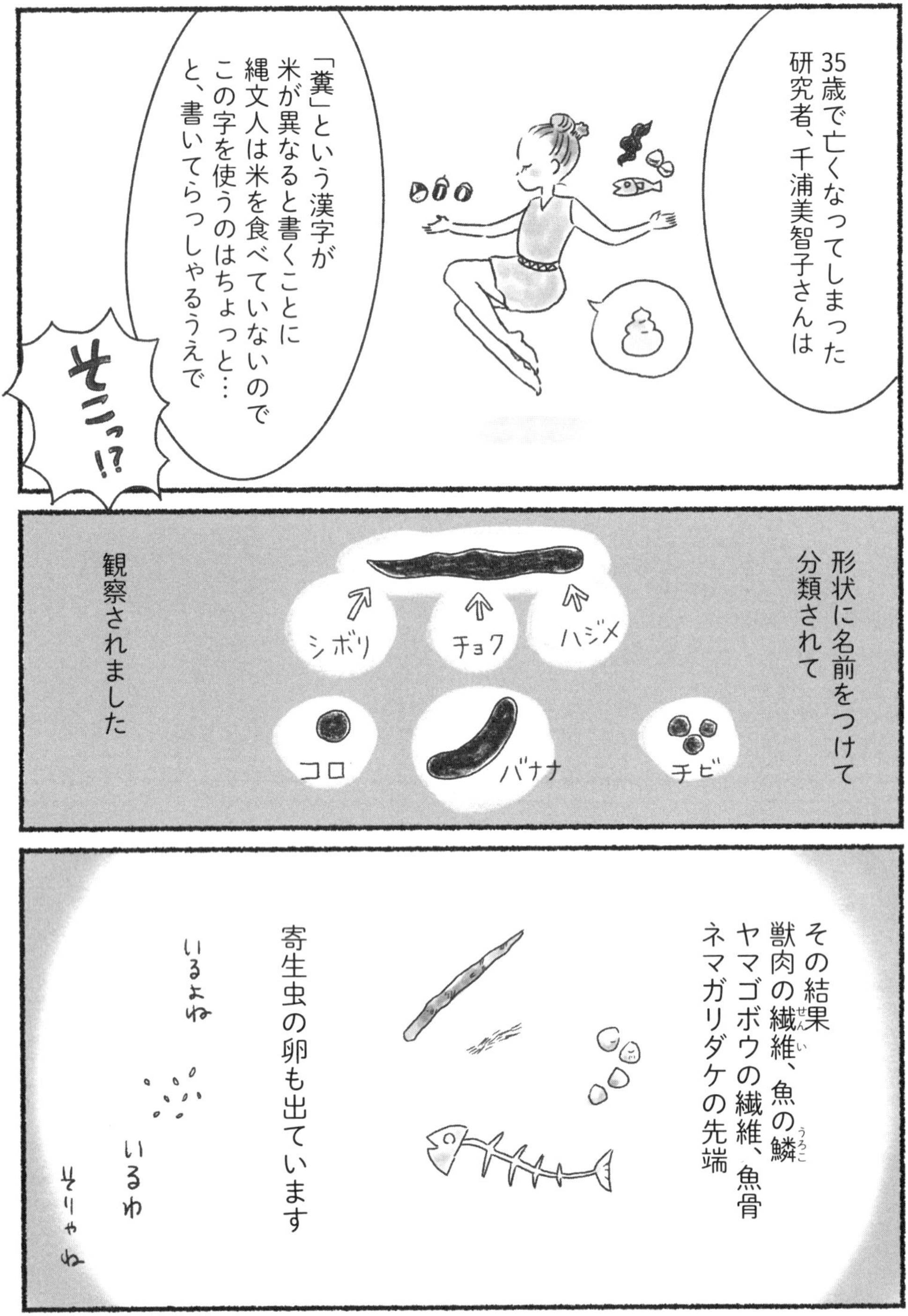
35歳で亡くなってしまった
研究者、千浦美智子さんは
「糞」という漢字が
米が異なると書くことに
縄文人は米を食べていないので
この字を使うのはちょっと…
と、書いてらっしゃるうえで
そこっ!?
形状に名前をつけて
分類されて
ハジメ
チョク
シボリ
コロ
バナナ
チビ
観察されました
その結果
獣肉の繊《せん》維《い》、魚の鱗《うろこ》
ヤマゴボウの繊維、魚骨
ネマガリダケの先端
寄生虫の卵も出ています
いるよね
いるわ
そりゃね

そして
なんとっ
スゴイよっ
胸アツよっ
最近は、この糞石からのDNA解析に成功したというニュースが!!
縄文人の腸内環境まで推測できる時代になっています
なんか すごいマシーン
イメージです
分析といえば骨からも様々なことがわかります
骨と歯のタンパク質を構成する炭素と窒素《ちっそ》の同位体《どういたい》の含有量《がんゆうりょう》でその人が生前、何を食べていたのかおおよそわかります
歯は形成される頃の食物の値で固定
子どものころは海の近くで海産物をよく食べていたんだよ
骨には亡くなったときの値
歯には海の食べ物の値
おおきくなって違う環境で暮らしたよ
骨には山の食べ物の値が多くなってるのだ
歯と骨の値《あたい》が違えば子供の頃と大人になってからの暮らした場所が違うなんてことがわかります

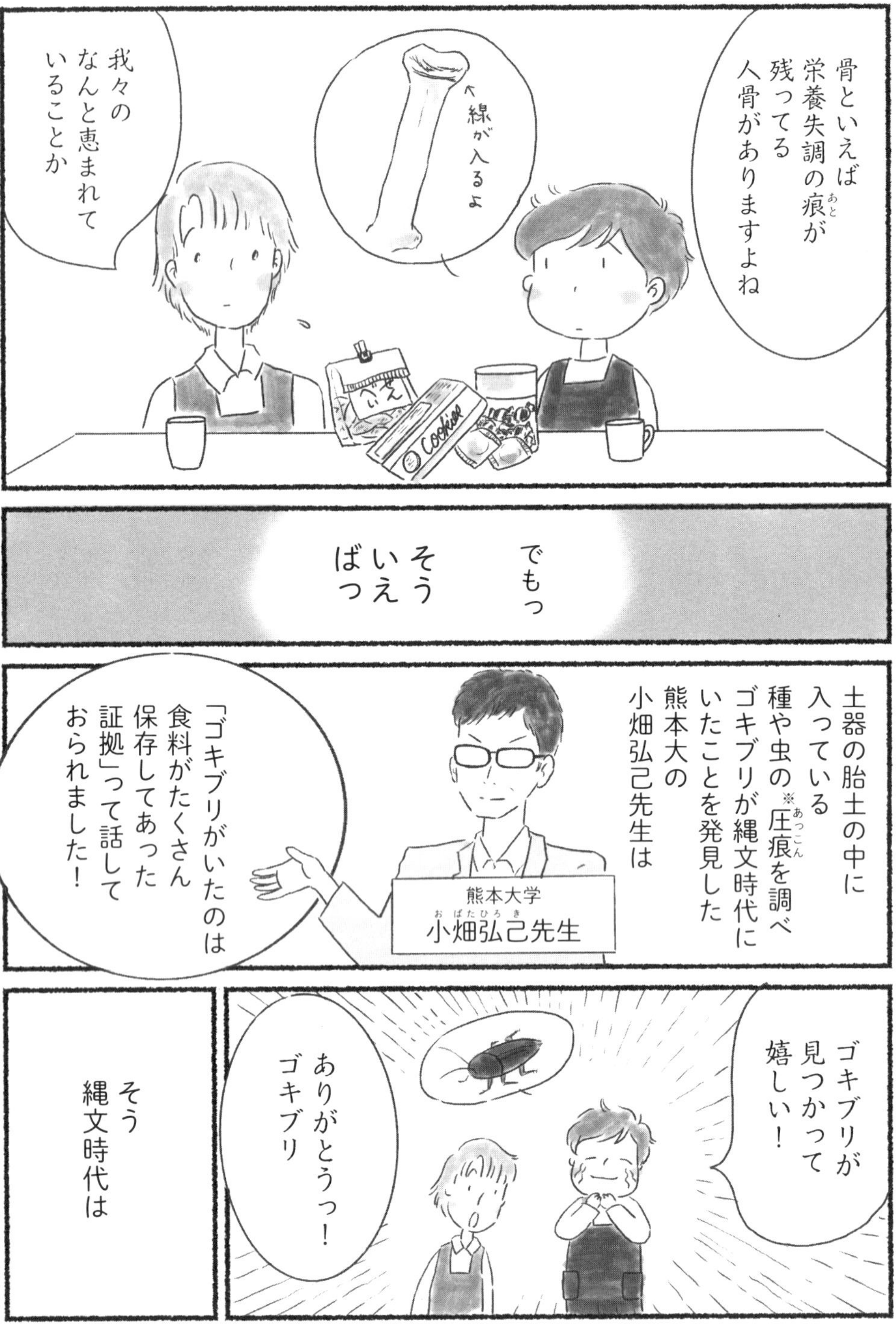
骨といえば栄養失調の痕《あと》が残ってる人骨がありますよね
線が入るよ
我々のなんと恵まれていることか
でもっ
そういえばっ
土器の胎土の中に入っている種や虫の※圧痕《あっこん》を調べゴキブリが縄文時代にいたことを発見した熊本大の小畑弘己先生は
熊本大学
小畑弘己《おばたひろき》先生
「ゴキブリがいたのは食料がたくさん保存してあった証拠」って話しておられました！
ゴキブリが見つかって嬉しい！
ありがとうっ！ゴキブリ
そう縄文時代は

※土器の表面や粘土の中に入っていた物の痕跡

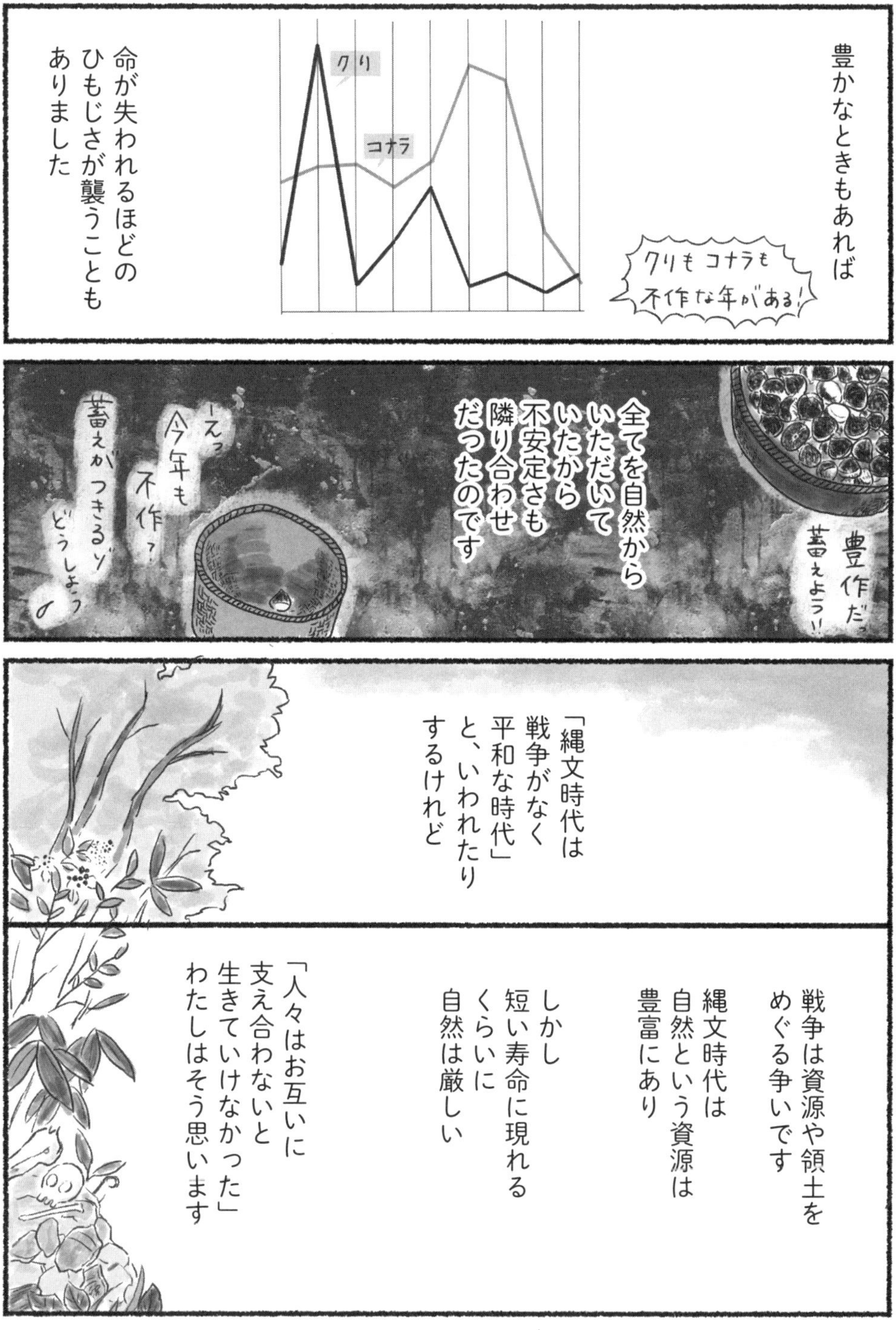
豊かなときもあれば
クリもコナラも不作な年がある!
クリ
コナラ
命が失われるほどのひもじさが襲うこともありました
豊作だっ 蓄えようっ!!
全てを自然からいただいていたから不安定さも隣り合わせだったのです
えっ 今年も
不作っ?
蓄えがつきるぞ
どうしよう
「縄文時代は戦争がなく平和な時代」と、いわれたりするけれど
戦争は資源や領土をめぐる争いです
縄文時代は自然という資源は豊富にあり
しかし短い寿命に現れるくらいに自然は厳しい
「人々はお互いに支え合わないと生きていけなかった」わたしはそう思います

ある日
植物考古学の研究者
ピコン
学生たちが
貝塚の土を洗います
よろしかったら
見に来てください
お♡
金沢大学　古代文明・文化資源学研究所
佐々木由香《ささきゆか》先生
佐々木由香先生から
お誘いいただきました
こういうチャンスは
本当に嬉しい
グッ
博物館の
バックヤードとか
発掘中の現場とか
見せてもらえる
スーパー免罪符
『取材』
なので けっこう どこでも行きます
神出鬼没って
いわれたことあるよ
そんな今井です
よろしく
12-34
埼玉県富士見市
富士山が
よく見えて
びっくり!!
水子《みずこ》貝塚公園
人々が のどかに
くつろぐ

復元住居の中にリアル縄文人人形
女性人骨埋葬《まいそう》状況復元展示もあり
シュールでびっくり！
こちらの資料館で本日洗われる土は
縄文時代前期の建物跡の中に部分的に溜まっている貝混じりの土！
そう！縄文時代は埼玉県で貝が採れたのです
貝塚ってイメージこんななんですけど
塚
貝が採れる地域では竪穴建物《たてあなたてもの》などがあった跡の窪《くぼ》みに貝が捨ててあるのがよくあります
地《ち》点《てん》貝塚といいます
始まりはソコに、穴があったから
捨てたんでしょうね

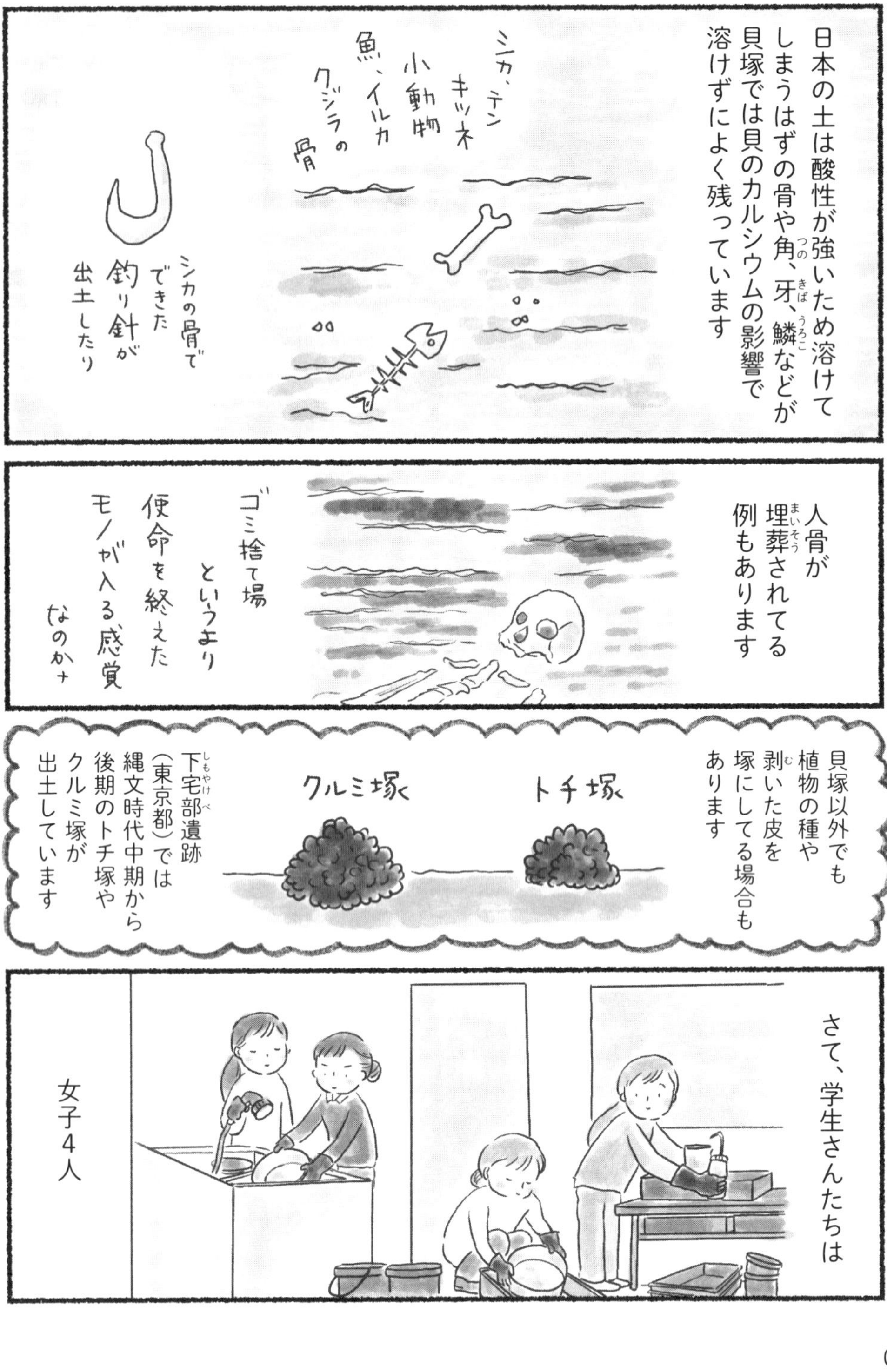
日本の土は酸性が強いため溶けてしまうはずの骨や角《つの》、牙《きば》、鱗《うろこ》などが貝塚では貝のカルシウムの影響で溶けずによく残っています
シカ、テン キツネ
小動物
魚、イルカ クジラの骨
シカの骨でできた釣り針が出土したり
人骨が埋葬《まいそう》されてる例もあります
ゴミ捨て場
というより
使命を終えたモノが入る感覚
なのかナ
貝塚以外でも植物の種や剥《む》いた皮を塚にしてる場合もあります
トチ塚
クルミ塚
下宅部《しもやけべ》遺跡（東京都）では縄文時代中期から後期のトチ塚やクルミ塚が出土しています
さて、学生さんたちは
女子4人

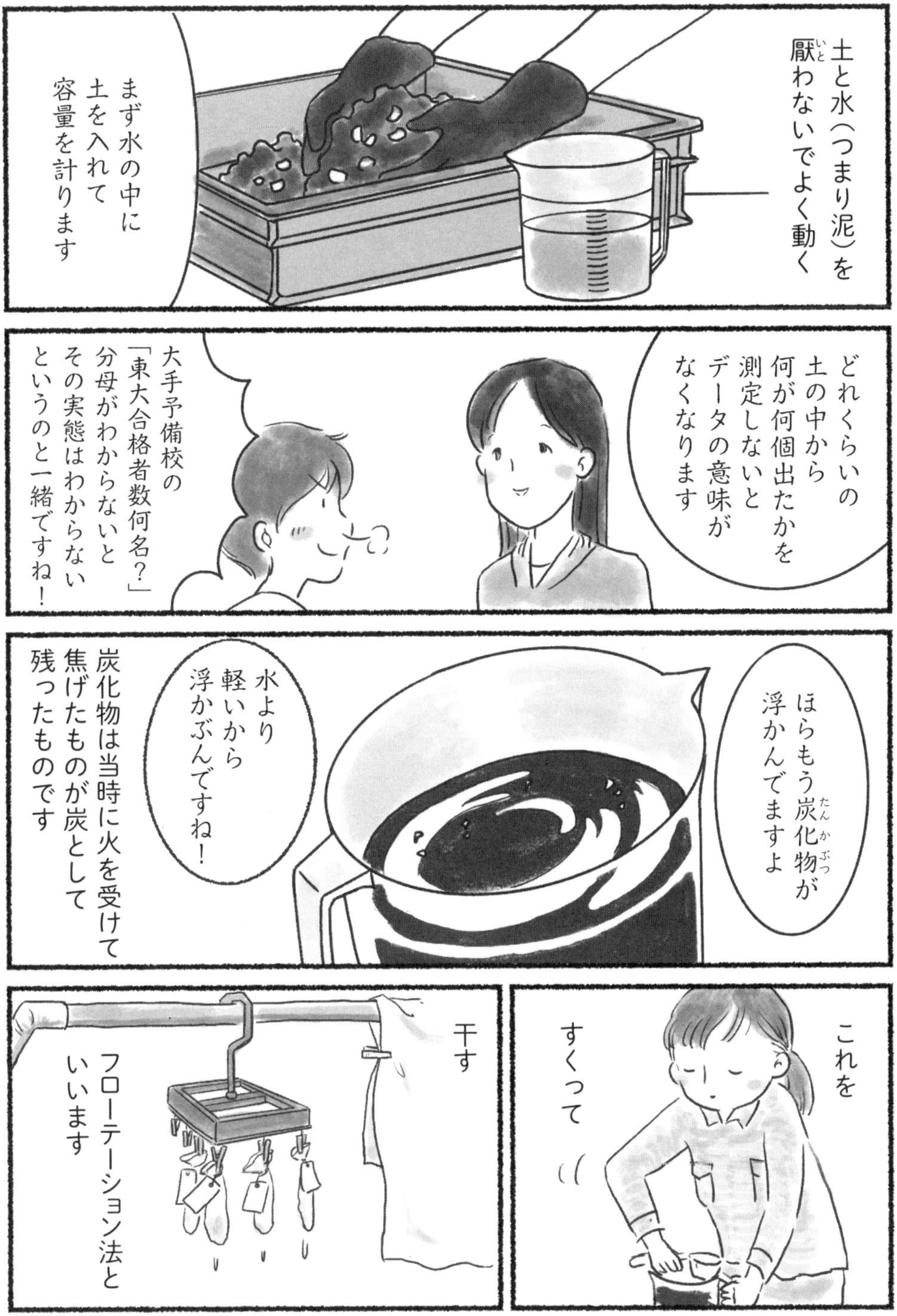
土と水（つまり泥）を厭《いと》わないでよく動く
まず水の中に土を入れて容量を計ります
どれくらいの土の中から何が何個出たかを測定しないとデータの意味がなくなります
大手予備校の「東大合格者数何名？」分母がわからないとその実態はわからないというのと一緒ですね！
ほらもう炭化物《たんかぶつ》が浮かんでますよ
水より軽いから浮かぶんですね！
炭化物は当時に火を受けて焦げたものが炭として残ったものです
これをすくって
干す
フローテーション法といいます

次は「水洗選別《すいせんせんべつ》」です
コレは 1mm目
ザブザブ
ガチャガチャ
ふるい目のサイズで分けます
どれ
水の力をうまく使ぅのよぅ
6千年前の貝なんだから壊さないように…
シャワワ
先生は音が違ぅ
お〜っ
さすが〜っ
ヤマトシジミが多いです
でっかいですねぇ
現代の我々が食べてるのは何シジミですか？
同じヤマトシジミですよ
1cm
3cm
約6,500年前のシジミ
やっぱ赤ダシ！
えっ！全然大きさがちがう！

シジミは成長すると このくらいの 大きさになるのです
縄文時代のは 大きいのも 小さいのも 混じってる
違う環境の ハマから採取したの かもっ!!
今は小さいうちに 食べちゃうから この大きさが ないだけ
ここから「縄文人は シジミを 自然の環境の中で 採っていた」と、いうことが よくわかります
で、
ふるいに残った 土のほうも 乾燥させて

乾燥したら大きさを分けるためにふるいます
コレは4mm目
乾燥ふるいがけしますっ!!
ん?うちにもあるザル…
研究用のフルイは高いんですよ〜
人間の目は揃ったサイズの中からの方が異質のものを見つけやすいので粒度を揃えます
炭化物や小さな貝などを抽出《ちゅうしゅつ》します
ラボッぽいです!!
ちっちゃ!
ほんとは顕微鏡《けんびきょう》で見るんだけど……ちょっと見てみましょうか

あー
木の実の殻《から》が
多いですねえ
カゴのヘギ材は
焚《た》き付けに使うから
よく炭化したのが
出てくるんだけど
あ
ヘギ材
木材《もくざい》が入ってますよ
横断面《おうだんめん》が
見えるでしょ
ナラ類ですね
先生は
組織の
形状を見て
判断してる
らしいです
スゴッ
せ、先生
詳しすぎっ!!
コリャ
大変だ
貝塚から植物が
見つけられるなんて

いやいやそれぞれの専門家にはかないませんよ
でも環境考古学で知りたいのは組み合わせなんです
そこから当時の環境や利用した動植物の状況が見えてきます
コレせっかくだから見ていってください

ニワトコカップです
粒々と穴が空いてる……
土器の表面や内面にニワトコの種が入ってたんです
ニワトコが種になるのは時期としては６・７月頃
ベリー酒やシロップを作ったカスかな
おてつだいキッズ
なぜこれがニワトコの種だってわかったんですか？
あ！
アレですね
圧痕《あっこん》レプリカ法
コクン

※ヤブツルアズキが栽培化するとアズキ
ツルマメが栽培化するとダイズになります

遺跡って
残されたものから
探るでしょ
ドングリやクリを
食べてたことが
わかったのは
殻《から》や皮のカスが炭に
なったものが
発見されたから
でも
丸ごと食べた
ものもあった
はずでしょう
そうかっ!!
そう!!
土器の中に
痕跡《こんせき》があるものが
あったんです
土器を作ったときに
周りにあったいろいろが
粘土に練り込まれたモノ
あとは
土器に着いてる
お焦《こ》げ
うっかりさんの料理あと
そこから見えた縄文生活は

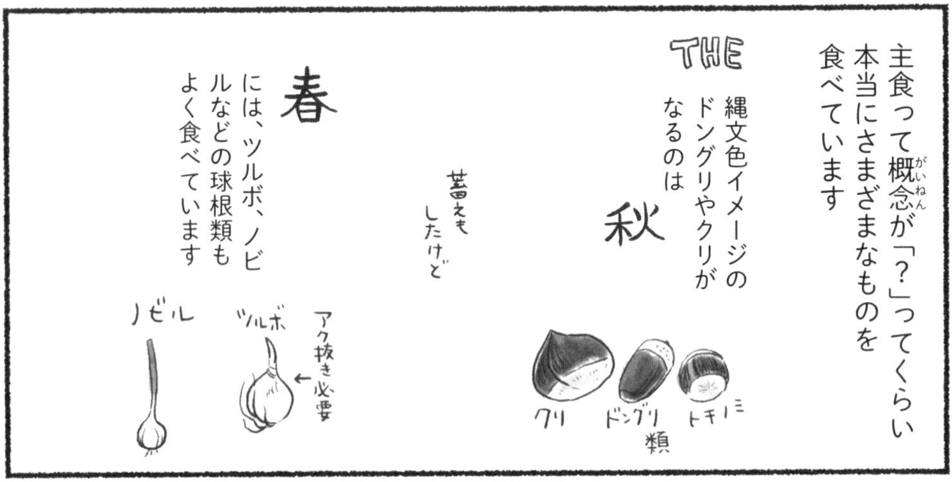
主食って概念《がいねん》が「?」ってくらい本当にさまざまなものを食べています
THE
縄文色イメージのドングリやクリがなるのは
秋
蓄えもしたけど
春
には、ツルボ、ノビルなどの球根類もよく食べています
クリ
ドングリ類
トチノミ
アク抜き必要
ツルボ
ノビル

船橋市取掛西《とりかけにし》貝塚の調査で縄文早期の1万年前にはもう、縄文時代によく出てくる食材が出揃《でそろ》ってたってわかったんです
縄文食パッケージ!!
1万年前に!
今までは前期って言われてましたよね!!

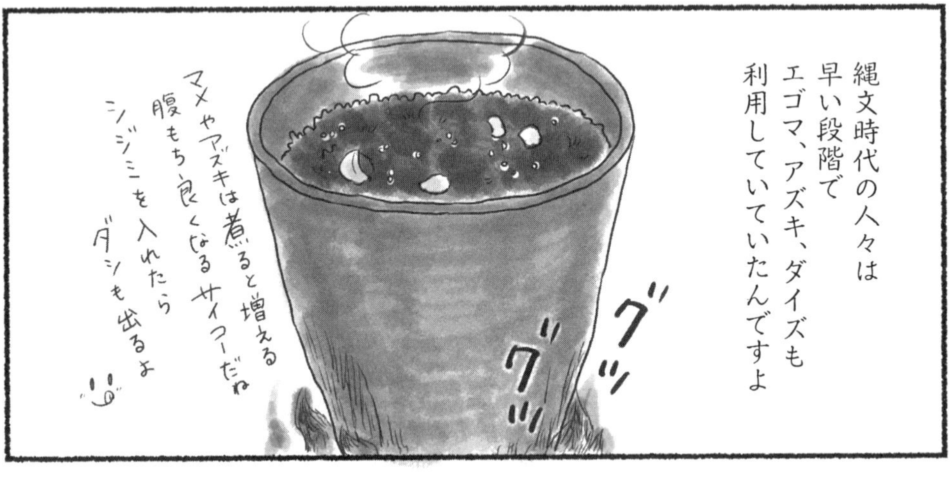
縄文時代の人々は早い段階でエゴマ、アズキ、ダイズも利用していたんですよ
マメやアズキは煮ると増える
腹もち良くなるサイコーだね
シジミを入れたらダシも出るよ
グツグツ

あ！
ソレって栽培《さいばい》！
縄文時代から栽培してました!?
確かに早期や前期のマメ類は小さくて野生種と同じ大きさです
で、時代を経《へ》てますます大きくなっていくんだけど
コレは人間が品種改良《ひんしゅかいりょう》したとも限らなくて
人間が暮らす場所の土は排泄物《はいせつぶつ》や生ゴミで栄養分（窒素）が豊富になり、植物が大きく育つ「共進化《きょうしんか》」もします
栄養素
とはいえ、当時の地面の窒素を調べるのは難しく縄文人がマメ類を栽培して品種改良した可能性も…
でも畠《はたけ》を作るような規模が大きなものではなくて
有用な植物
近くに置くよね
玄関脇にちょっとシソを植えるなんて今の人もやるでしょうそんなイメージ

※考古学では“畠”の漢字を使います

縄文時代の人々は賢《かしこ》くて工夫のスペシャリストそれくらいやりますよねぇ
狩猟採集《しゅりょうさいしゅう》、漁労《ぎょろう》有用植物《ゆうようしょくぶつ》に関しては管理栽培《かんりさいばい》していたということがわかってきています
最近では調査の手法が変わってきて新しいことがたくさんわかってきているんですよ
うわー！コレ縄文調査の最先端《さいせんたん》!!
そうです！
昭和な道具のオンパレードで最先端に挑《いど》むみなさんでありました
ピンチハンガー
虫メガネ
ピンセット
タオル
洗たくバサミ
サラシ
カゴ
ザル（台所用）
ネット
ホース
バケツ

Let's go to the Jomon!

東京近郊編

なかなかなのだ

1 町田市考古資料室

東京都町田市下小山田町4016

何ということでしょう！
函館で出土した「カックウ」とそっくりな「マックウ」。他人の空似なんてことあるでしょうか？　やはり縄文時代にはネットワークがすごかったという証拠なのです！

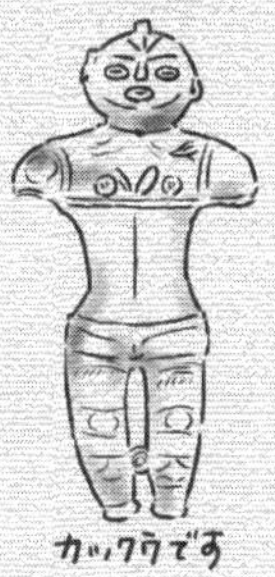

2 下宅《しもやけ》部《べ》遺跡・八国山《はちこくやま》たいけんの里

東京都東村山市野口町3-48-1

東京にこんなに新発見の多い遺跡があったのです。縄文時代の漆文化や編み物の技術の高さにびっくり。クルミやトチノキの破片、土器に付着したニワトコなど、縄文人の生活を感じることができます。

3 水子《みずこ》貝塚・水子貝塚資料館

埼玉県富士見市水子2003-1

のどかな公園内の復元住居には縄文ファミリーが。展示館には、水子貝塚から発見された人骨、犬の骨などが複製再現されています。資料館で目を引くのが「ムササビ土器」その名のとおり付いています、ムササビが！

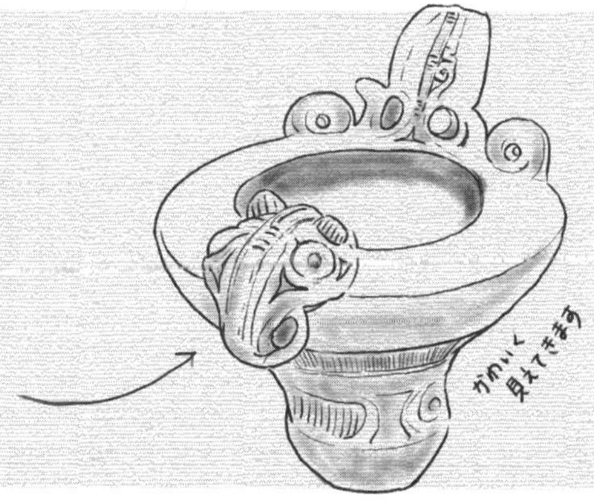

土偶 宇宙人オーパーツ説に迫った話 実録

※ Undentified Mysterious Animalの略。未確認生物

第4章
変わる住居
〜ススと焼失とインテリアと〜
縄文時代のおウチってこんなイメージ
だって、復元住居ってこんなですよね。
もっと知りたい住宅事情
土に穴ぼこ…現場からは以上です
ムラの感じはどうだったんでしょう

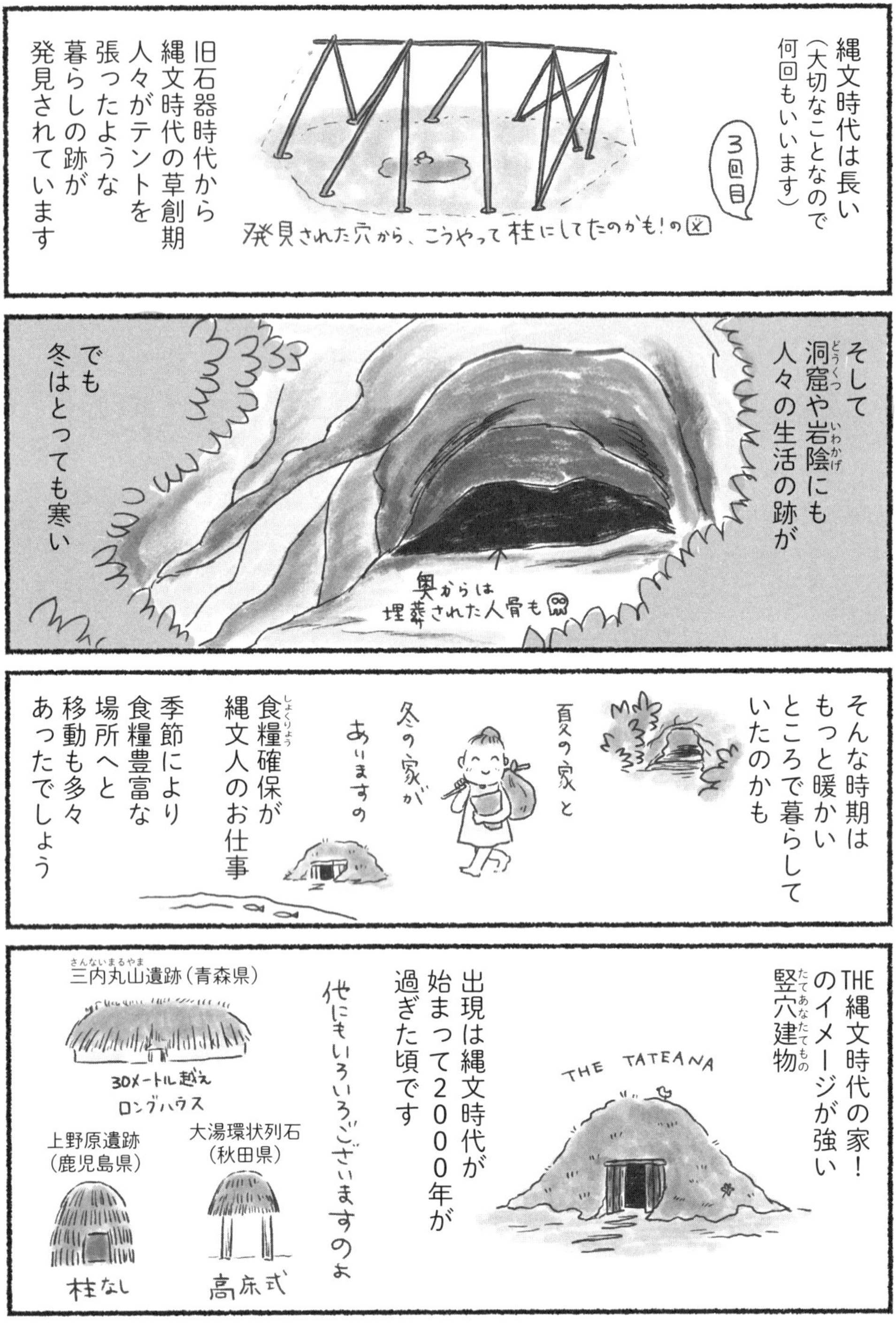
縄文時代は長い
（大切なことなので何回もいいます）
3回目
旧石器時代から縄文時代の草創期人々がテントを張ったような暮らしの跡が発見されています
発見された穴から、こうやって柱にしてたのかも！の図
そして洞窟《どうくつ》や岩陰《いわかげ》にも人々の生活の跡が
でも冬はとっても寒い
奥からは埋葬された人骨も
そんな時期はもっと暖かいところで暮らしていたのかも
夏の家と
冬の家がありますの
食糧《しょくりょう》確保が縄文人のお仕事
季節により食糧豊富な場所へと移動も多々あったでしょう
THE縄文時代の家！のイメージが強い竪穴建物《たてあなたてもの》
THE TATEANA
出現は縄文時代が始まって2000年が過ぎた頃です
他にもいろいろございますのよ
三内丸山《さんないまるやま》遺跡（青森県）
30メートル越え
ロングハウス
上野原遺跡
（鹿児島県）
柱なし
大湯環状列石
（秋田県）
高床式

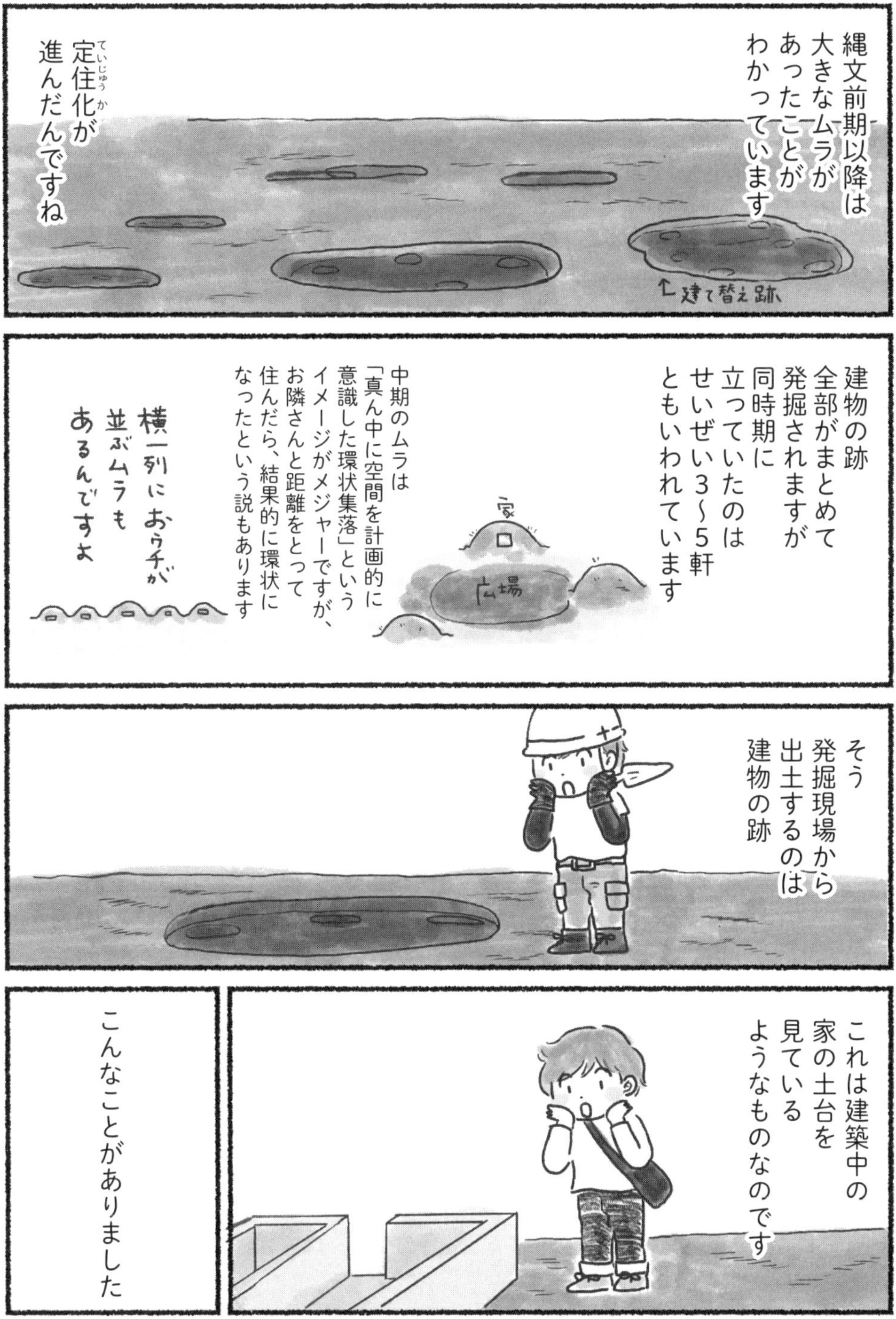
縄文前期以降は大きなムラがあったことがわかっています
定住《ていじゅう》化《か》が進んだんですね
建て替え跡
建物の跡全部がまとめて発掘されますが同時期に立っていたのはせいぜい３～５軒ともいわれています
中期のムラは「真ん中に空間を計画的に意識した環状集落」というイメージがメジャーですが、お隣さんと距離をとって住んだら、結果的に環状になったという説もあります
家
広場
横一列におウチが並ぶムラもあるんですよ
そう発掘現場から出土するのは建物の跡
これは建築中の家の土台を見ているようなものなのです
こんなことがありました

三内丸山《さんないまるやま》遺跡（青森県）にて
地上面から上は
すべて推測《すいそく》ですよ
えっ

ガイドさんは親切
屋根が付いていたと考える専門家も柱だけだったと考える専門家もいます
そして適切
実際トーテムポールを立てて信仰していたと考える専門家もいるのです
三内丸山遺跡では復元建物は3タイプそれぞれ違う説からの復元です
北米やシベリアにある木の皮葺《かわぶ》きの家
博物館などでよく見る茅葺《かやぶ》き屋根
これはちょっと前の日本の茅葺き家屋を参考に復元されているのだそうで

じつはわたしは
懐《かい》疑《ぎ》的
???
コレ?
鉄の道具ナシで
茅を切るのが
どんなに大変か!
ムキーッ
わたしは
子供の頃
ロクな道具
ナシで
様々な
基《き》地《ち》づくりに
挑戦し
知っているのです
ある日
縄文雑談の会
OX珈琲
えー
そうは思わないな
石器《せっき》で
よく切れるよ
頼れる縄文先輩
スーさん
一本一本!!
大変っ

大変？
パチッ
必要に迫られれば人間はやりますよ
それに時間の感覚が今とは違う
一本
一本
弥生人は稲穂を石包丁で刈ってたんだし
「大変」の感覚も違うでしょ
「時間」の感覚かぁ
学校も会社もない
お日様が昇って沈む
そして季節が巡《めぐ》る
その中で人々の寿命は今よりずっと短い

想像がつかないなぁ
そんなことも縄文時代の人々とはかけ離れちゃったんだなぁ
で、さ縄文時代の建物実際はその土地土地のあるものでつくったから全部が同じとは限らないよね
ではなしは戻ります
もうひとつは土葺《つちぶ》きの屋根です
みなさんもご自分の説を考えてみてくださいね
わたしはやっぱりコレ！土葺き屋根派
だって大草原の小さな家のローラが住んでたもん

これは1996年に岩手県の御所野《ごしょの》遺跡で発見された建物が土葺き屋根だったとわかったその成果からの復元です
むむっ
御所野遺跡!!
それは、ある日現場でのこと
なんか出ましたぁ
わ!焦げてるものって残るんですねぇ
火事のあったおウチかなぁ??
あら今井さん焼失建物見たことない?
つまりわたしのボス
某民間発掘調査会社
調査員 Aさん

SNSで見たことあります!
どれ
サンプルでとっておくか…
こんなもんじゃないわよ〜
床まで真っ黒なのよ
それに
火事じゃなくて
わざと焼いたのかもしれないわよ
わざと!!
ちょっと遠いけど御所野遺跡
焼失建物見つかってるわよ
行ってみたら
はぁ…岩手ですねぇ

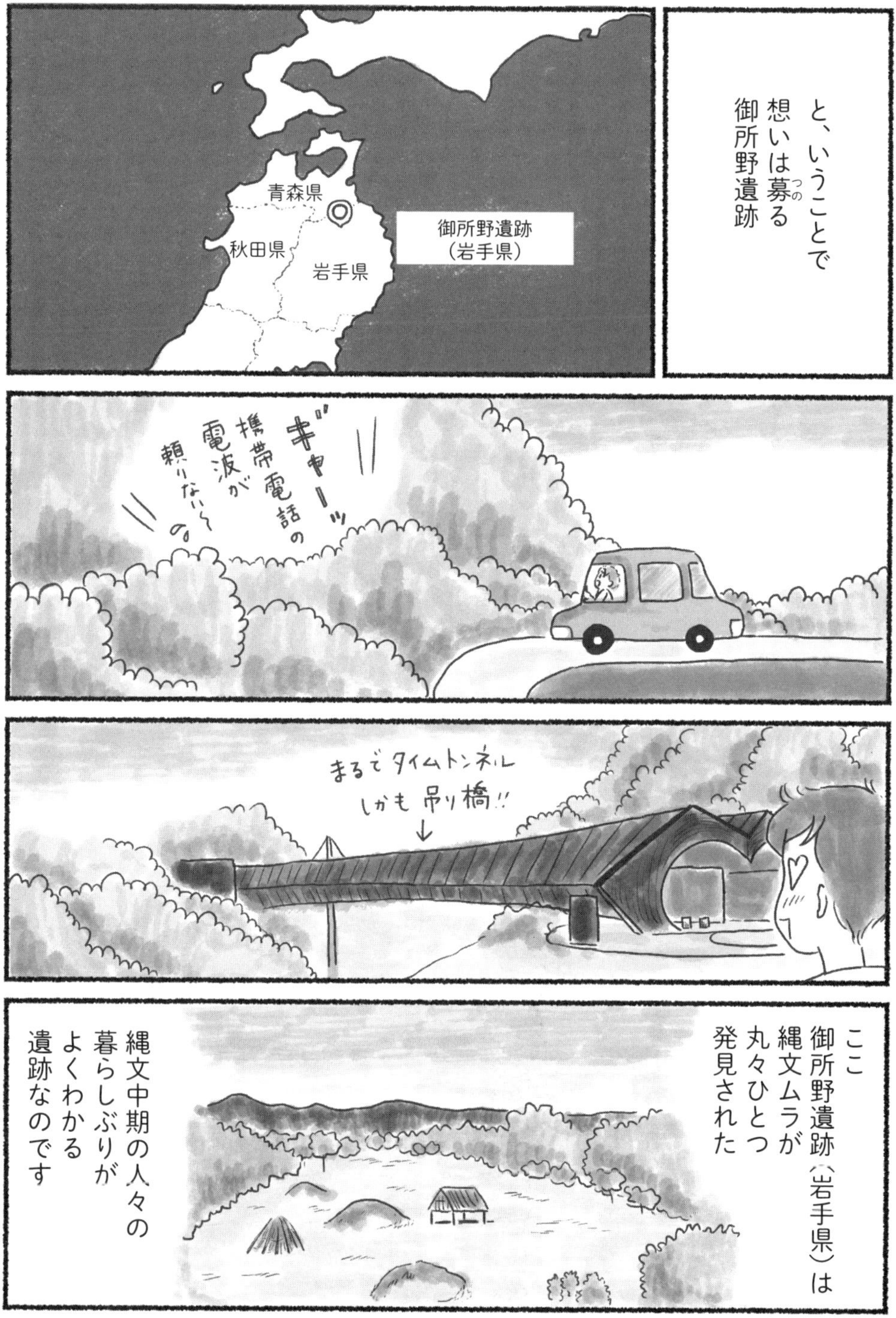
と、いうことで
想いは募《つの》る
御所野遺跡
青森県
秋田県
岩手県
御所野遺跡
（岩手県）
ギャーッ
携帯電話の
電波が
頼りない〜
まるでタイムトンネル
しかも吊り橋!!
ここ
御所野遺跡（岩手県）は
縄文ムラが
丸々ひとつ
発見された
縄文中期の人々の
暮らしぶりが
よくわかる
遺跡なのです

来たぞう
わくわく
!!
わおっ
足元に!!
焼失建物展示は
ガラス張りの床の下
真上《まうえ》からガブリ寄りで
見られるようになってます
1996年の
発掘調査で
焼けて発見された
竪穴建物の屋根に
土がのっていた
ことがわかり
焼けた土
焼けたクリの木
焼けた床
1997年
土屋根《つちやね》建物《たてもの》を当時の
道具を使って復元し
石斧《いしおの》でここまでできるんだぁ!!
スゴッ!!
"実験考古学"

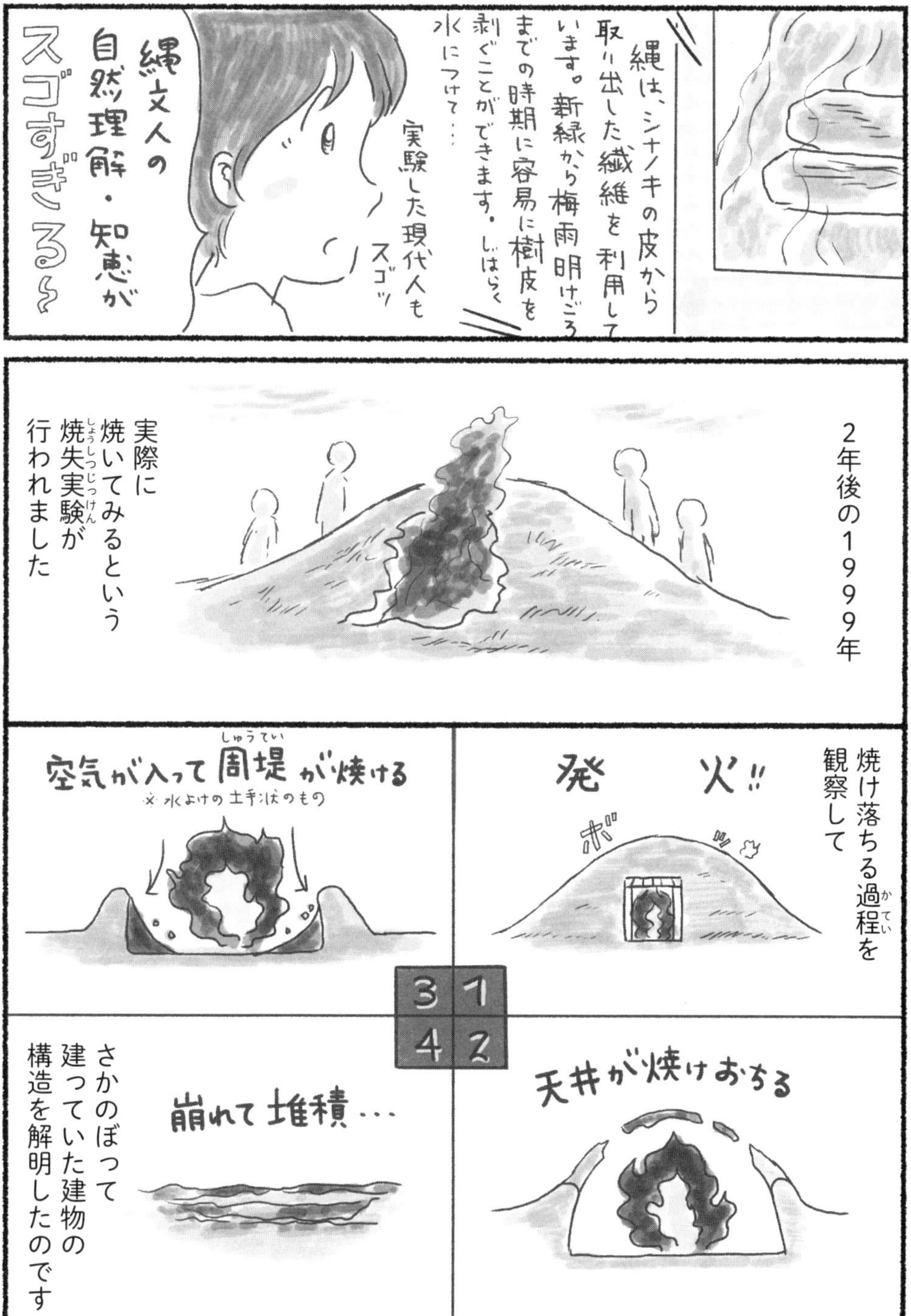

縄は、シナノキの皮から取り出した繊維を利用しています。新緑から梅雨明けごろまでの時期に容易に樹皮を剥ぐことができます。しばらく水につけて…
実験した現代人もスゴッ
縄文人の自然理解・知恵がスゴすぎる～
2年後の1999年
実際に焼いてみるという焼失実験《しょうしつじっけん》が行われました
焼け落ちる過程《かてい》を観察して
発火!!
ボ
天井が焼けおちる
空気が入って周堤《しゅうてい》が焼ける
※水よけの土手状のもの
崩れて堆積…
さかのぼって建っていた建物の構造を解明したのです
3 1
4 2

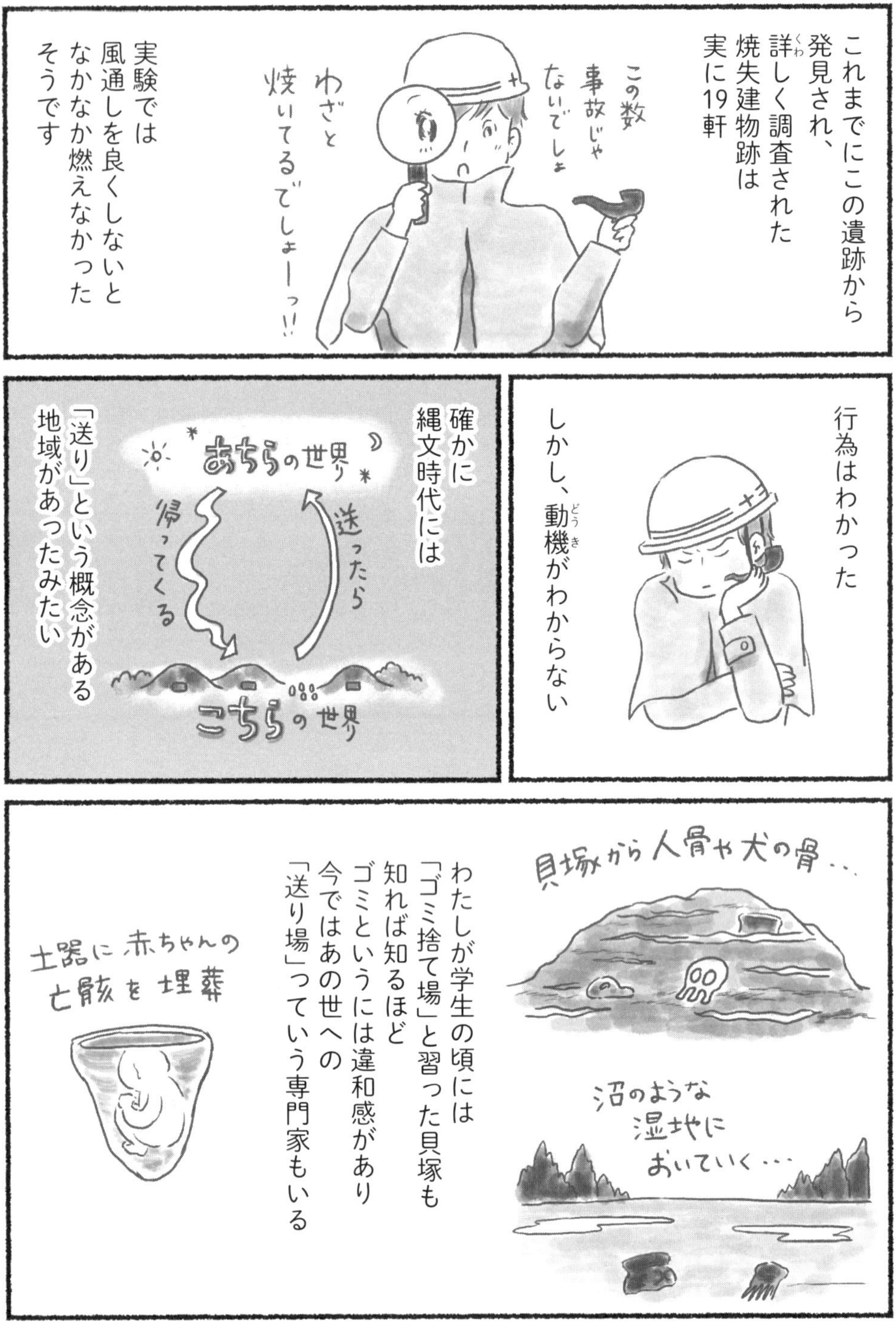
これまでにこの遺跡から
発見され、
詳《くわ》しく調査された
焼失建物跡は
実に19軒
この数
事故じゃ
ないでしょ
わざと
焼いてるでしょーっ!!
実験では
風通しを良くしないと
なかなか燃えなかった
そうです
行為はわかった
しかし、動機《どうき》がわからない
確かに
縄文時代には
あちらの世界
送ったら
帰ってくる
こちらの世界
「送り」という概念がある
地域があったみたい
貝塚から人骨や犬の骨…
沼のような
湿地に
おいていく…
わたしが学生の頃には
「ゴミ捨て場」と習った貝塚も
知れば知るほど
ゴミというには違和感があり
今ではあの世への
「送り場」っていう専門家もいる
土器に赤ちゃんの
亡骸を埋葬

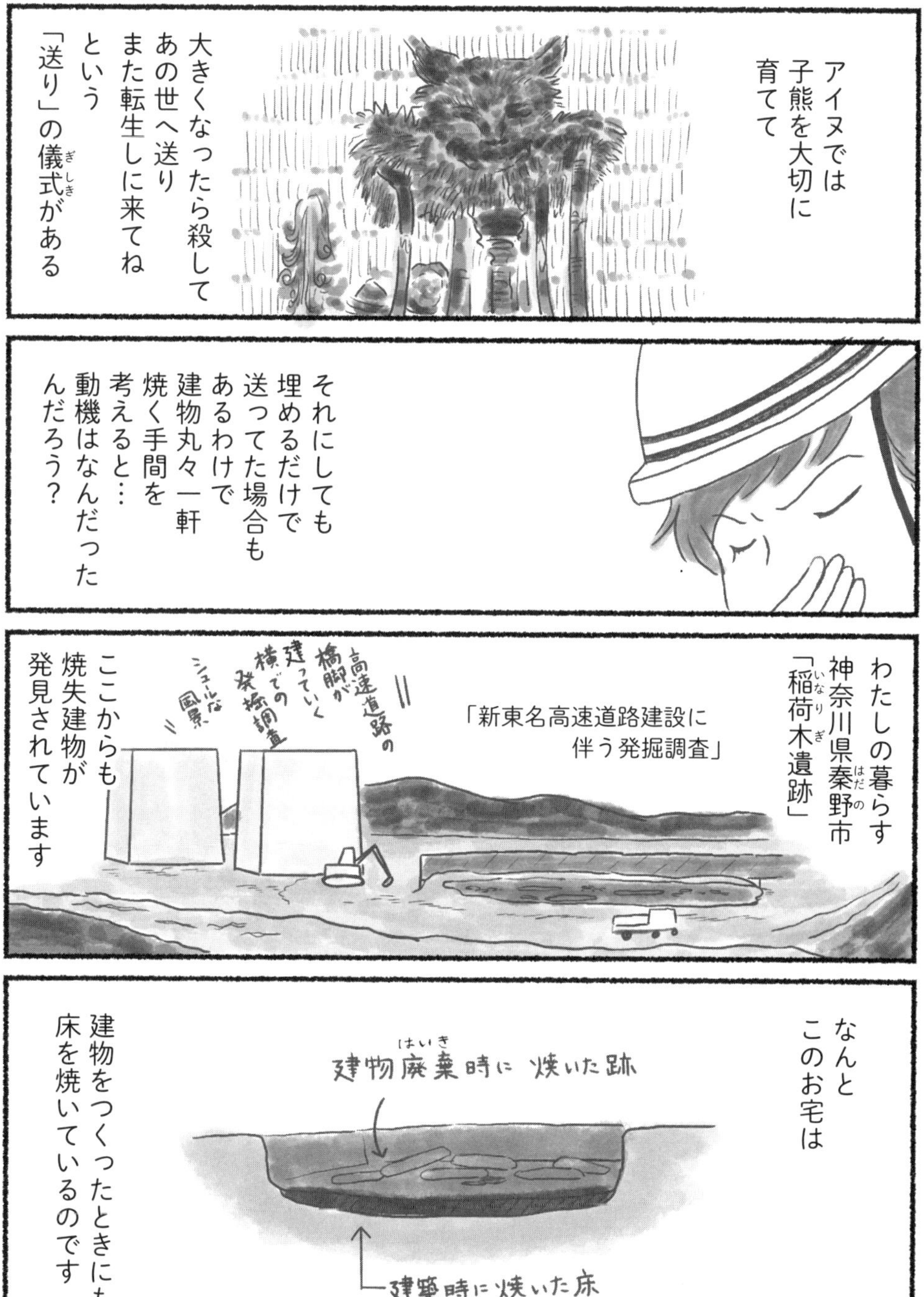

アイヌでは
子熊を大切に
育てて
大きくなったら殺して
あの世へ送り
また転生しに来てね
という
「送り」の儀式《ぎしき》がある
それにしても
埋めるだけで
送ってた場合も
あるわけで
建物丸々一軒
焼く手間を
考えると…
動機はなんだった
んだろう？
わたしの暮らす
神奈川県秦野《はだの》市
「稲荷《いなり》木《ぎ》遺跡」
「新東名高速道路建設に
伴う発掘調査」
高速道路の橋脚が建っていく横での発掘調査
シュールな風景
ここからも
焼失建物が
発見されています
なんと
このお宅は
建物廃棄《はいき》時に 焼いた跡
建築時に焼いた床
建物をつくったときにも
床を焼いているのです

本日の職場のランチタイムでは稲荷木遺跡の焼かれまくり建物で話題沸騰《わだいふっとう》
秦野のおウチ見ました?!
焼けてた焼けてた祭祀かなー
儀礼よ
呪術よ
報告書でもすぐ儀礼とかっていうのっ
ムキーッ
そこをもうちょいつっこんでーーっ!!
知りたい
知りたい!!
でもさ儀礼《ぎれい》とか呪術《じゅじゅつ》って
当時の最新《さいしん》技術《ぎじゅつ》でしょ
なんらかの効果があったんじゃないかなぁ
床を赤くしたかったのかナ?
家は子宮っ?
再生っ?
なんてね
縄文人って死人が出たら家を変えるって聞いたことがあるよ

で、燃やす
つまり
除菌《じょきん》とかサ
細菌とか知らなくても呪術だなんだってやったいろいろが結果的に効果あり!!ってのは、あったんじゃない？
ハッ
2020年
新型コロナウィルスによる
世界的なパンデミック
目に見えないものに
脅《おびや》かされる恐ろしさを
身をもって感じた
わたしたちは
さすがですな
改《あらた》めて
現代まで命が
繋《つな》がってきた
過去の人々の
知恵に想いを
馳《は》せたので
ありました
先人たち

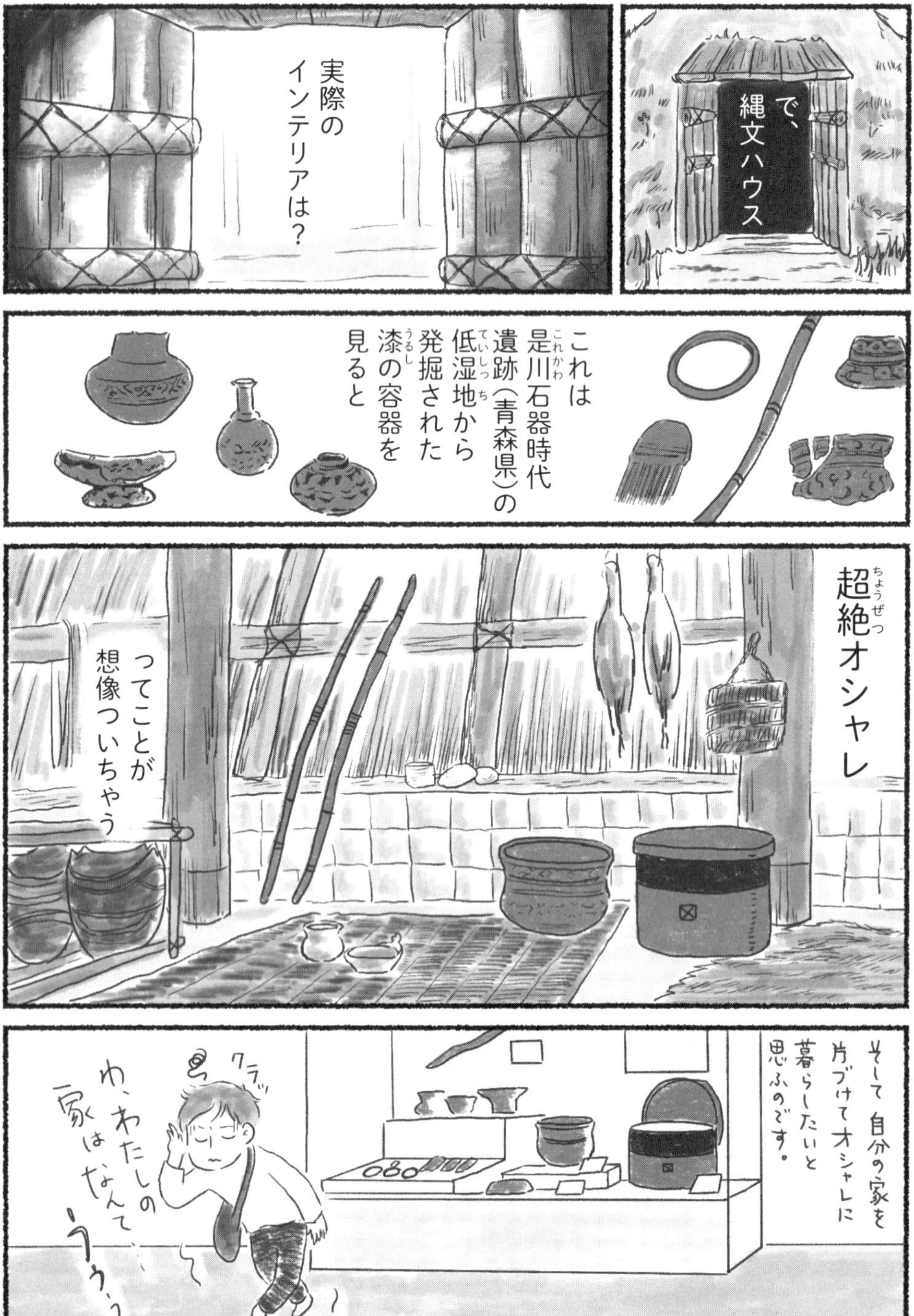
で、縄文ハウス
実際のインテリアは？
これは是川《これかわ》石器時代遺跡（青森県）の低湿地《ていしっち》から発掘された漆《うるし》の容器を見ると
超絶《ちょうぜつ》オシャレ
ってことが想像ついちゃう
そして自分の家を片づけてオシャレに暮らしたいと思ふのです。
クラッ
わ、わたしの家はなんて・・・
ううっ

縄文住居の
住み心地は？
とは思うものの……
縄文好きが
来るよ、と誘われた
新宿のカフェにて
あ
今井さーん
縄文好きの方
今、くるからねぇ
オーナー
アッコさん
あ
わたしは
縄文好きと
いっても
ライトなもんで
だって
縄文時代って
ムシが絶対すごいし
くさいだろうし
火おこしも
大変そうじゃ
ないですかぁ
ん
視線
感じるっ
はぁ？！
縄文好きって
いっときながら
火も起こしたこと
ないですって!?
行ってみないと！
やってみないと！
熱血縄文ラヴァー
サーヤさん
これが縄文フレンド
サーヤさんとの出会い

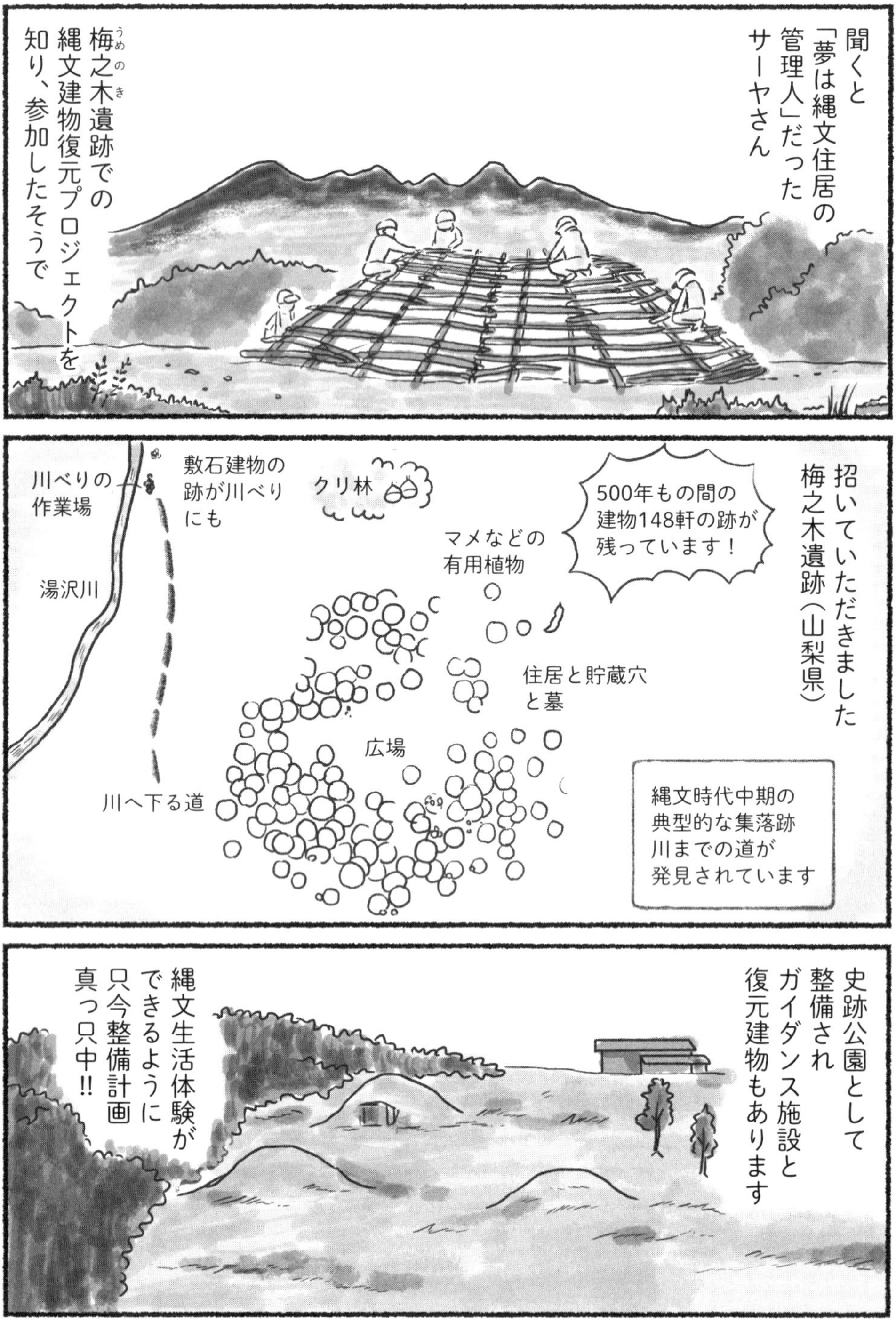
聞くと
「夢は縄文住居の
管理人」だった
サーヤさん
梅之木《うめのき》遺跡での
縄文建物復元プロジェクトを
知り、参加したそうで
招いていただきました
梅之木遺跡（山梨県）
500年もの間の
建物148軒の跡が
残っています！
縄文時代中期の
典型的な集落跡
川までの道が
発見されています
マメなどの
有用植物
住居と貯蔵穴
と墓
広場
クリ林
敷石建物の
跡が川べり
にも
川べりの
作業場
湯沢川
川へ下る道
史跡公園として
整備され
ガイダンス施設と
復元建物もあります
縄文生活体験が
できるように
只今整備計画
真っ只中!!

そこには
梅之木縄文人の
クマさんもいらして
縄文人さながら
石斧で木を切り出し
建物を復元した
メンバーです
梅之木縄文人
黒田《くろだ》将行《まさゆき》さん
どうぞ
どうぞ
気分
アガル
おーっ!!
わーい
おじゃましまーす
ドキ
ドキ

復元建物に入ると
あ
縄文の匂い!!
窓があると明るいわぁ
炉に火が入ると生活感がある!!
あの棚良いなぁ
気分は内見の人デス

いつまで寝てるんだ
水を汲みにいくぞ
まってお父さん
野イチゴもつみたいよう
なんて縄文ファミリーが暮らしていたのかも
うふふ
もくもく
もくもく

ケムい!!
猛烈《もうれつ》にケムい!!
しばらくこういうところにいるとね身体が慣れますよ
はいどうぞ現代コーヒーですよ
確かに、梅之木縄文人のクマさんの目にはまつ毛がびっしり生えているのでした
うらやまし－
まだまだケムい

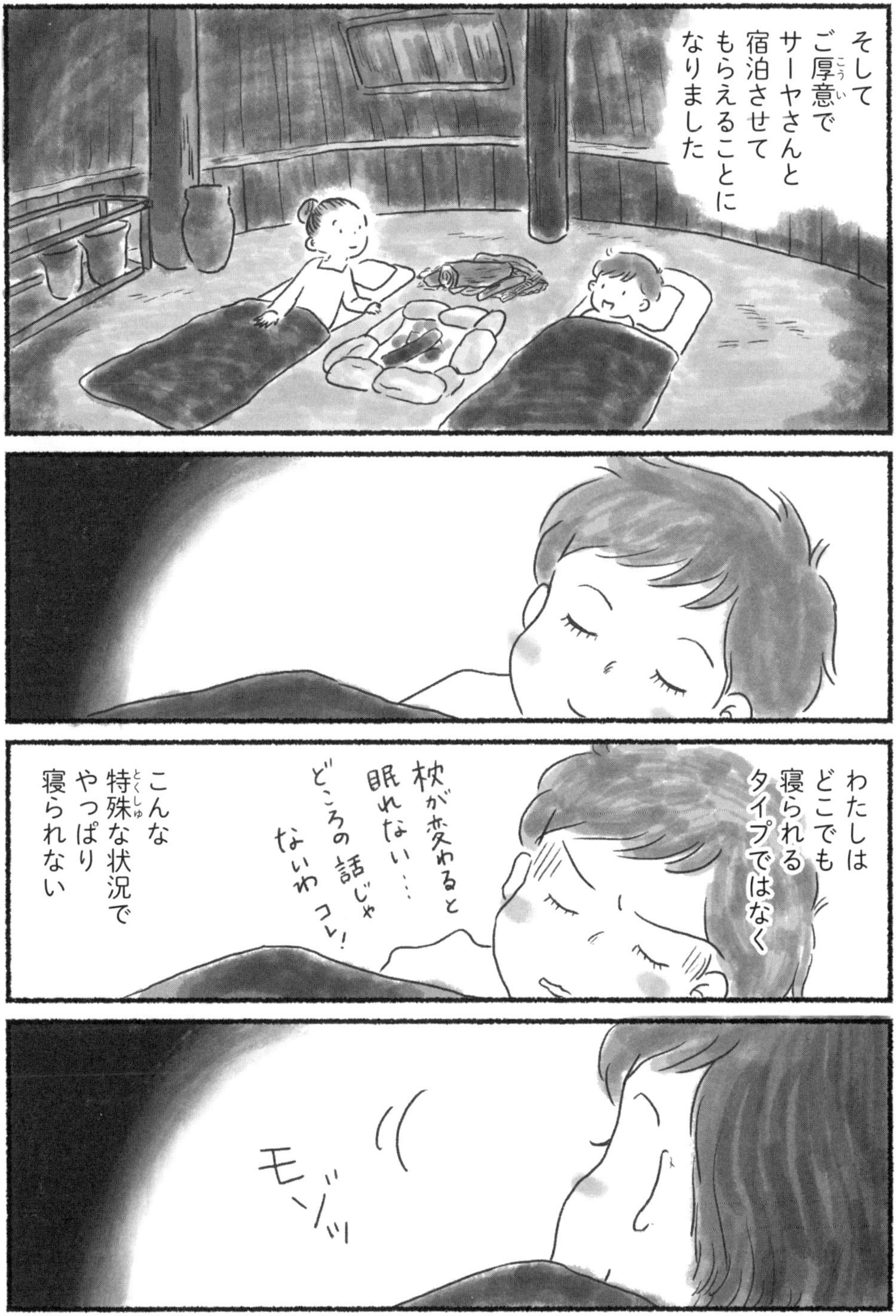
そして
ご厚意《こうい》で
サーヤさんと
宿泊させて
もらえることに
なりました
わたしは
どこでも
寝られる
タイプではなく
枕が変わると
眠れない…
どころの話じゃ
ないわ コレ!
こんな
特殊《とくしゅ》な状況で
やっぱり
寝られない
モゾッ

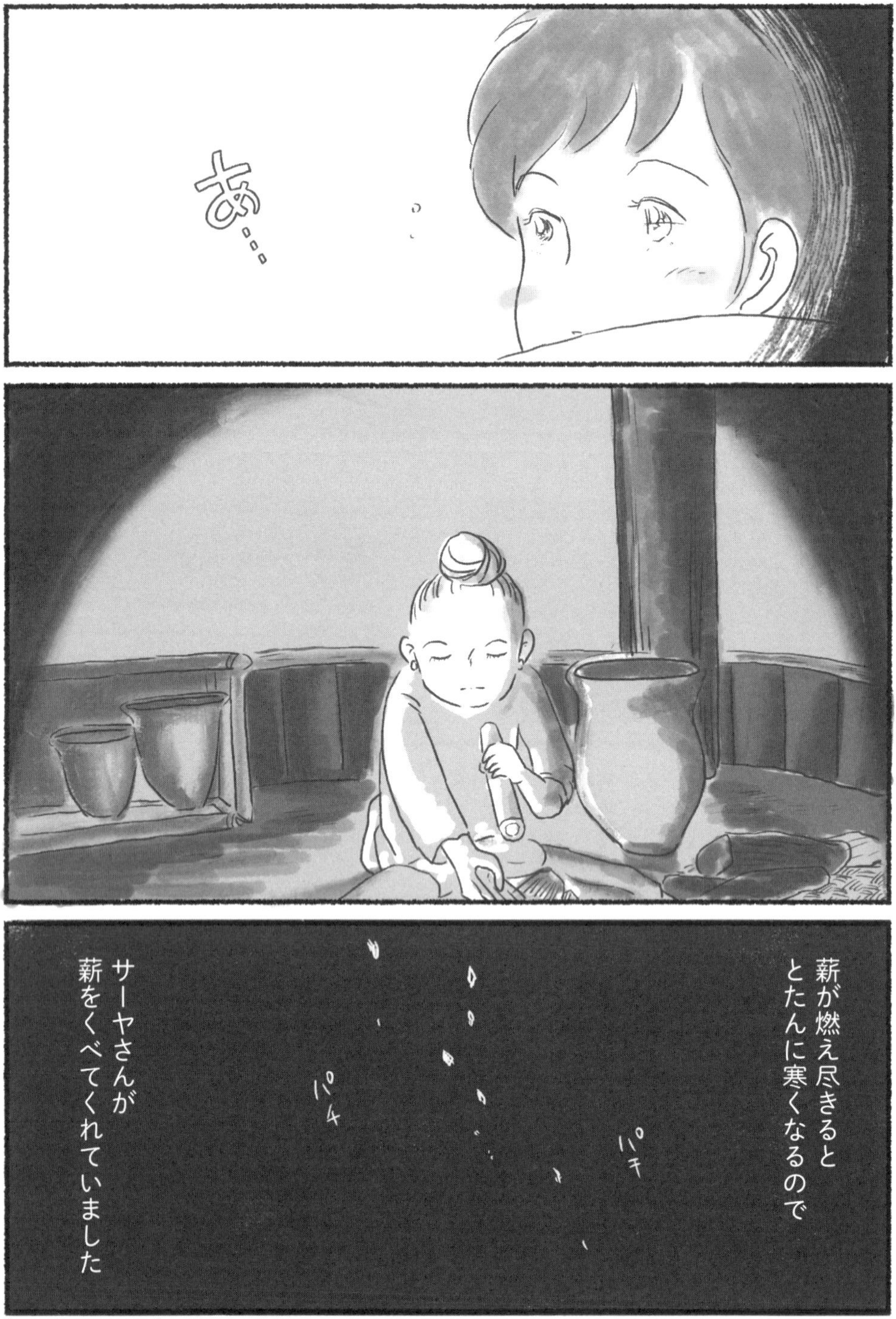
あ…
薪が燃え尽きると
とたんに寒くなるので
パチ
パチ
サーヤさんが
薪をくべてくれていました

眠れない夜は
頭の中で
ネガティブなことが
グルグルしたり
トイレ
行ってきます
オッケー!!
フーッ
さみしくなるのが
いつもなのに
サーヤさんがくべてくれた
火の光とあたたかさ
外には
いろいろな
ものたちの
気配で
ライトなくて
平気かな…
ワオーン
ザザ
ザザ
なんだか
にぎやか
縄文住居の夜は
さみしくない
そんなことを
思ったのでした

~ 図解　縄文竪穴建物 ~

ようこそ 縄文ハウス

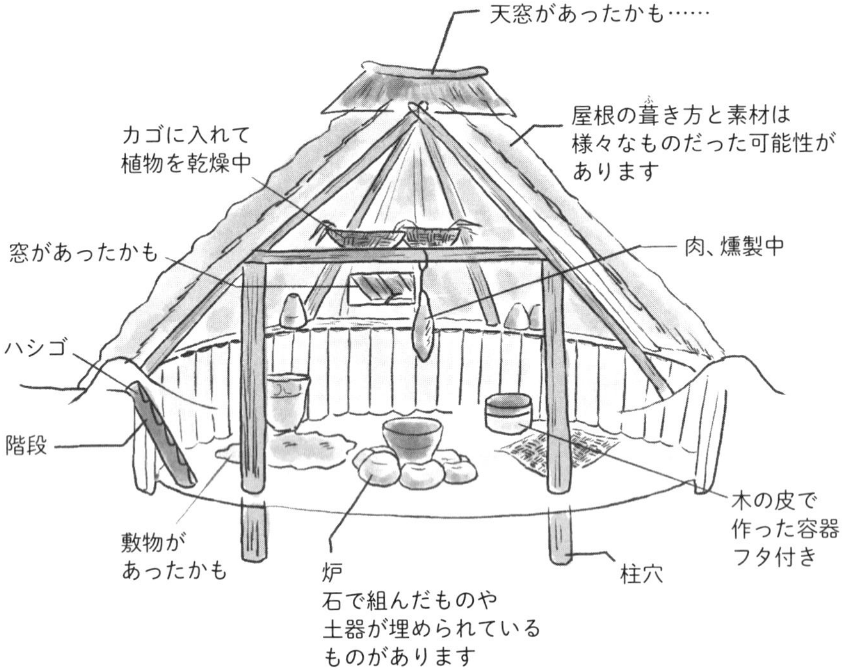

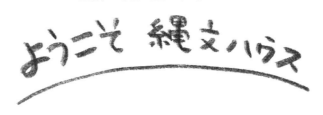

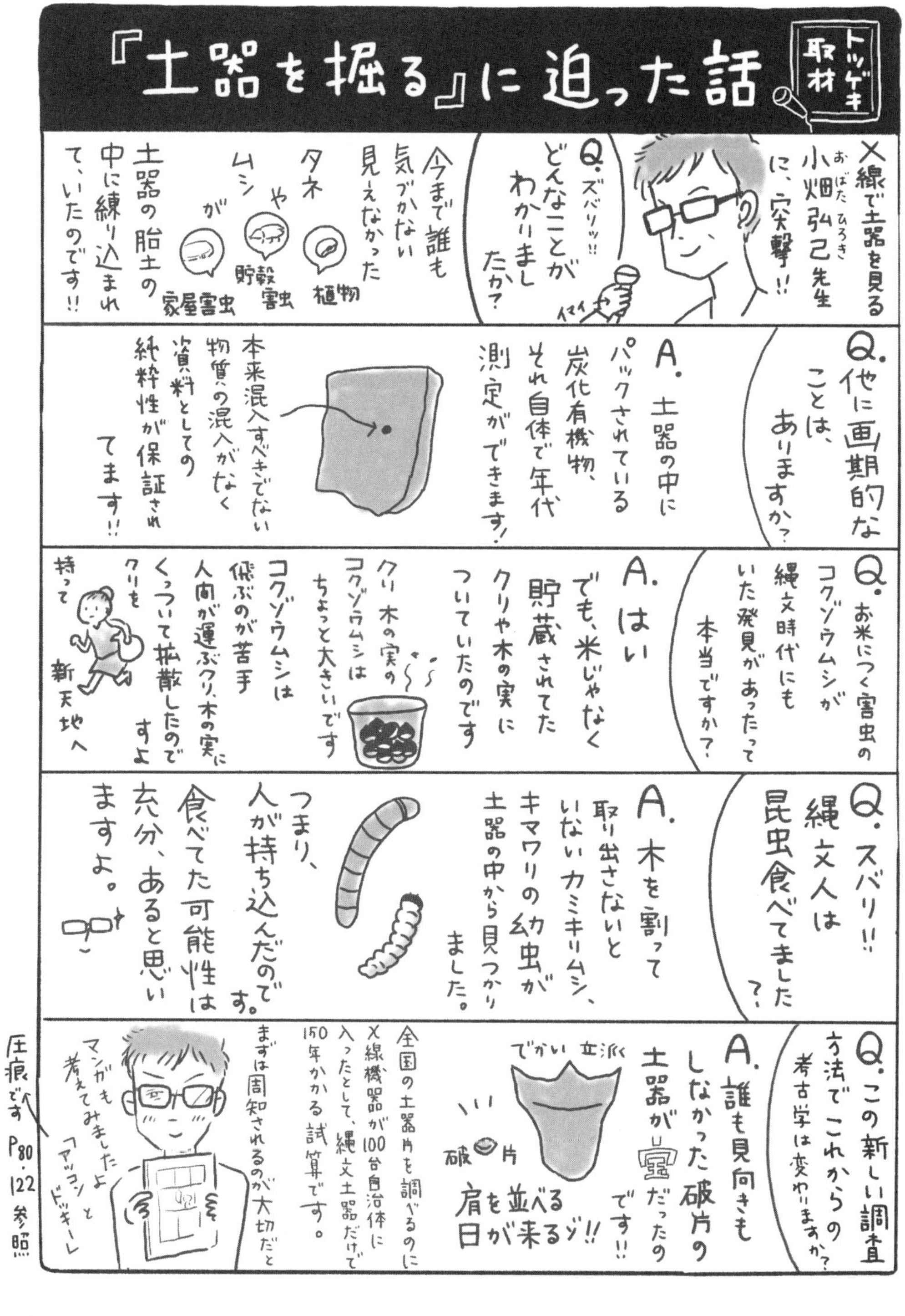

『土器を掘る』に迫った話
トッゲキ取材
X線で土器を見る
小畑弘己《おばた ひろき》先生に、突撃!!
Q.ズバリッッ!! どんなことがわかりましたか?
イマイ
今まで誰も気づかない見えなかった
タネやムシが
植物
貯穀害虫
家屋害虫
土器の胎土の中に練り込まれて、いたのです!!
Q.他に画期的なことは、ありますか?
A.土器の中にパックされている炭化有機物、それ自体で年代測定ができます!
本来混入すべきでない物質の混入がなく資料としての純粋性が保証されてます!!
Q.お米につく害虫のコクゾウムシが縄文時代にもいた発見があったって本当ですか?
A.はい
でも、米じゃなく貯蔵されてたクリや木の実についていたのです
クリ木の実のコクゾウムシはちょっと大きいです
コクゾウムシは飛ぶのが苦手
人間が運ぶクリ、木の実にくっついて拡散したのですよ
クリを持って新天地へ
Q.ズバリ!! 縄文人は昆虫食べてました?
A.木を割って取り出さないといないカミキリムシ、キマワリの幼虫が土器の中から見つかりました。
つまり、人が持ち込んだのです。
食べてた可能性は充分、あると思いますよ。
Q.この新しい調査方法でこれからの考古学は変わりますか?
A.誰も見向きもしなかった破片の土器が宝だったのです!!
でかい 立派
破片
肩を並べる日が来るゾ!!
全国の土器片を調べるのにX線機器が100台自治体に入ったとして、縄文土器だけで150年かかる試算です。
まずは周知されるのが大切だと
マンガも考えてみましたよ
「アッコンとドッキーレ」
圧痕です
P80・122参照

東京都
神奈川県
東京湾
1
2
3
4

Let's go to the Jomon!

東京編

なかなかなのだ

1 東京国立博物館

東京都台東区上野公園13-9

青森出身デス

出土した地域ではなく
こちらに本物が
あるものがあります。

← お尻の穴をぜひ見て!!

山梨出身デス

展示期間と
展示されてる部屋を
確認して行ってみて
下さいね!

2 東京都埋蔵文化財センター

東京都多摩市落合1-14-2

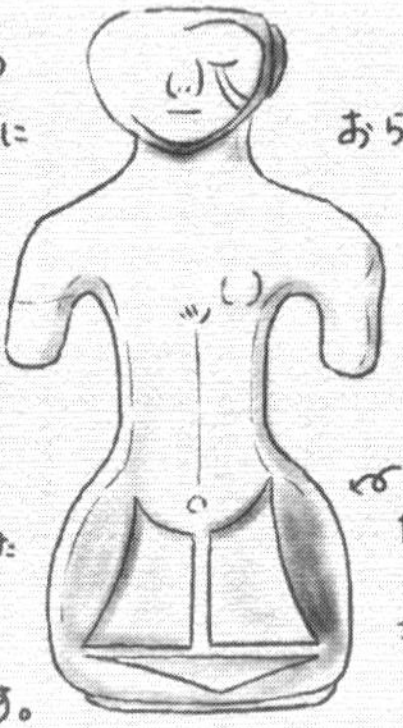

展示室の入り口におられます。

多摩のヴィーナス

遺跡庭園
「縄文の村」
縄文時代の
植生を再現した
森に、復元
住居があり
ます。

このあたり
白く塗られて
いたって、
最近わかったん
ですって。

3 國學院大學博物館

東京都渋谷区東4-10-28

火焔型土器や土偶もスゴイですよ。でも、
やっぱり、ちょっとマニアックな、縄文原体を
集めて
展示して
ある引き出し
とか、

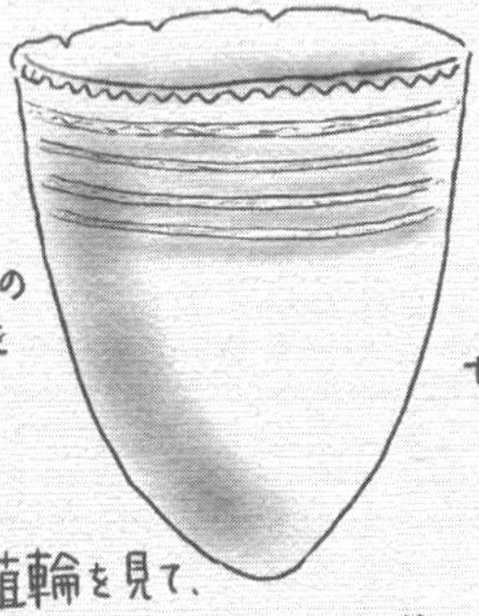

草創期の
土器を

ぜひ!!

そして、埴輪を見て、
土偶と全然違う!!など体感してください。

4 明治大学博物館

東京都千代田区神田駿河台1-1

法学研究のための
刑事部門
（拷問の
道具など!!）

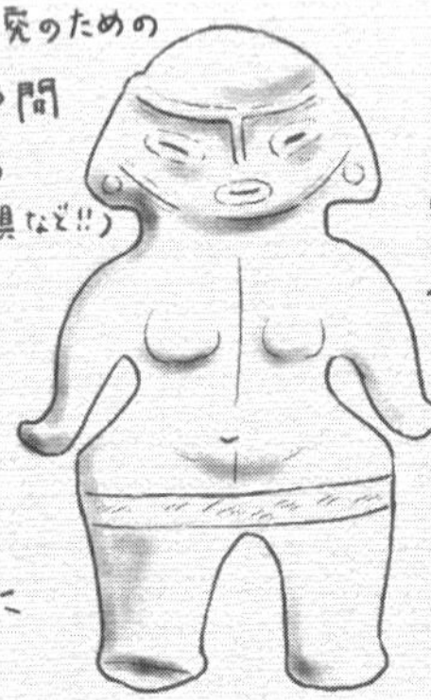

の、奥の
考古部門に
わたしが
います

会いに来てっ♡

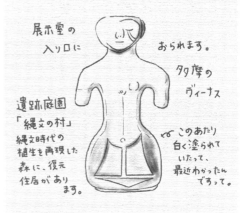

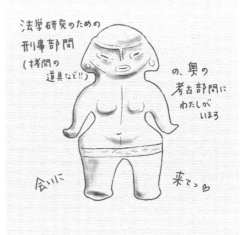

第5章

変わる土器

〜縄と粘土と火の精と〜

母さん、お外で土器づくり
の、イメージ本当かな？

まずはどうやってつくられたのかを考えましょう
復元中〃
これがものすごい技術力の結集なのです！

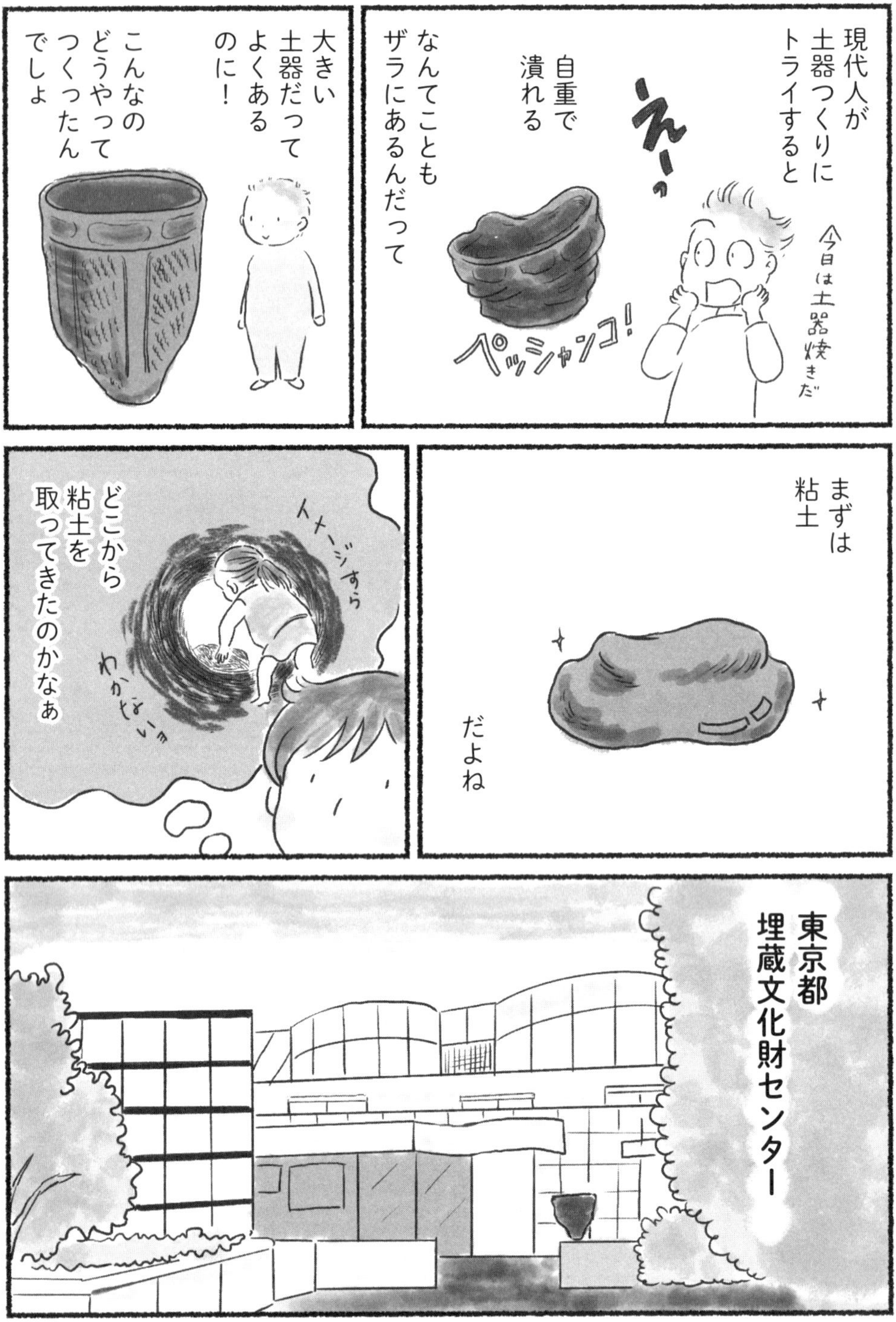
現代人が土器つくりにトライすると
えー
今日は土器焼きだ
自重で潰れる
ペッシャンコ!
なんてこともザラにあるんだって
大きい土器だってよくあるのに!
こんなのどうやってつくったんでしょ
まずは粘土
だよね
どこから粘土を取ってきたのかなぁ
イメージすら
わかないョ
東京都埋蔵文化財センター

ここには粘土《ねんど》採掘《さいくつ》跡《あと》の展示があります
多摩丘陵には縄文中期から後期にかけて粘土が採掘されていた遺跡がありました
その面積は５５００㎡に及ぶと推定され
近隣の５〜10キロ範囲の村の土器１０００年分をまかなう粘土量と計算されています
地表3メートル下に粘土層があり縄文時代の道具（石斧か梳《す》き状の木）で掘れる斜面地がその遺跡
人ひとりが入って横に掘っていく方法で粘土を取っていきました

ふう
で、
採掘跡のお隣には
No. 246 遺跡、
ムラ
尾根
粘土採掘場
No. 248 遺跡、
ムラがあります
粘土採掘をした人々が暮らしていたムラです
おうちに帰って
ゆっくりしましょ
粘土採掘跡とこのムラ離れた場所から見つかった土器と石器各一点が
ムラから出た
粘土採掘場から出た
くっついた！
ジャーン！！
接合《せつごう》しています

そして、このムラからは
土器づくりをしていた建物が発見されています
この建物から発見されたモノたちでそれがわかりました
末だ焼いてない土器
土を粉にする台
土器つくった台
土を粉にする石
アレ？
土器って外でつくってたんじゃないの？
よく博物館の展示で屋外で土器つくってる人形とかあるよ〜

※やきものなどを制作する土

土器の中から
発見される
虫の種類ですが
乾燥しているクリ、ドングリなど
貯蔵しているものにつく
コクゾウムシと
干物や動物の皮や羽毛などにつく
カツオブシムシといった
家屋害虫ばかりなのです
クリ好きなんだゼ
コクゾウムシ
干し肉大好き
カツオブシムシ
オレより虫がアップかいっ
と
いうことは…

土器は
家の中でつくられて
いたと考えられます
そーなんだ!!
多摩の
あのおうちとも
ピッタリ!!
スゴイッ!!
でも
暗い中で
率直なハナシ
暗くなかったのかな
相当
緻密な
作業が
できた
のかナァ。

その疑問はまもなく山梨県梅之木遺跡の復元建物にて解けることになりました
天窓
明るい！
雨のときはフタができます
NPO法人茅《かや》ヶ《が》岳《たけ》歴史文化研究所
調査技師
佐《さ》野《の》隆《たかし》先生
様々な民族例では天窓が一般的だったのでそう復元しました
窓も2つある!!明るい

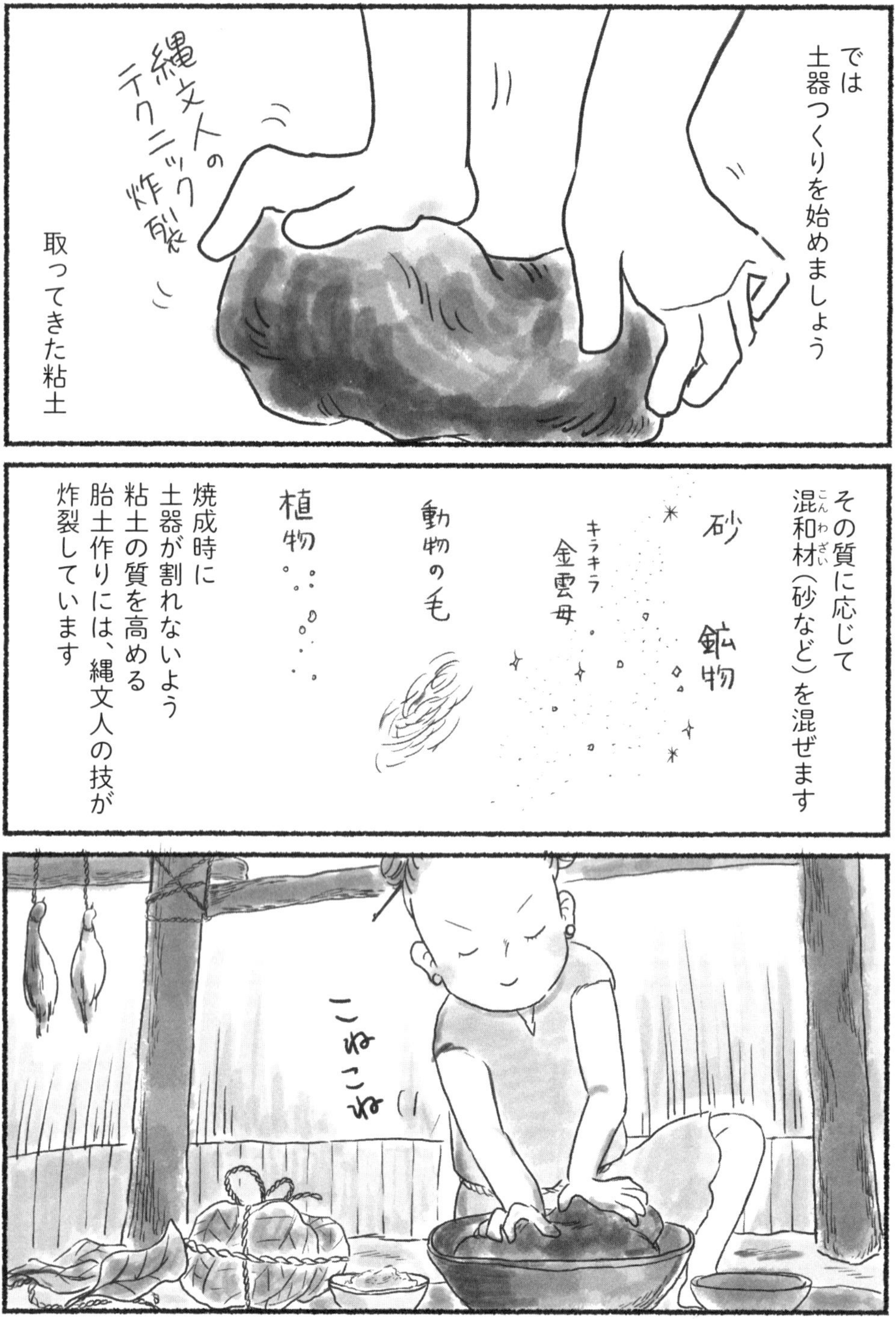
では
土器つくりを始めましょう
縄文人のテクニック炸裂
取ってきた粘土
その質に応じて
混和材《こんわざい》(砂など)を混ぜます
砂
鉱物
キラキラ
金雲母
動物の毛
植物
焼成時に
土器が割れないよう
粘土の質を高める
胎土作りには、縄文人の技が
炸裂しています
こねこね

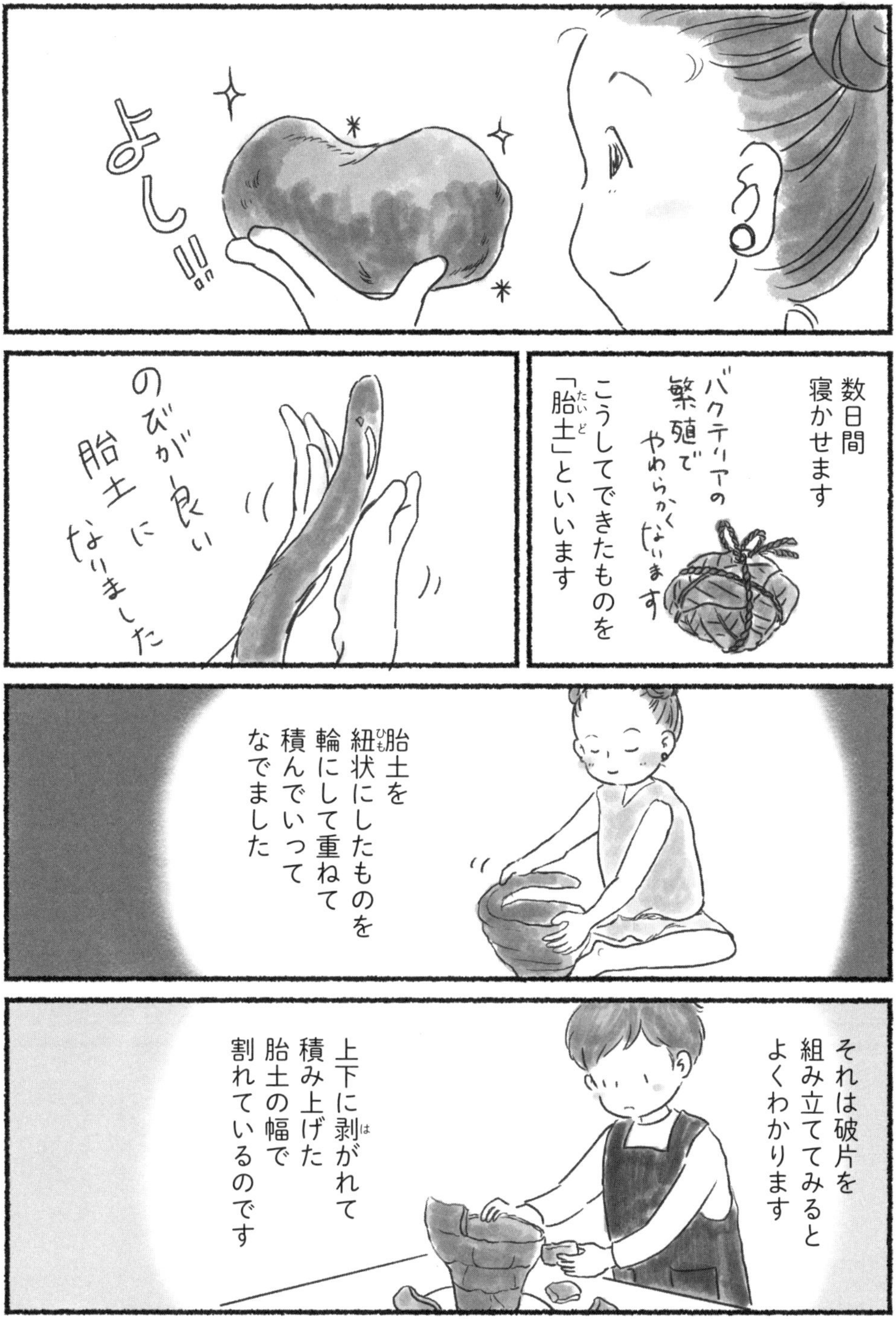
よし!!
数日間寝かせます
バクテリアの繁殖でやわらかくなります
こうしてできたものを「胎土《たいど》」といいます
のびが良い胎土になりました
胎土を紐《ひも》状にしたものを輪にして重ねて積んでいってなでました
それは破片を組み立ててみるとよくわかります
上下に剥《は》がれて積み上げた胎土の幅で割れているのです

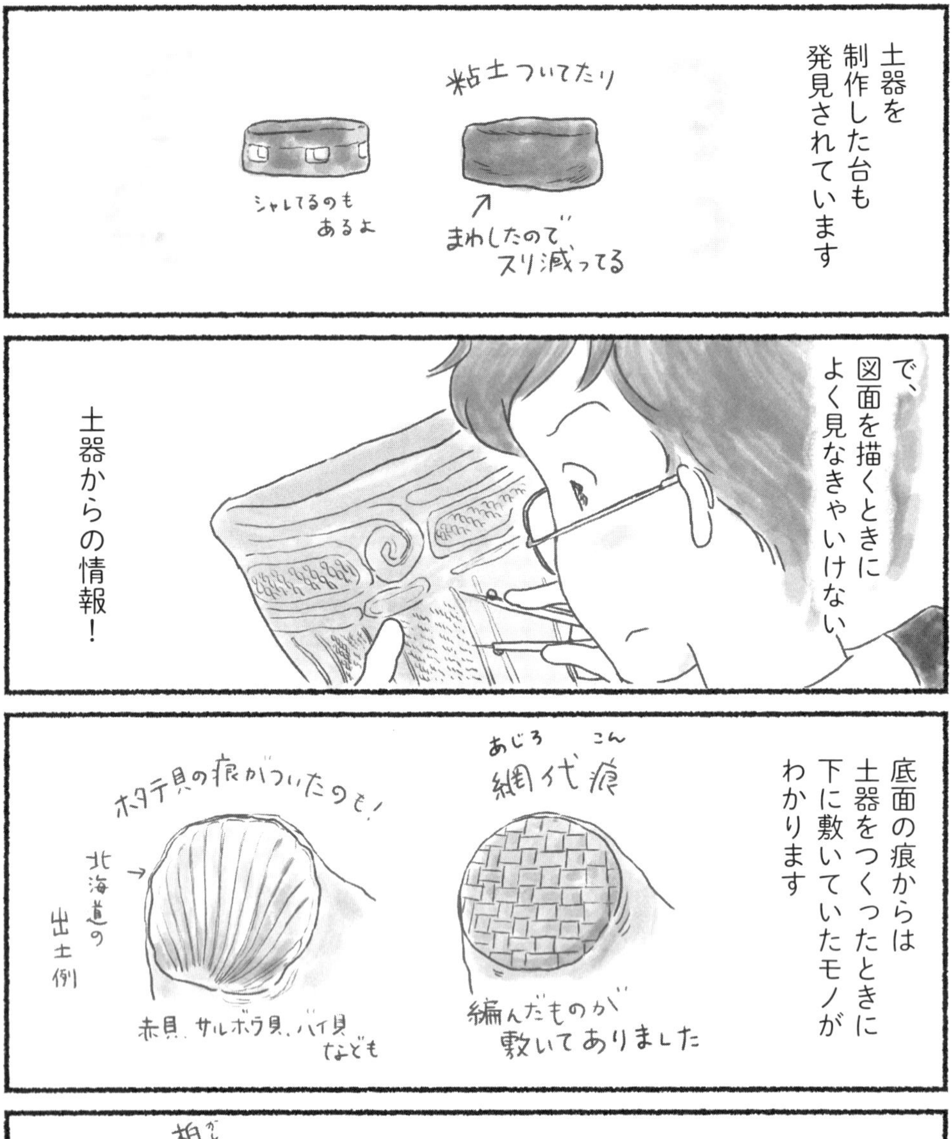
土器を
制作した台も
発見されていますます
粘土ついてたり
まわしたので
スリ減ってる
シャレてるのも
あるよ
で、
図面を描くときに
よく見なきゃいけない
土器からの情報！
底面の痕からは
土器をつくったときに
下に敷いていたモノが
わかります
網代《あじろ》痕《こん》
編んだものが
敷いてありました
ホタテ貝の痕がついたのも！
北海道の出土例
赤貝、サルボウ貝、バイ貝
なども
葉っぱの
痕もあります
シリコンで型取りして
葉脈を写しとって
分析します
柏《がしわ》の葉だっ
その種類が
分かれば

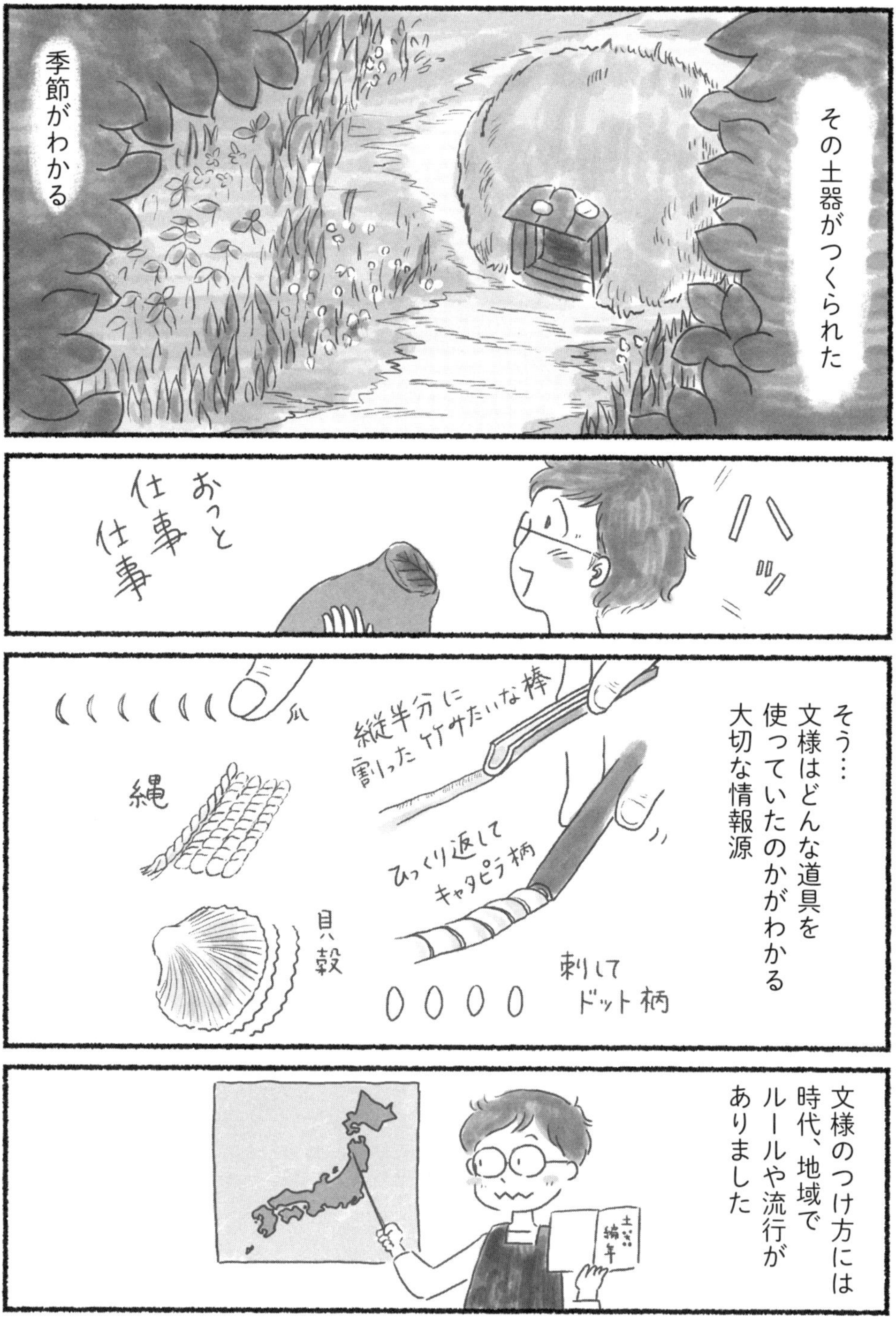
その土器がつくられた
季節がわかる
ハッ
おっと仕事仕事
そう…
文様はどんな道具を使っていたのかがわかる大切な情報源
縦半分に割った竹みたいな棒
爪
ひっくり返してキャタピラ柄
縄
刺してドット柄
貝殻
文様のつけ方には時代、地域でルールや流行がありました
編年

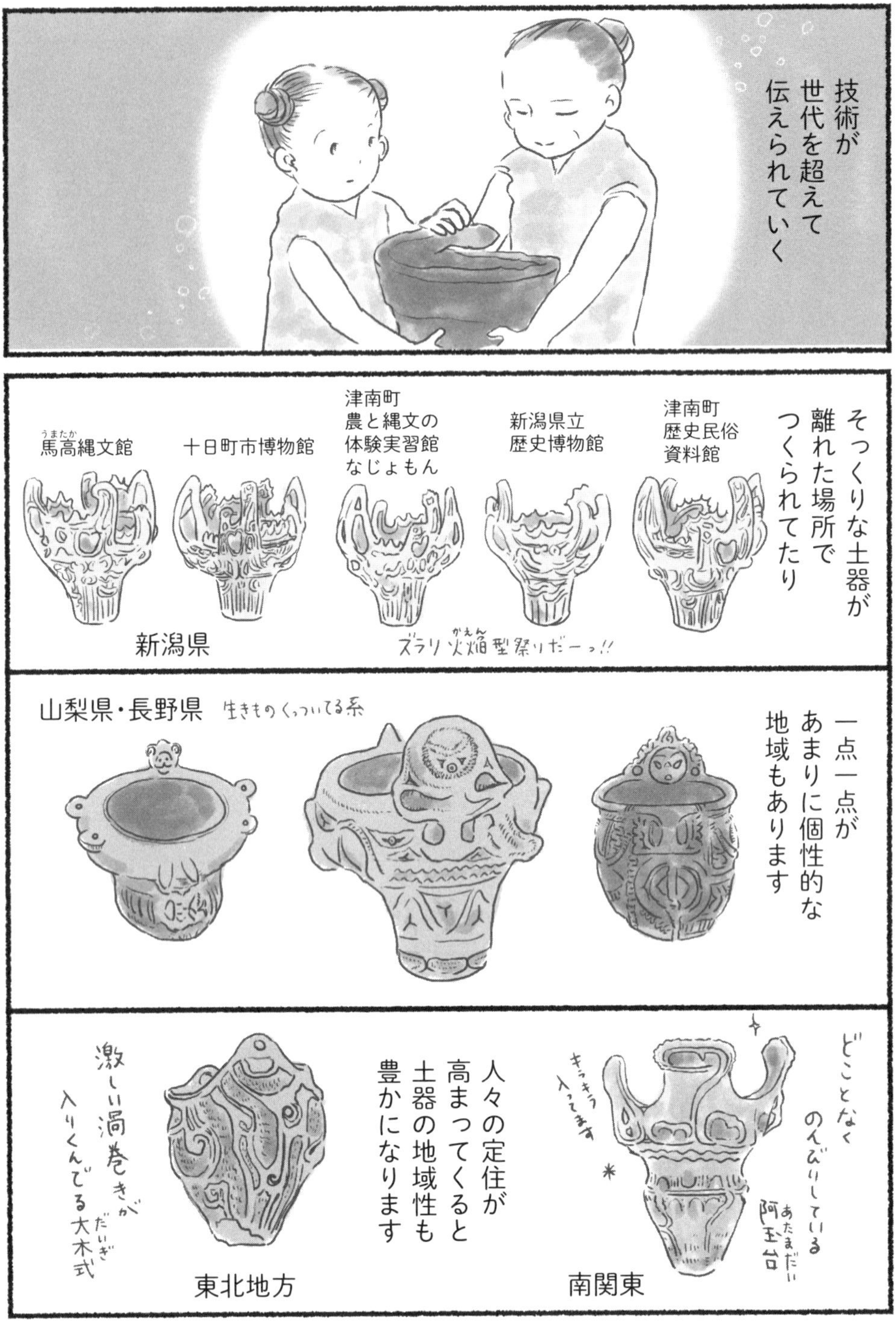
技術が世代を超えて伝えられていく
そっくりな土器が離れた場所でつくられてたり
馬高《うまたか》縄文館
十日町市博物館
津南町
農と縄文の
体験実習館
なじょもん
新潟県立
歴史博物館
津南町
歴史民俗
資料館
新潟県
ズラリ火焔《かえん》型祭りだーっ!!
一点一点があまりに個性的な地域もあります
山梨県・長野県
生きものくっついてる系
どことなくのんびりしている阿玉台《あたまだい》
キラキラ入ってます
南関東
人々の定住が高まってくると土器の地域性も豊かになります
激しい渦巻きが入りくんでる大木式《だいぎ》
東北地方

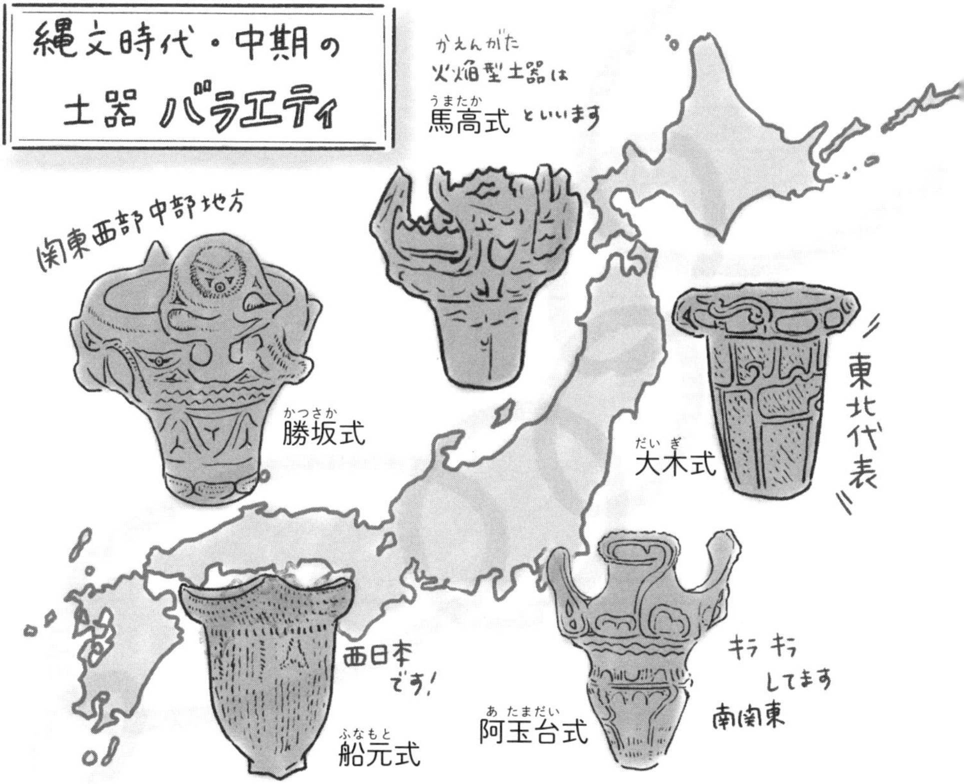
縄文時代・中期の
土器 バラエティ
火焔型《かえんがた》土器は
馬高式《うまたか》 といいます
関東西部中部地方
勝坂式《かつさか》
大木式《だいぎ》
東北代表
西日本
です！
船元式《ふなもと》
阿玉台式《あたまだい》
キラ キラ
してます
南関東

こんなことがありました
把手《とって》
釈迦堂《しゃかどう》遺跡博物館
（山梨県）
水煙《すいえん》土器の把手だけが離れた場所で見つかるんですよ

旅人がお守りとして持ち歩いてたんですかね
自分の出自《しゅつじ》をあらわすモノだったのかもって僕は考えてます
ワーオ
相当重たい名刺ですねえ
はじめまして よろしくです

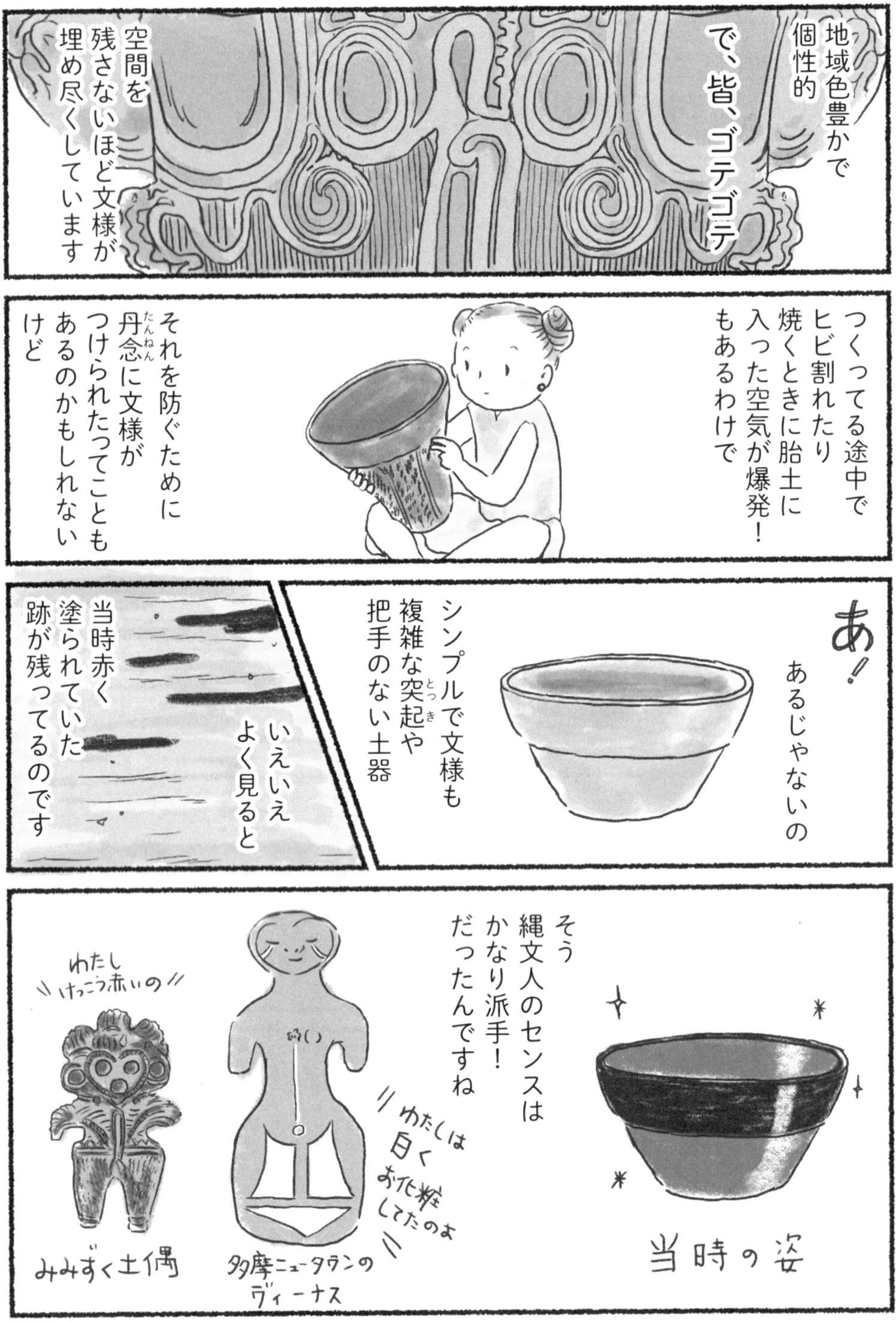
地域色豊かで個性的
で、皆、ゴテゴテ
空間を残さないほど文様が埋め尽くしています
つくってる途中でヒビ割れたり焼くときに胎土に入った空気が爆発！もあるわけで
それを防ぐために丹念《たんねん》に文様がつけられたってこともあるのかもしれないけど
あ！
あるじゃないの
シンプルで文様も複雑な突起《とっき》や把手のない土器
いえいえよく見ると
当時赤く塗られていた跡が残ってるのです
そう縄文人のセンスはかなり派手！だったんですね
当時の姿
わたしは白くお化粧してたのよ
多摩ニュータウンのヴィーナス
わたしけっこう赤いの
みみずく土偶

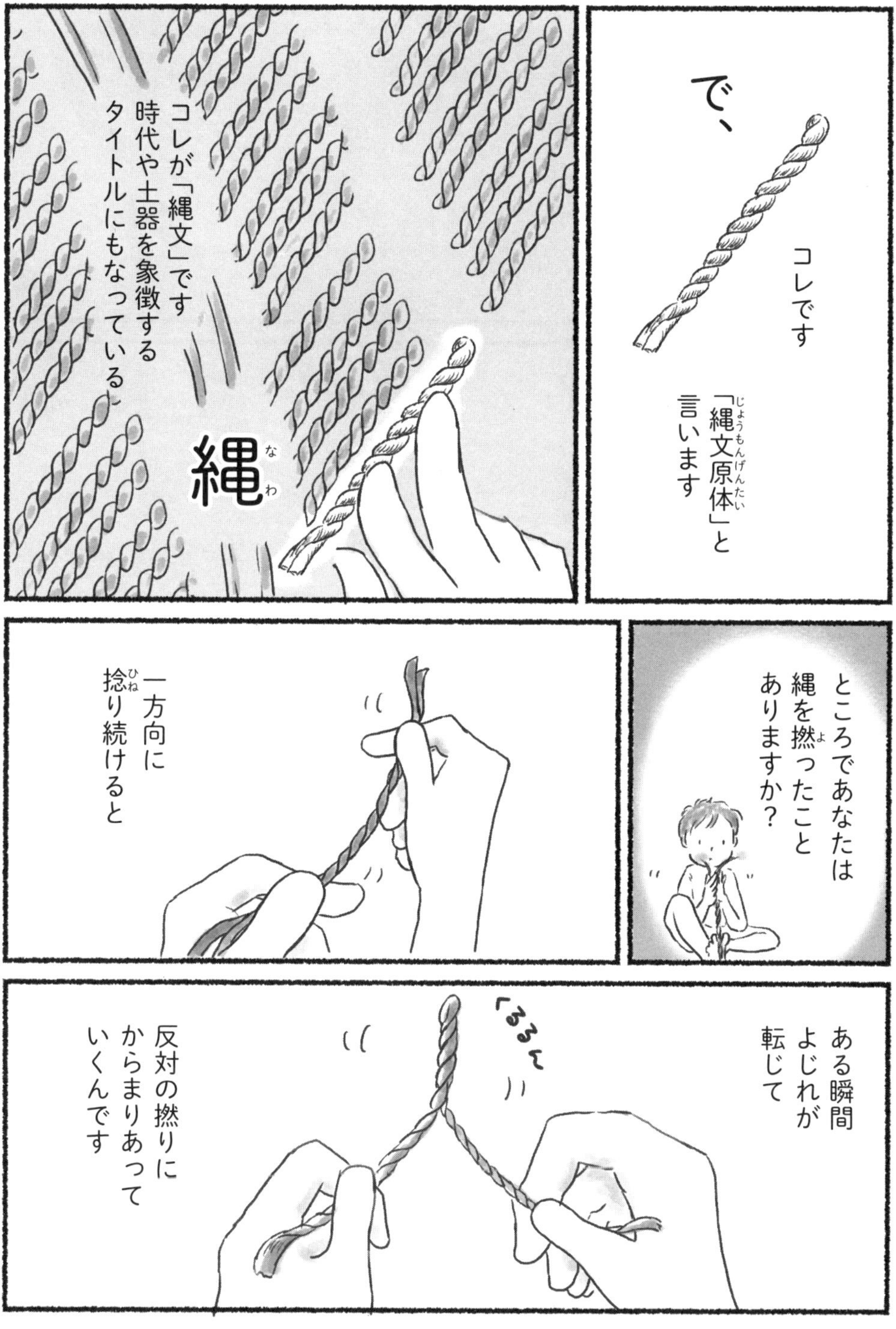
で、
コレです
「縄文原体《じょうもんげんたい》」と言います
コレが「縄文」です
時代や土器を象徴するタイトルにもなっている
縄《なわ》
ところであなたは縄を撚《よ》ったことありますか？
一方向に捻《ひね》り続けると
ある瞬間よじれが転じて
くるるん
反対の撚りにからまりあっていくんです

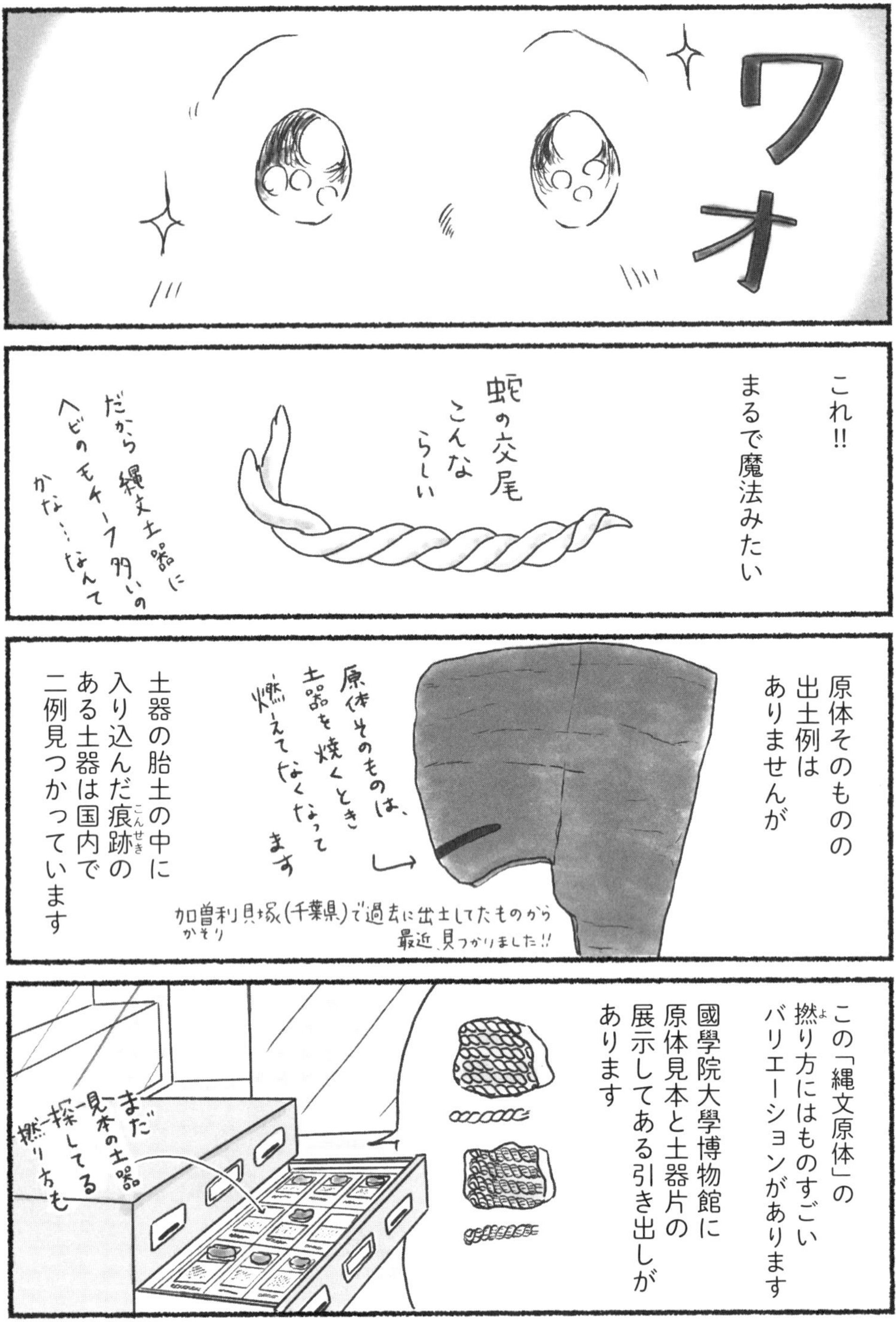
ワオ
これ!!
まるで魔法みたい
蛇の交尾こんならしい
だから縄文土器にヘビのモチーフ多いのかな…なんて
原体そのものの出土例はありませんが
原体そのものは、土器を焼くとき燃えてなくなってます
土器の胎土の中に入り込んだ痕跡《こんせき》のある土器は国内で二例見つかっています
加曽利《かそり》貝塚(千葉県)で過去に出土したものから最近、見つかりました!!
この「縄文原体」の撚《よ》り方にはものすごいバリエーションがあります
國學院大學博物館に原体見本と土器片の展示してある引き出しがあります
まだ見本の土器探してる撚り方も

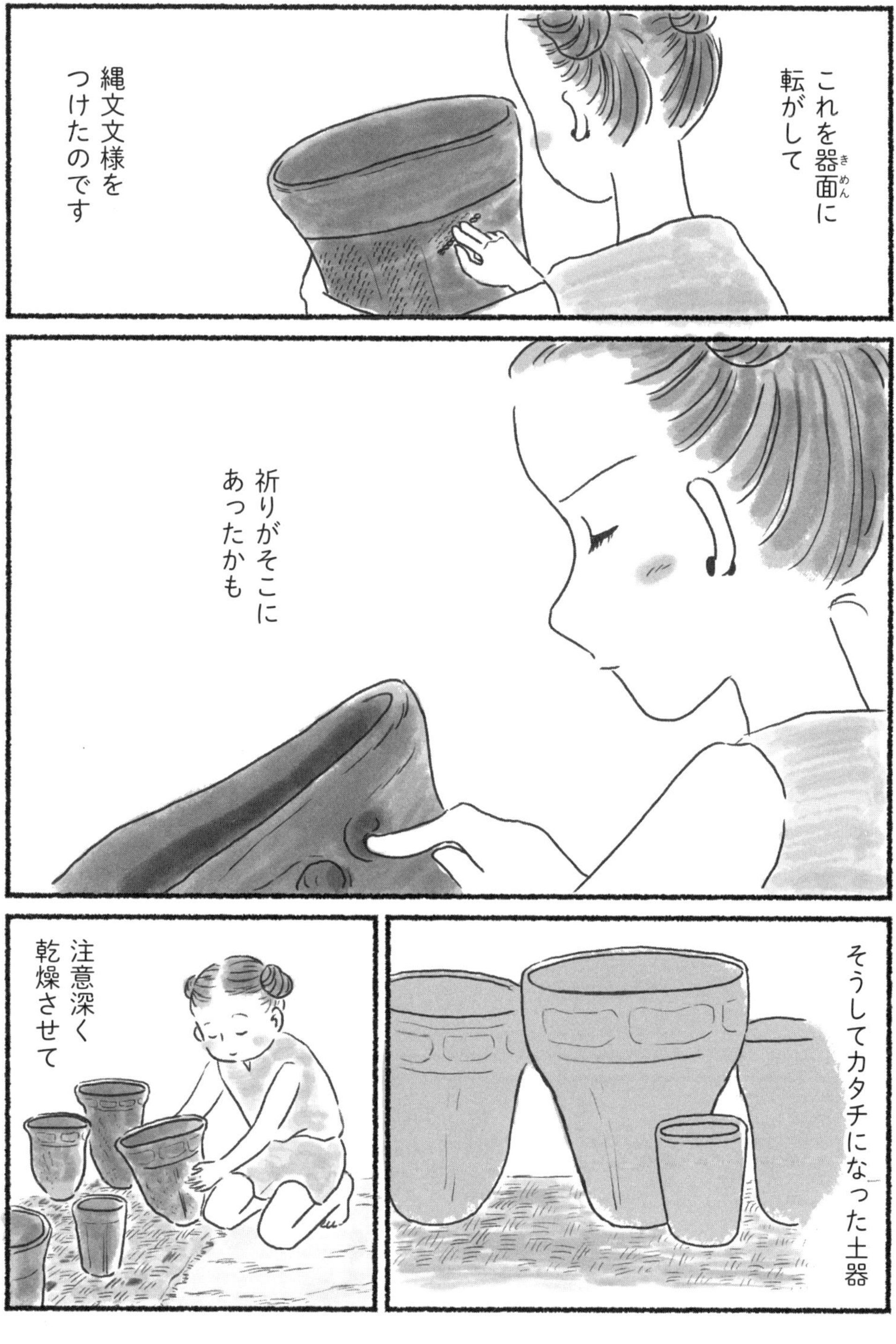
これを器面《きめん》に
転がして
縄文文様を
つけたのです
祈りがそこに
あったかも
そうしてカタチになった土器
注意深く
乾燥させて

※丘陵や大地の斜面などに階段状に複数の窯室を連ねた窯

そこにはきっと「祈り」があって…
超人間的存在の力が介在してここに土器を出現させる
そんな感覚があったかも
ドンドコ
ドンドコ

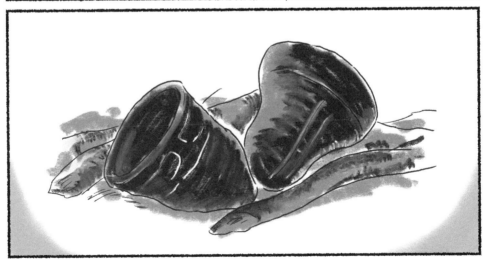

長時間にわたり火を燃やし続けるそれはイベント
気合いの入ったお祭りだった！
と、わたしは思うのですが
つまりわたしのボス
某民間発掘調査会社
調査員 Kさん
うーん土器焼いてた跡って見つからないんだよねえ
野焼きの跡は何千年も残りにくいってのもあるだろうし
パ
パ
パッ
掃除しちゃうのかなぁ

ムラとは離れた場所で焼いてた？とか……
川原とか？？
いや…たくさんの土器を運ぶの大変よねぇ…
う〜見たい知りたい
土器つくりのリアル
そうだ！
それと
縄文土器の失敗作もめったに出土しないですよね
粘土は貴重だからねぇ
失敗した土器は粉にして、また粘土に混ぜて再生するんだよ
あ！！
展示で見たことあります！！
土器片が入った土器
馬高《うまたか》縄文館（新潟県）

そうかぁ
まさに、まさに
リ・サイクル
なるほど〜
でも
見たいなぁ
失敗土器
残ってないのかな
しばらくして
訪れた
三内丸山《さんないまるやま》遺跡にて
特別史跡三内

ふむ
ふむ
あー!!
ついに対面
下手くそ失敗土器!!
失敗作
嬉しそうに見る!?
プン
プン
失敗した土器
立派な失敗ぶりに
親近感を
感じたのでした
同じ
人間
だぁ
嬉しいようぅぅ

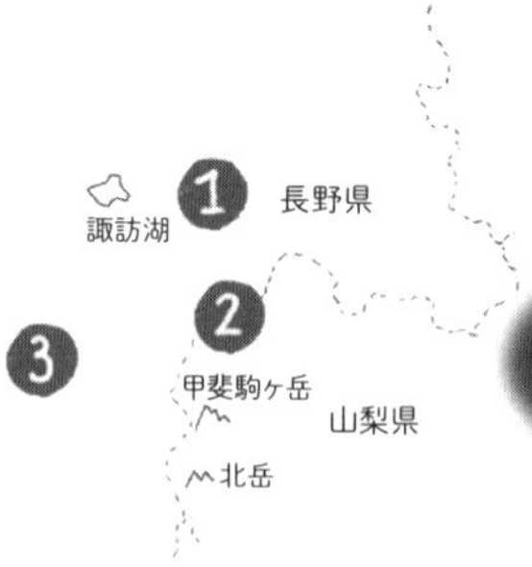

Let's go to the Jomon!

気品と風格 長野編

1 茅野《ちの》市尖石《とがりいし》縄文考古館

長野県茅野市豊平4734-132

1つの部屋に国宝土偶が二体、凛《りん》とたたずんでいます。二体ともほぼ完形での出土です（土偶はよく壊れて出土します）。土器も見ごたえあり！　お隣の与助尾根《よすけおね》遺跡には竪穴建物が復元されています。

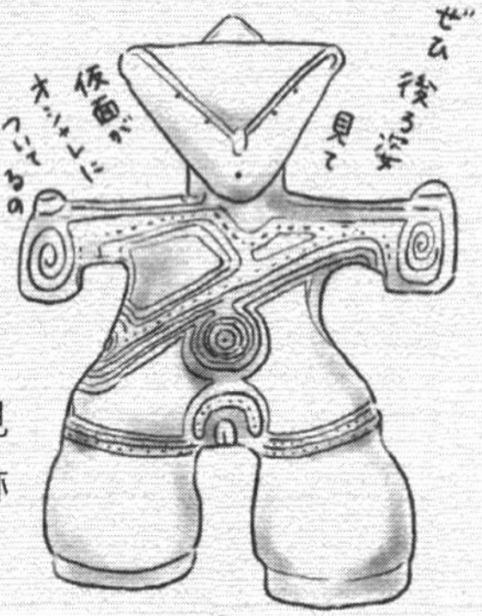

2 井戸尻《いどじり》考古館

長野県諏訪郡富士見町境7053

夢に出てきそうな不思議造形の土器のオンパレード！　独特な解説が、展示室の中に貼られ縄文時代の人々の生活にも神話が息づいていたんだろうなぁ……と、気づかされます。
石器から縄文農耕論を考える展示、面白いです！

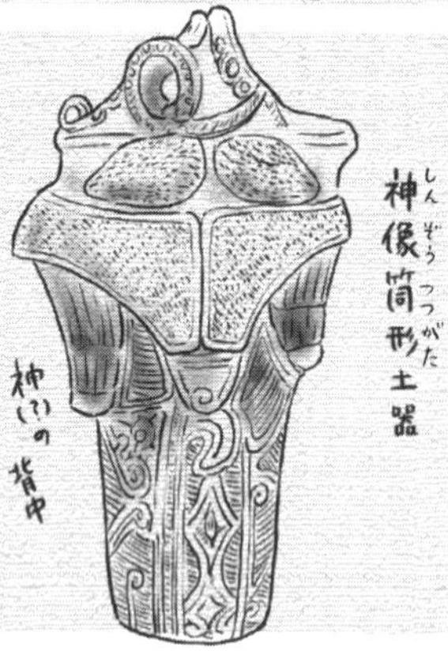

3 伊那《いな》市創造館

長野県伊那市荒井3520

じつは、こちらはまだ行ったことがないのですが、あちこち見ていらっしゃる先輩お勧めの館です。活動のスローガンが〜縄文から宇宙まで〜。昭和5年に建てられた旧上伊那図書館をリニューアルした施設です。

第6章

変わる装い

～ムラとおしゃれと悪霊と～

縄文人って
こんな格好して
いたの？。
いやいや、さすがに、
コレはひと昔前の
縄文人 イメージ。
でも じゃあ
どんな装いを
していたんでしょう

縄文時代の人々が
着ていた服の実物は
土中に溶けてしまって
出土例はないけれど
髪を結いあげて
耳飾りもしてます
ワタシ
ミミズク土偶
土《ど》偶《ぐう》の格好などを
ヒントに
探る手がかりは
あるのです

有機物が分解されず残る泥炭地の発掘成果が１９８０年代から増えたのです

是川《これかわ》石器時代遺跡（青森県）や
鳥浜《とりはま》貝塚（福井県）など
湿地から見つかった
木製品などは
縄文人のイメージを
ガラッと変えました
さて、現代人の娘は
今日も化粧をしています
トゥルルン
キラリン
どうして人は
装うの？

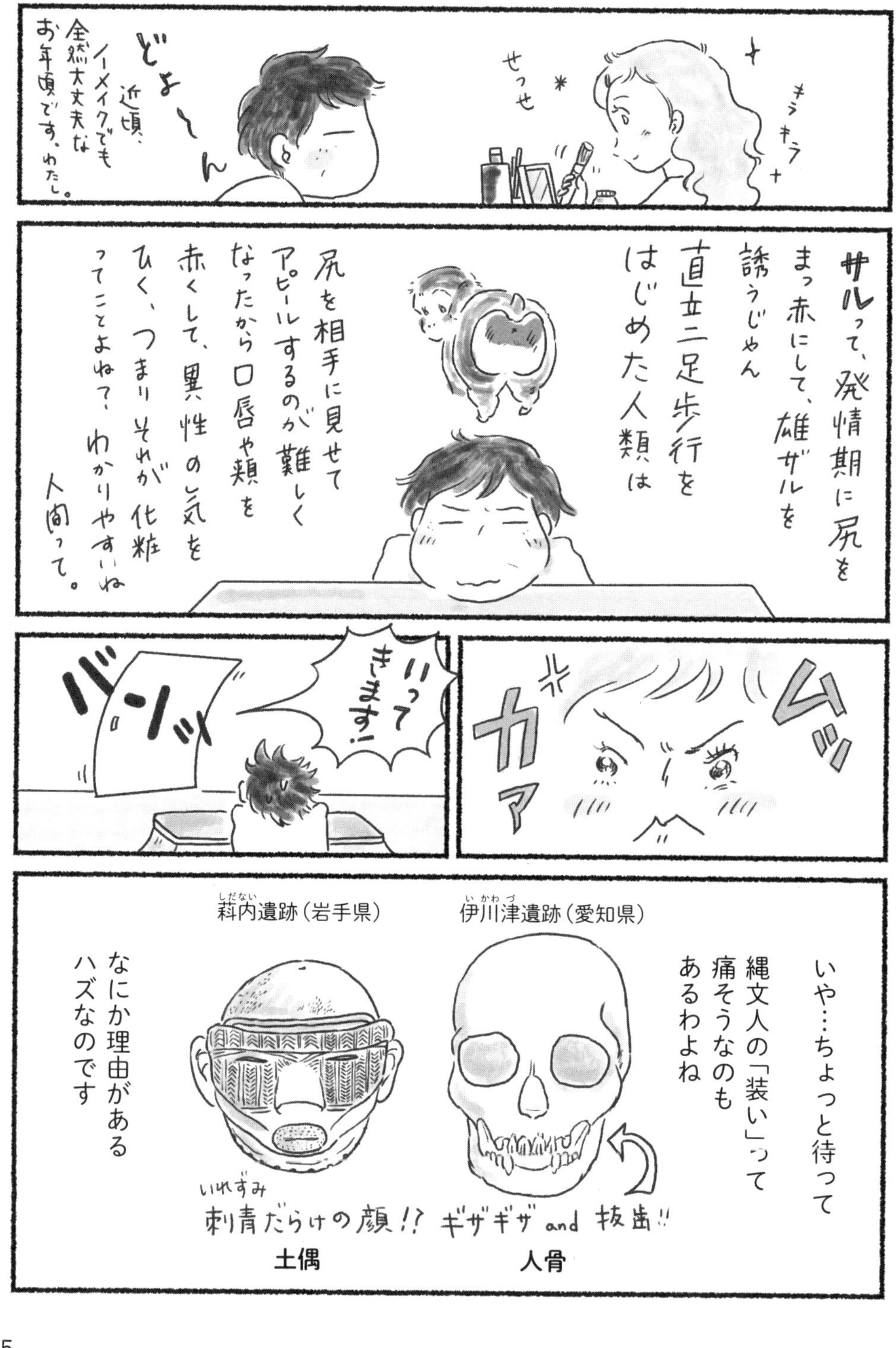
キラキラ
せっせ
どよ〜ん
近頃、ノーメイクでも全然大丈夫なお年頃です、わたし。
サルって、発情期に尻をまっ赤にして、雄ザルを誘うじゃん
直立二足歩行をはじめた人類は
尻を相手に見せてアピールするのが難しくなったから口唇や頬を赤くして、異性の気をひく、つまりそれが化粧ってことよね？
わかりやすいね人間って。
ムッ
カァ
いってきます！
バーンッ
いや…ちょっと待って
縄文人の「装い」って痛そうなのもあるわよね
伊川津《いかわづ》遺跡（愛知県）
萪内《しだない》遺跡（岩手県）
なにか理由があるハズなのです
刺青《いれずみ》だらけの顔!?
ギザギザ and 抜歯!!
土偶
人骨

国立歴史民俗博物館（千葉県）
取材時
よろしくです
はいー
国立歴史民俗博物館
中村耕作《なかむらこうさく》先生
先生に一緒に館内をまわっていただいたときのこと
弥生人と縄文人
人形
平安時代貴族の女性
人形
ん
ん？

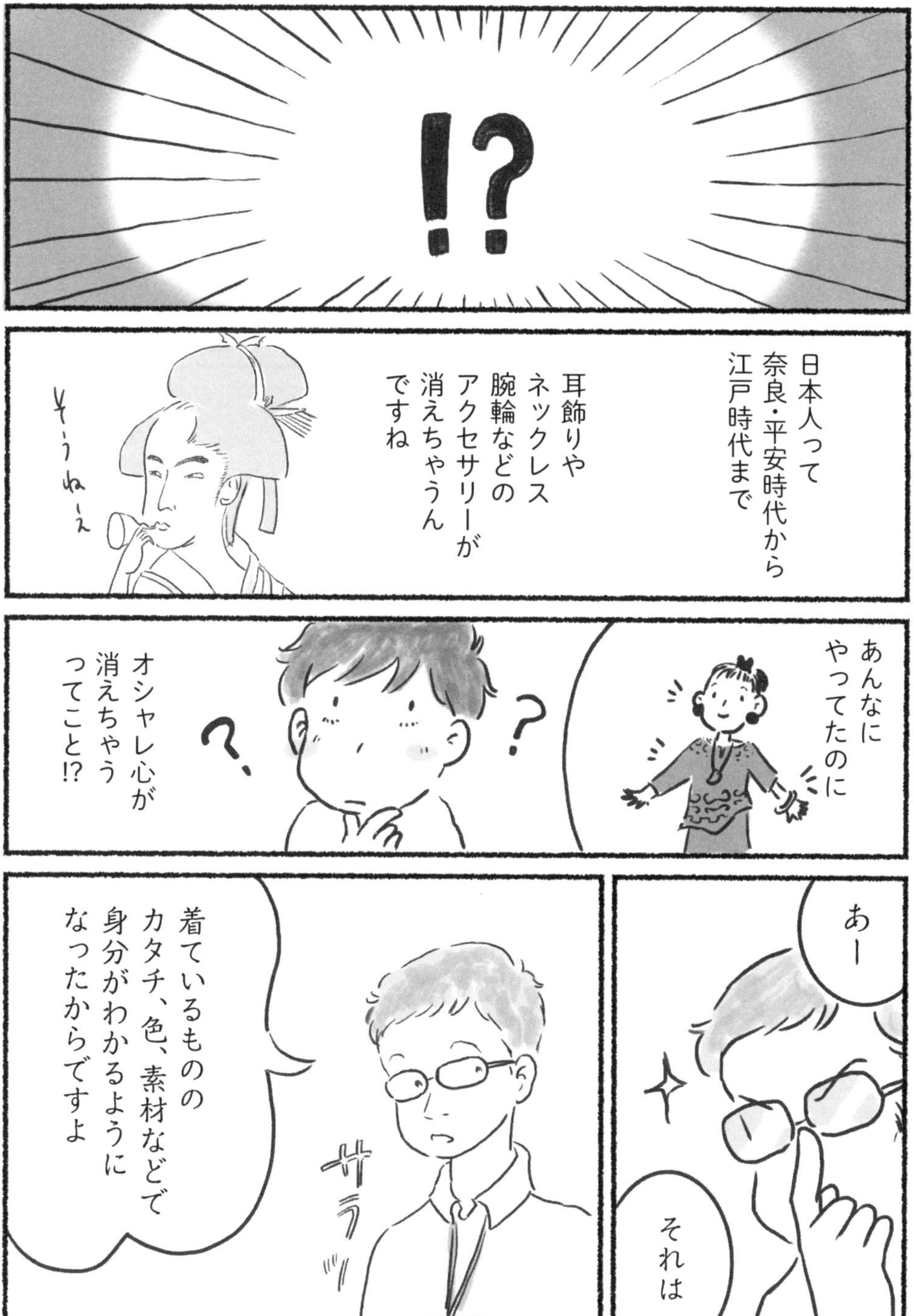
!?
日本人って奈良・平安時代から江戸時代まで
耳飾りやネックレス腕輪などのアクセサリーが消えちゃうんですね
そうねぇ
あんなにやってたのに
オシャレ心が消えちゃうってこと!?
あー
それは
着ているもののカタチ、色、素材などで身分がわかるようになったからですよ
サラッ

そうかぁ
例えば
ヒトコマに
8人しか
入りきらない
よ
古代のお役人！
装《よそお》い＝身分《みぶん》
つまり装い＝自由なんてのはごく最近のことなんだ！
モテるためとか TPOとか
わたしあさはかでしたああああ
ん
どーうしました？
いきますよー
縄文時代後期の人骨
装身具《そうしんぐ》をつけて埋葬《まいそう》された人がいます

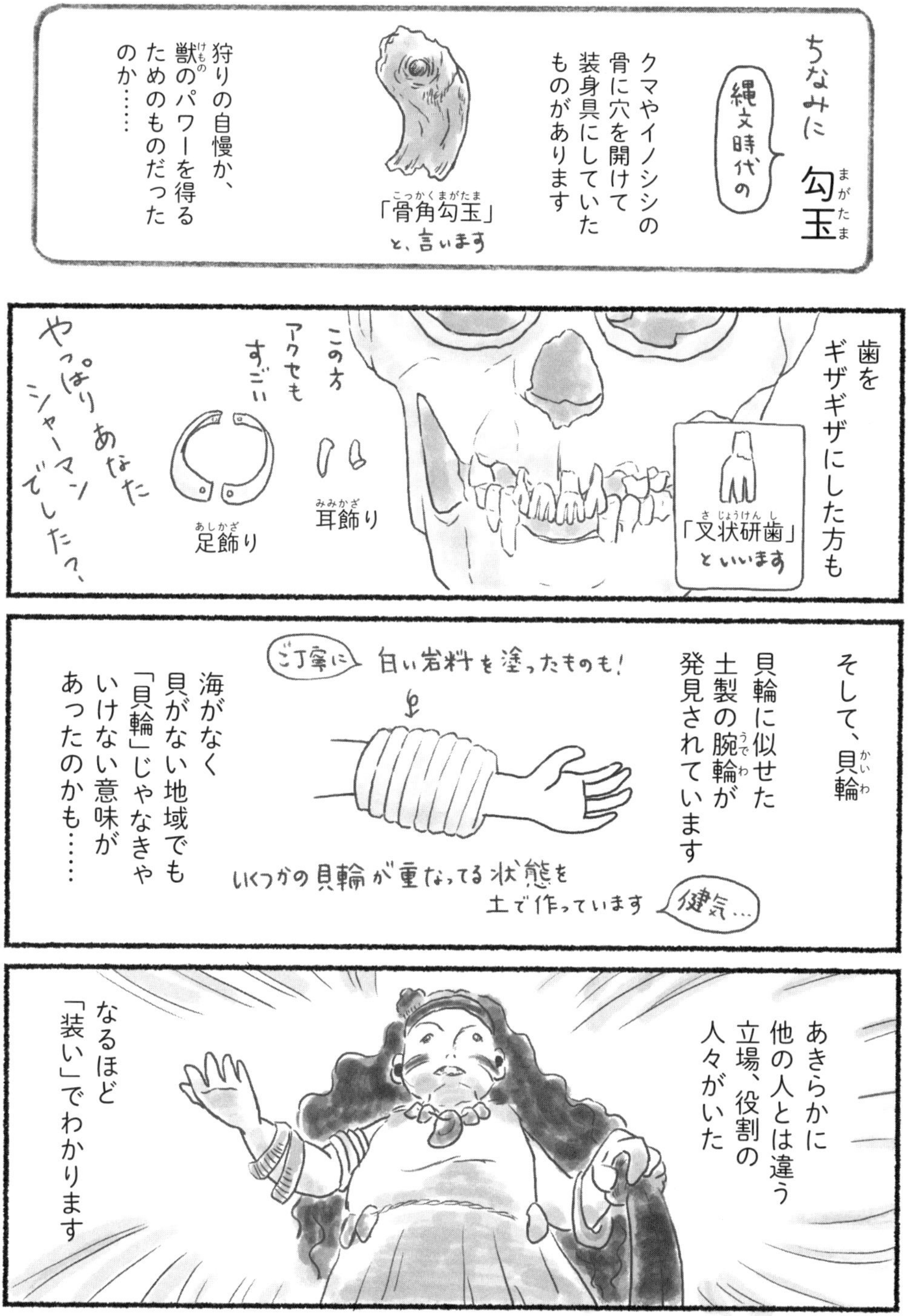
ちなみに
縄文時代の
勾玉《まがたま》
クマやイノシシの骨に穴を開けて装身具にしていたものがあります
「骨角勾玉《こっかくまがたま》」と、言います
狩りの自慢か、獣《けもの》のパワーを得るためのものだったのか……
歯をギザギザにした方も
「叉状研歯《さじょうけんし》」といいます
この方アクセもすごい
耳飾《みみかざ》り
足飾《あしかざ》り
やっぱりあなたシャーマンでした?、
そして、貝輪《かいわ》
貝輪に似せた土製の腕輪《うでわ》が発見されています
ご丁寧に
白い岩料を塗ったものも!
いくつかの貝輪が重なってる状態を土で作っています
健気…
海がなく貝がない地域でも「貝輪」じゃなきゃいけない意味があったのかも……
あきらかに他の人とは違う立場、役割の人々がいた
なるほど「装い」でわかります

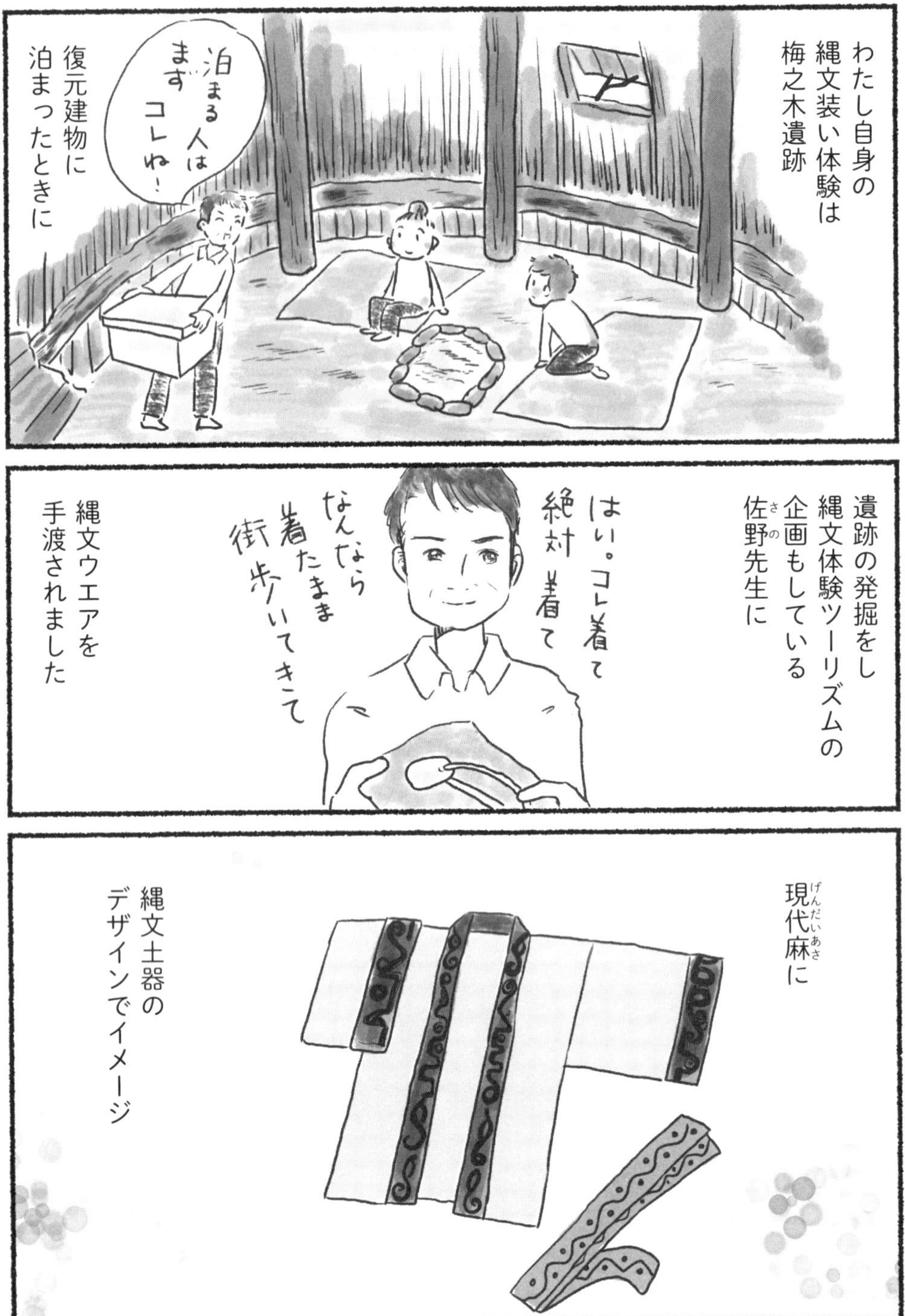
わたし自身の
縄文装い体験は
梅之木遺跡
泊まる人は まず コレね！
復元建物に
泊まったときに
遺跡の発掘をし
縄文体験ツーリズムの
企画もしている
佐野《さの》先生に
はい。コレ着て
絶対 着て
なんなら
着たまま
街 歩いてきて
縄文ウエアを
手渡されました
現代麻《げんだいあさ》に
縄文土器の
デザインでイメージ

縄文体験をしてもらうのに
まずは格好からって
大切なことだと考えてます
わかるわ!!
仕事するぞっ!!
テカッ
エプロン装着!!
皿洗うぞっ!
服装で
自分にスイッチが
入るってあるでしょう
戦闘態勢《せんとうたいせい》に
入るとき
戦士の格好をする
弥生人です
サバゲーです
「自分を鼓舞《こぶ》する」
装いにはそんな
側面もありますね
縄文時代の人々の
装いって、壮絶《そうぜつ》なのが
ありますよね
歯がすごい
文様がすごい
アレは
どうしてだと
考えますか？

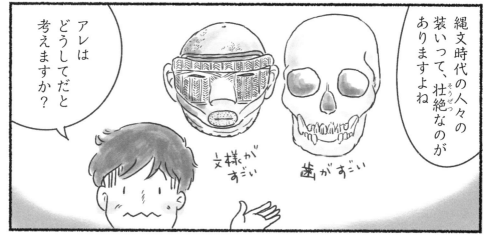

ああ
太古の人々の
装いには絶対に
「呪術」的意味合いが
ありますね
呪術
インドネシアの
メンタワイ族には
歯をギザギザにする
通過儀礼《つうかぎれい》があります
強い男は
みんなやる!
これは
ワニのパワーを
いただけるように
という意味がある
そうです
あとは
魔除《まよ》けの概念
この服は
エリとソデから
「魔」が入る
のを防ぐ
イメージ
なのです
土偶です
イレズミ?
刺青《いれずみ》は
衣服の延長
みたいなもので
定められた年齢になると
特定の模様《もよう》を入れるなど
あったでしょうね
シマウマって
シマのおかげで
あんまりハエが
よらない
らしい
イレズミにも
実利が
あったのでは
「強いものとの
同化」と
「魔除《まよ》け」かぁ

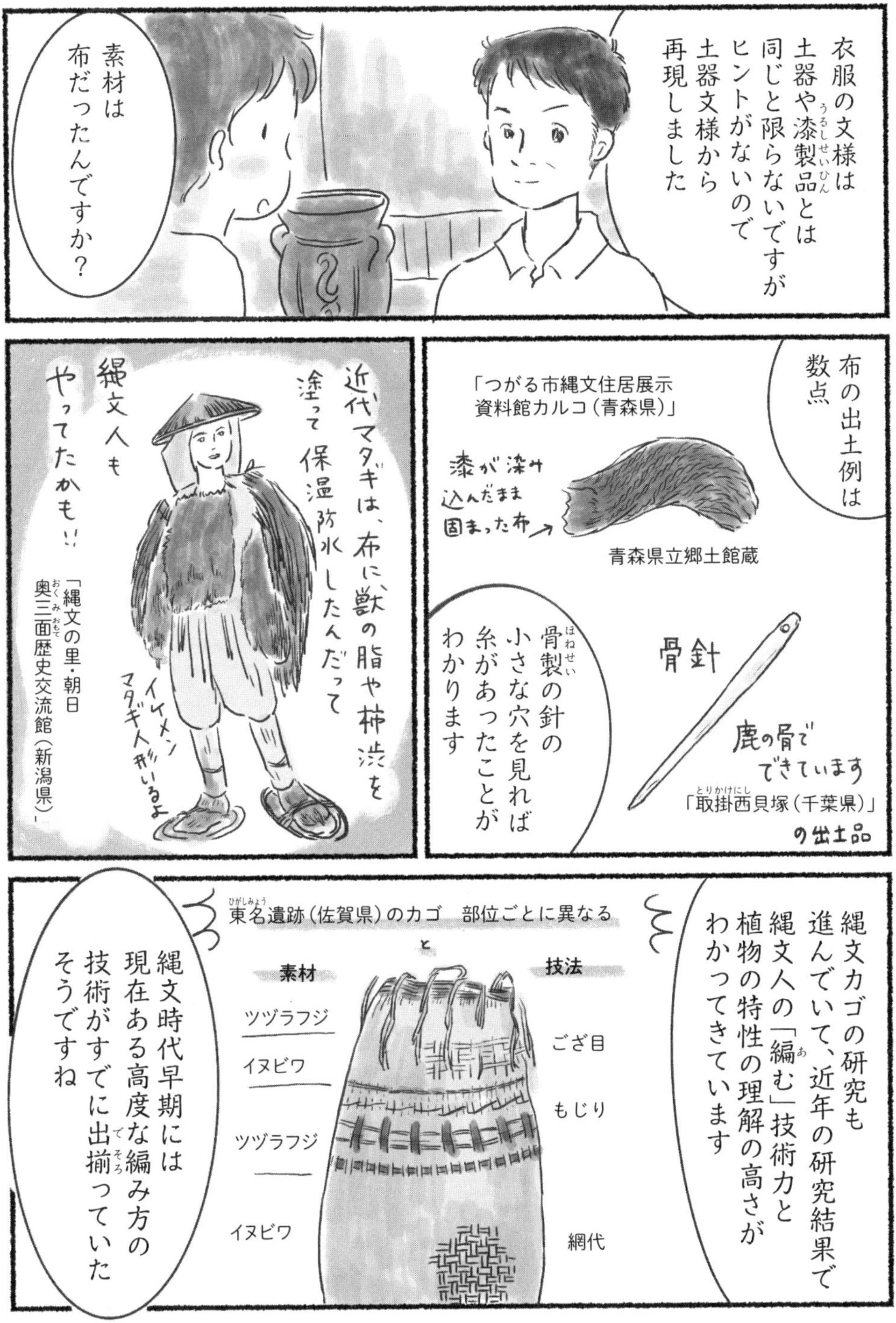
衣服の文様は
土器や漆製品《うるしせいひん》とは
同じと限らないですが
ヒントがないので
土器文様から
再現しました
素材は
布だったんですか？
布の出土例は
数点
「つがる市縄文住居展示
資料館カルコ（青森県）」
漆が染み
込んだまま
固まった布
青森県立郷土館蔵
骨針
鹿の骨で
できています
「取掛西《とりかけにし》貝塚（千葉県）」
の出土品
骨製《ほねせい》の針の
小さな穴を見れば
糸があったことが
わかります
近代マタギは、布に、獣の脂や柿渋を
塗って保温防水したんだって
縄文人も
やってたかも!!
イケメン
マタギ人形いるよ
「縄文の里・朝日
奥三面《おくみおもて》歴史交流館（新潟県）」
縄文カゴの研究も
進んでいて、近年の研究結果で
縄文人の「編《あ》む」技術力と
植物の特性の理解の高さが
わかってきています
東名《ひがしみょう》遺跡（佐賀県）のカゴ　部位ごとに異なる
素材
と
技法
ツヅラフジ
イヌビワ
ツヅラフジ
イヌビワ
ござ目
もじり
網代
縄文時代早期には
現在ある高度な編み方の
技術がすでに出揃《でそろ》っていた
そうですね

綿《めん》の栽培は中世から
縄文時代の布の材料は
植物の繊維《せんい》です
その再現にも
チャレンジしたんですが
本当に大変で早々に挫折
布は本当に
貴重なもの
だったんです
アカソ
イラクサ科
カラムシ属
茎から
繊維を
とります
民俗資料館で
「布はボロボロに
なるまで使うから
戦後すぐのものでも
集まらない」って
見たなぁ
そう言えば!!
民俗学の
宮本常一《みやもとつねいち》も
「明治頃の一般庶民は
植物の繊維から
作った着物を
着ていて
イザベラさん
一家族
5人なら
5人分の
服をつくらねば…
新しい服は
一年に一度だよ…
これは作るのに
時間がかかるので
一枚の着物を
ずっと着るのが普通」と
いうようなことを
書いていました!
あとは
毛皮も
あったでしょうね
サケの皮の靴《くつ》を
履《は》いてた縄文人形が
ありました!!
アイヌの例を
参考にしたんで
しょう
「新潟県立歴史博物館」
貴重なものを…
着させて
いただきますっ

イザベラ・バードの『日本奥地紀行』を読む　宮本常一著　平凡社　2002

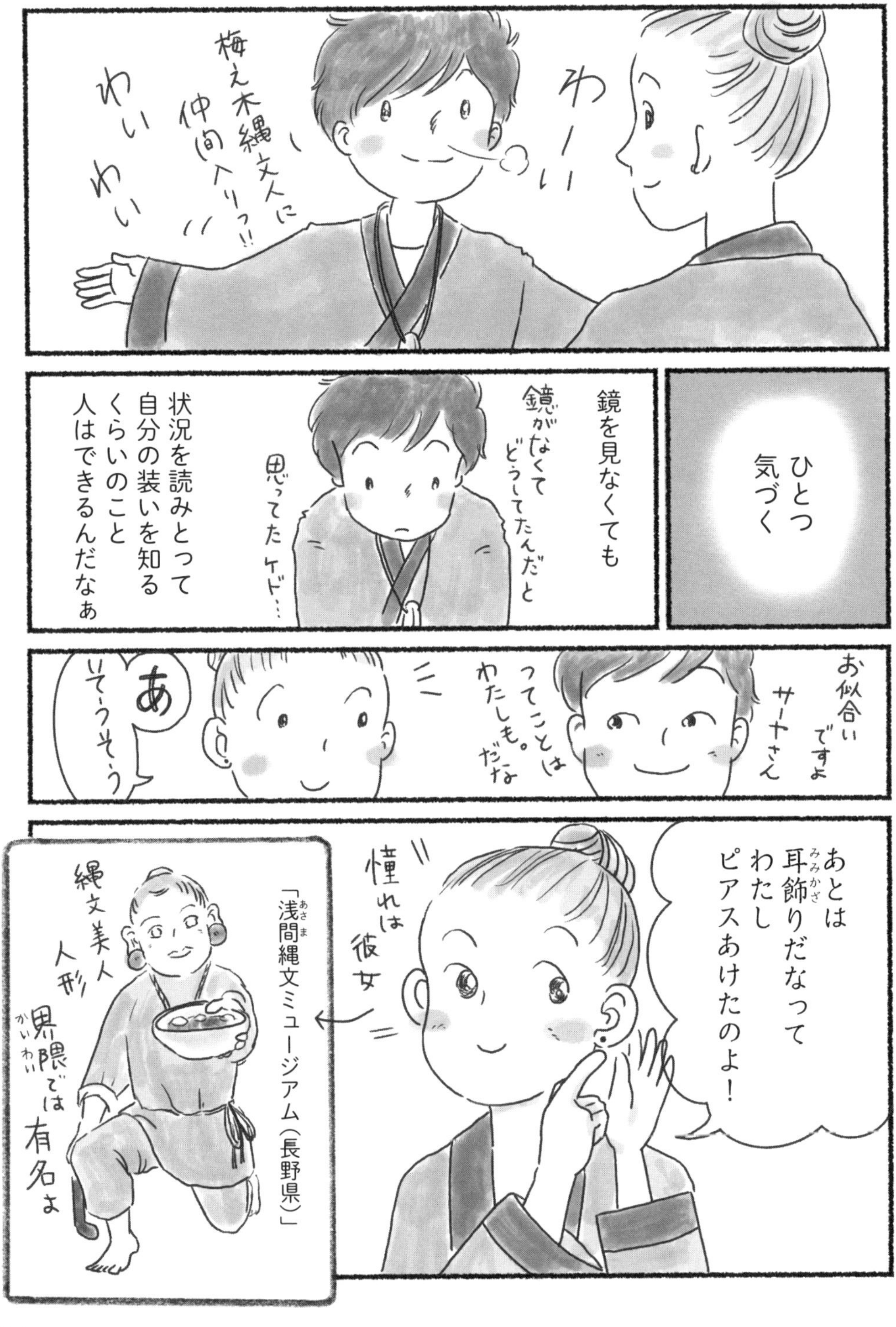
わ〜〜い
梅え木縄文人に仲間入りっ!!
わいわい
ひとつ気づく
鏡を見なくても
鏡がなくてどうしてたんだと
思ってたケド…
状況を読みとって
自分の装いを知る
くらいのこと
人はできるんだなぁ
お似合いですよサーナさん
ってことはわたしも。だな
あ
そーうそーう
あとは
耳飾《みみかざ》りだなって
わたし
ピアスあけたのよ!
憧れは彼女
「浅間《あさま》縄文ミュージアム（長野県）」
縄文美人人形
界隈《かいわい》では有名よ

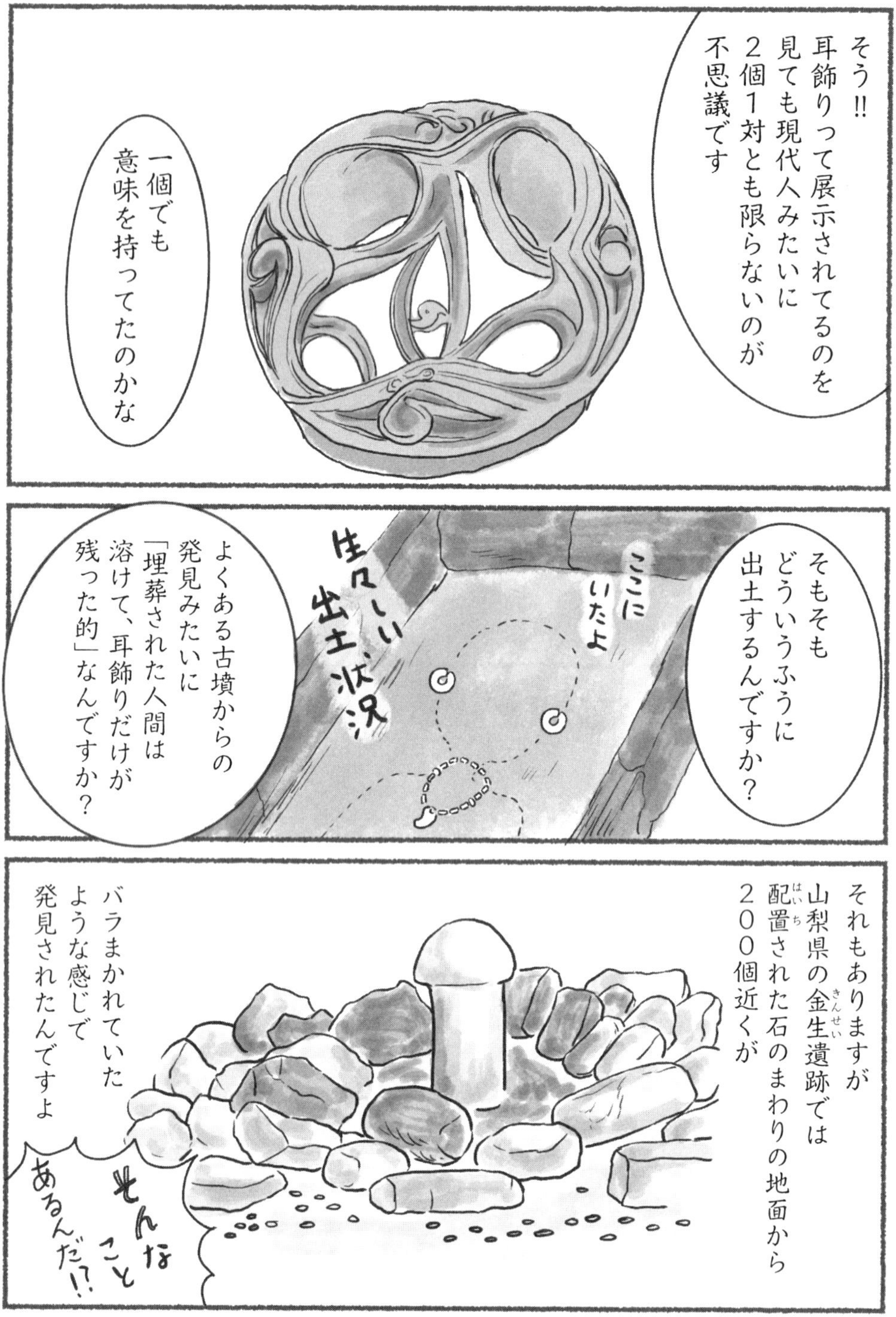
そう!!
耳飾りって展示されてるのを
見ても現代人みたいに
2個1対とも限らないのが
不思議です
一個でも
意味を持ってたのかな
そもそも
どういうふうに
出土するんですか?
ここに
いたよ
生々しい
出土状況
よくある古墳からの
発見みたいに
「埋葬された人間は
溶けて、耳飾りだけが
残った的」なんですか?
それもありますが
山梨県の金生《きんせい》遺跡では
配置《はいち》された石のまわりの地面から
200個近くが
バラまかれていた
ような感じで
発見されたんですよ
そんな
こと
あるんだ!?

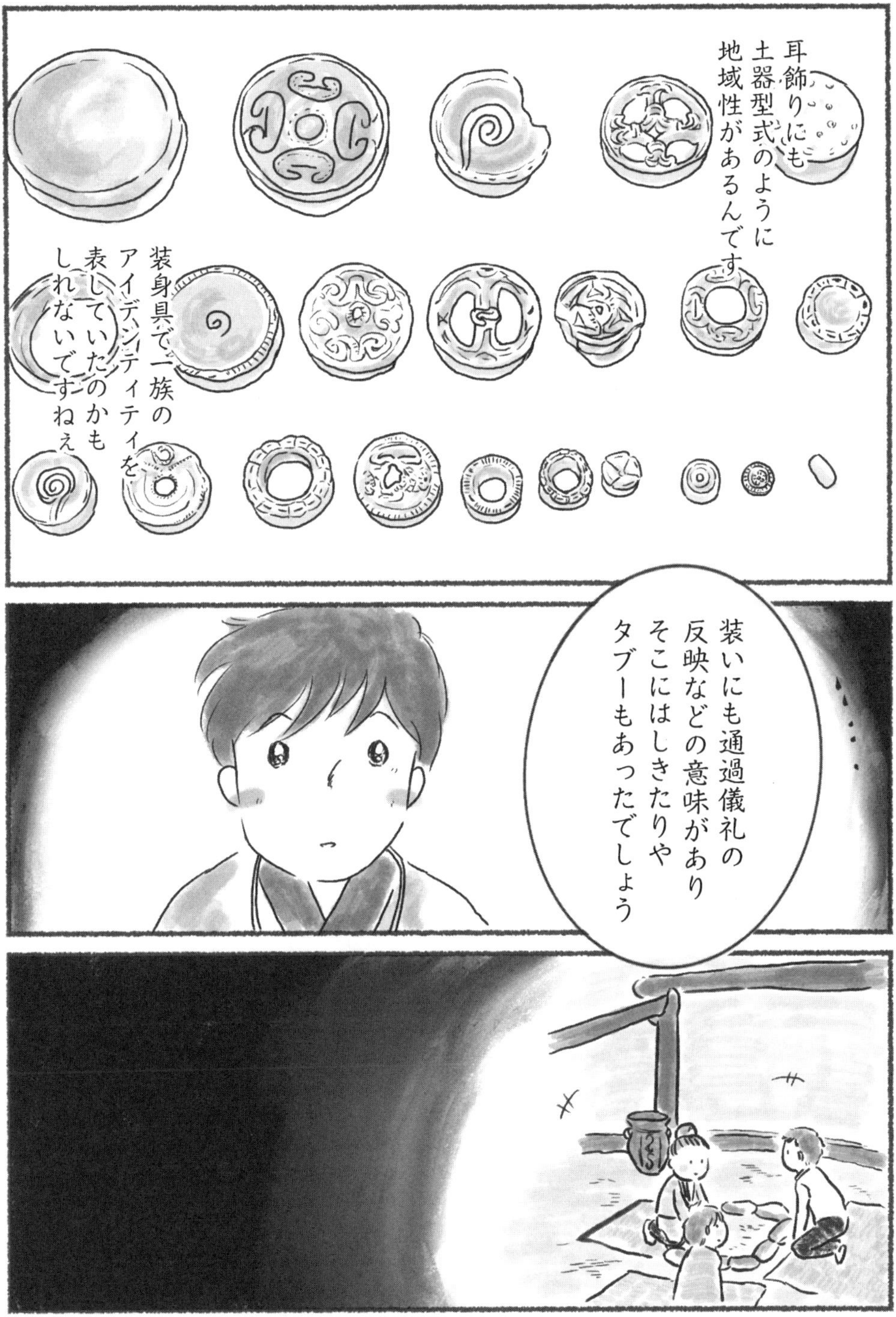
耳飾りにも
土器型式のように
地域性があるんです
装身具で一族の
アイデンティティを
表していたのかも
しれないですねぇ
装いにも通過儀礼の
反映などの意味があり
そこにはしきたりや
タブーもあったでしょう

それはきっとハレの日
縄文時代に生きた人々は
着飾り

一族の誇りを身にまとい
自分は何者であるか胸をはる

オシャレって
美しさって
生きるって
いっぱいあるのに着る服ないよ
考えてしまう
わたしです

〜 図解　縄文人装い 〜

縄文ファッション考察
漆塗りの櫛《くし》
髪を結い上げています
イレズミか
フェイス
ペイントか
耳飾り
東北は雪も深い……
毛皮も来たでしょうね
黒や赤に染めた布も
貝輪
パンツスタイルの土偶
スタイル抜群
実用的に
縄も身に付けて
いたかも
手甲《てっこう》・脚半してるっぽい土偶
靴《くつ》形土器が
発見されています
東日本の土偶たち
オシャレなのよね〜
ハレとケ、狩りに行く日など…。
TPOにあわせたファッションしてたでしょう!!

『編布(あんぎん)』に新潟で迫った話
実録
博物館の展示に「縄文時代は編布《あんぎん》と呼ばれる布を使っていました」と、ある。
「織り」ではなく「編み」なのだ
なんじゃそりゃあああ
『縄文の里・朝日 奥三面《おくみおもて》歴史交流館』で体験したよ。
食堂のソバがおいしいと評判なのに、休業日 本当に悔しい 絶対、又、行くゾ
カラムシ
アカソ
など
編む
その後、『津南町農と縄文の体験学習館 なじょもん』行ったら
な！なんですかコレ？
民俗展示のところ
アンギン発見の歴史
編布の技法は、廃れてしまったと、考えられていましたが秋山郷では、技術が伝えられて、残っていた!!という展示ですよ。
『津南町歴史民俗資料館』に秋山郷の展示がありますよ。
ここから車で15分くらいですよ。
行かなきゃ!!
ビューンッッ!!
秋山郷・山の民の暮らし
クマの皮はぎ展示
圧巻
縄文土器もスゴかった展示
直感に従って大吉！

佐渡
新潟県
2
1
3

Let's go to the Jomon!

焔《ほのお》の新潟編

1 新潟県立歴史博物館

新潟県長岡市関原町1-2247-2

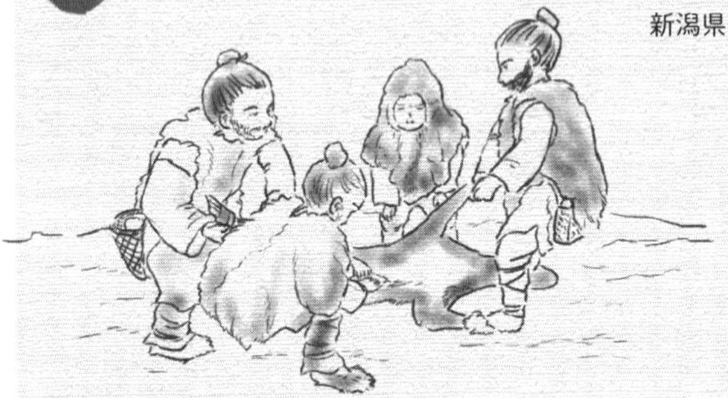

壁一面の火焔《かえん》型土器の展示も圧巻ですが、生き生きと暮らす縄文時代の人々の等身大展示が胸アツ！　縄文時代の基本的なこともわかりやすく学べます。

2 馬高《うまたか》縄文館

新潟県長岡市関原町1-3060−1

「火焔土器」ってひとつしかないのです。馬高遺跡で発掘されたまさにそれが展示されています。他のものは「火焔型土器」と言います。そのあたりの土器形式のことも、わかりやすく展示解説されています。

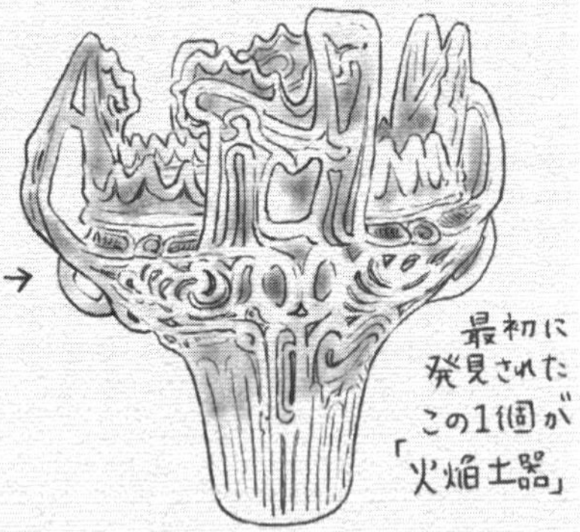
→
最初に
発見された
この1個が
「火焔土器」

3 十日町市博物館

我々は
「火焔型土器」
です

新潟県十日町市西本町1-448-9

火焔型土器と王冠型土器が楽しく学べます。デジタルを使った体験型展示も面白く、雪国の人々の暮らしの民俗展示もオススメ。ミュージアムグッズも充実していて、財布の紐《ひも》がユルユルに。

第7章

変わる豊かさ

〜あの子と宴《うたげ》と往来と〜

う〜む
縄文時代の
お買物のイメージ
物々交換
だって
「お金」が存在
しないのよねーえ。

縄文時代の人々の
物流を見ると
すさまじい
ネットワーク
例えば黒曜石
長野県霧《きり》ケ《が》峰《みね》産の
黒曜石の石器が
西は三重県
北は津軽《つがる》海峡《かいきょう》を越えて
北海道まで行っています

「モノ」がひとりでに移動するワケはないから
介在したのは人の力
それを運んだ人がいたわけで
「モノ」をこれだけ動かした人々を
原動力はなんだったのでしょう
だって「お金」の概念がないのですよ
可能性その1
はい
どうぞ
わぁ!! 関西のアメちゃんくれるオバちゃんみたいや!!
縄文人がみんな良い人でモノを配ってまわった

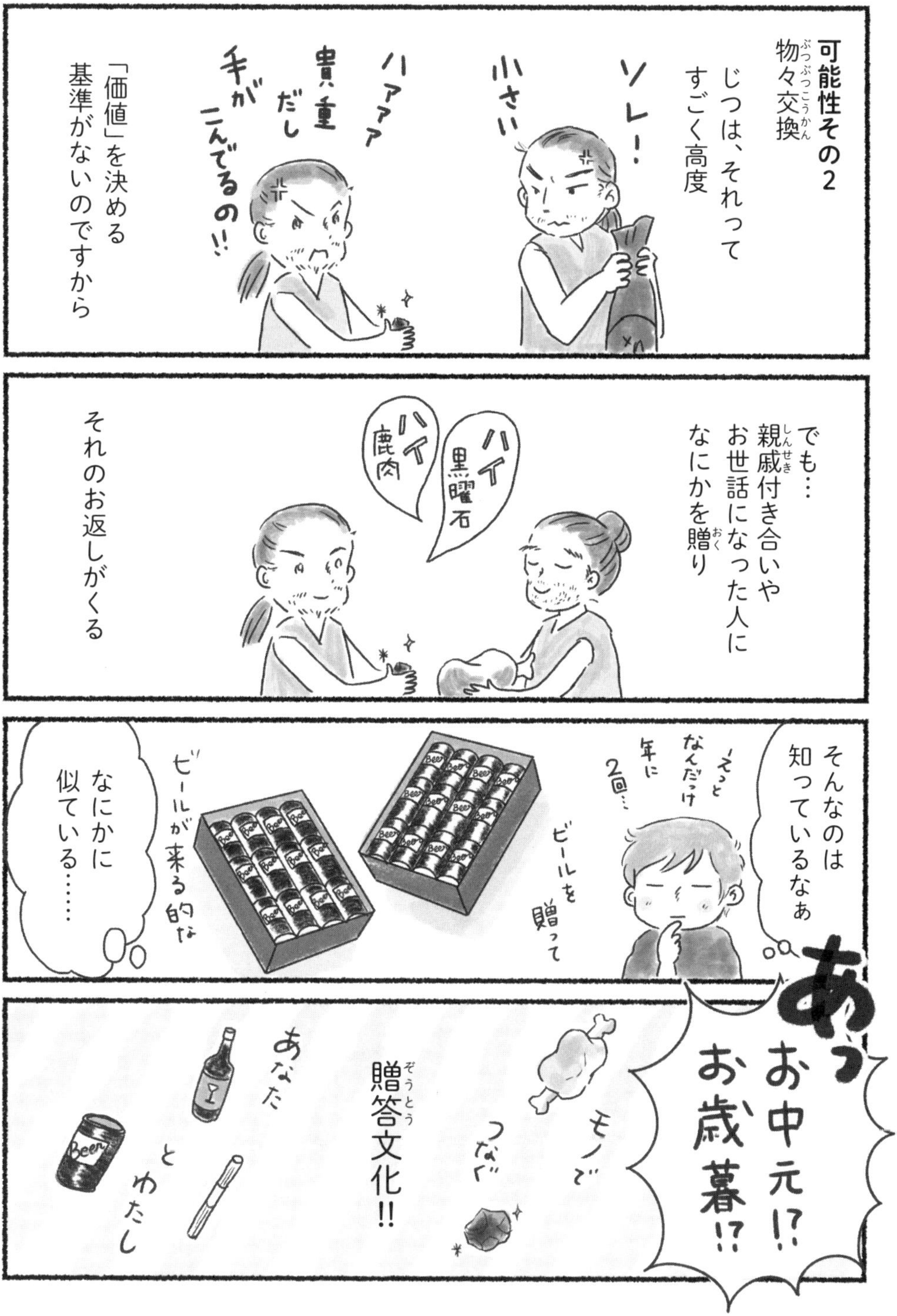
可能性その2
物々交換《ぶつぶつこうかん》
じつは、それってすごく高度
ソレ！
小さい
ハァァァ
貴重だし
手がこんでるの!!
「価値」を決める基準がないのですから
でも…
親戚《しんせき》付き合いやお世話になった人になにかを贈《おく》り
ハイ黒曜石
ハイ鹿肉
それのお返しがくる
そんなのは知っているなぁ
えっとなんだっけ
年に2回…
ビールを贈って
ビールが来る的な
なにかに似ている……
あっ
お中元!?
お歳暮!?
モノでつなぐ
贈答《ぞうとう》文化!!
あなたとわたし

参考：山田康弘先生の資料より

このつながりのネットワークで長野県の黒曜石が北海道までいったのかもしれません
旅する黒曜石
行った先のムラで彼は迎えられ
コレならコレ
いやそっちがいい
交渉して交換成立なんてこともあったかも

来年も
よろしく
グッ
彼は歓待《かんたい》され
人々は客人《きゃくじん》の話に夢中で耳を傾け
このムラの出来事などを語り

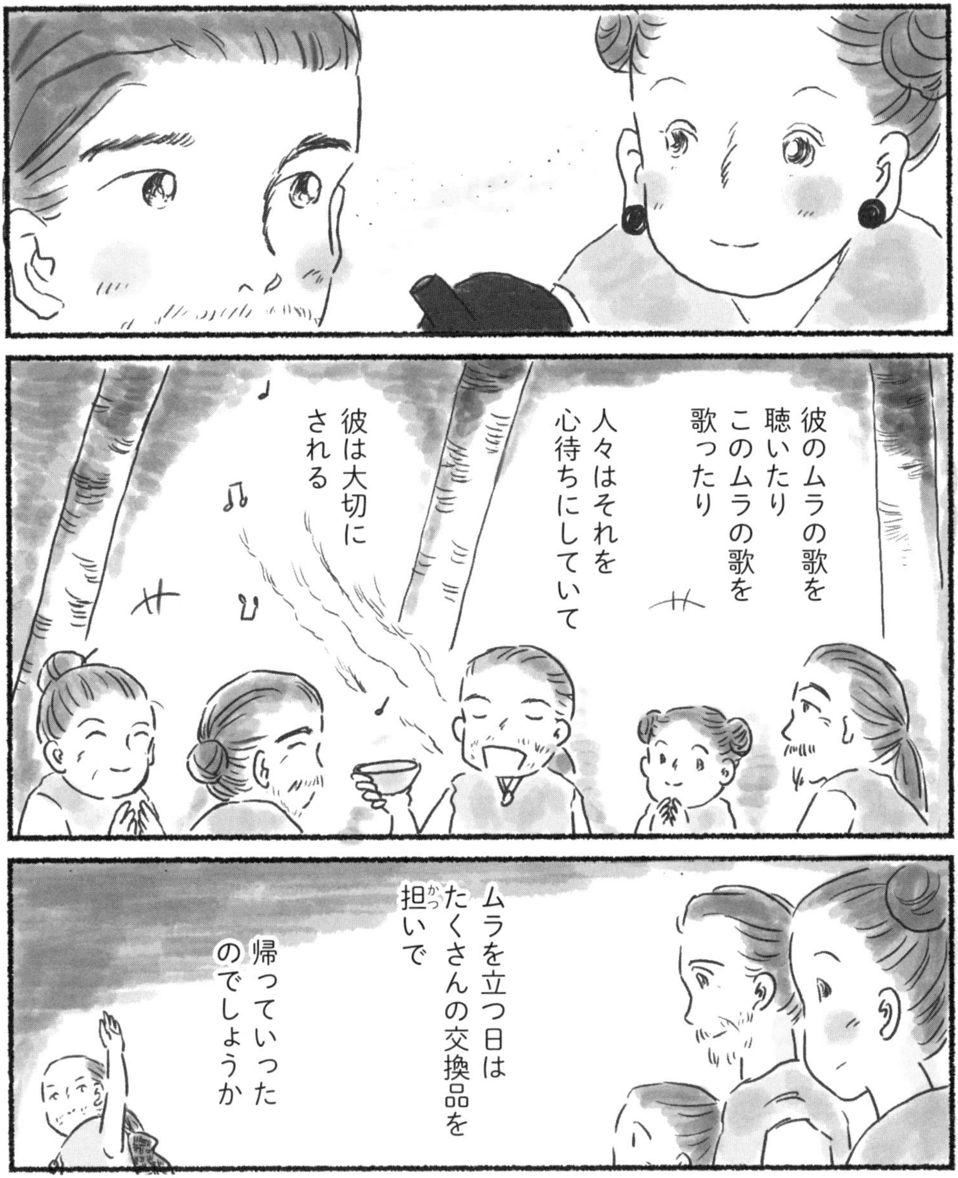
彼のムラの歌を
聴いたり
このムラの歌を
歌ったり
人々はそれを
心待ちにしていて
彼は大切に
される
ムラを立つ日は
たくさんの交換品を
担《かつ》いで
帰っていった
のでしょうか
フッフッフ
「また戻ってくるよ」
なんて女の子と
約束しちゃったり
して…

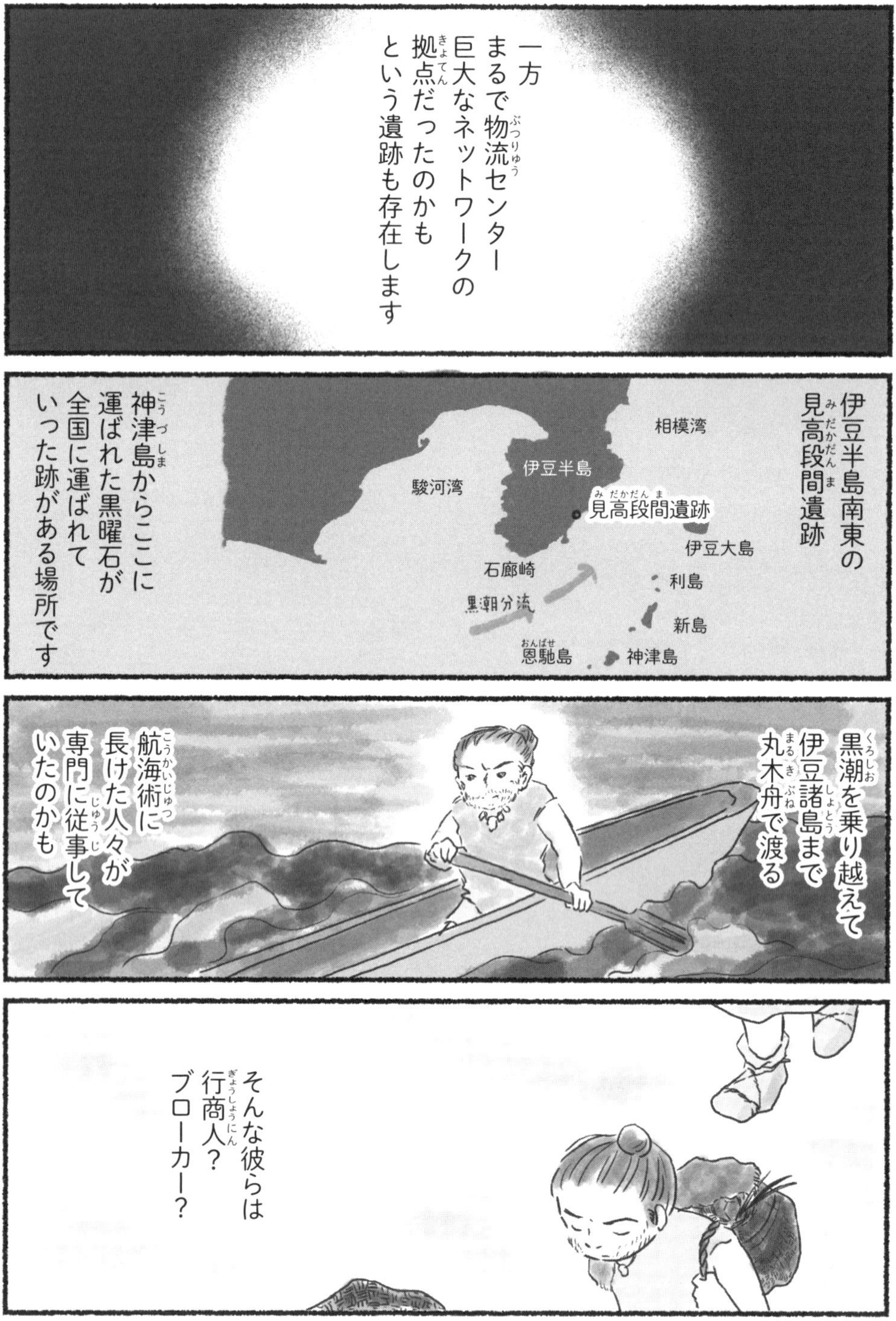
一方
まるで物流《ぶつりゅう》センター
巨大なネットワークの
拠点《きょてん》だったのかも
という遺跡も存在します
伊豆半島南東の
見高段間《みだかだんま》遺跡
相模湾
伊豆半島
駿河湾
見高段間《みだかだんま》遺跡
伊豆大島
石廊崎
利島
黒潮分流
新島
恩馳島《おんばせ》
神津島
神津島《こうづしま》からここに
運ばれた黒曜石が
全国に運ばれて
いった跡がある場所です
黒潮《くろしお》を乗り越えて
伊豆諸島《しょとう》まで
丸木舟《まるきぶね》で渡る
航海術《こうかいじゅつ》に
長けた人々が
専門に従事《じゅうじ》して
いたのかも
そんな彼らは
行商人《ぎょうしょうにん》？
ブローカー？

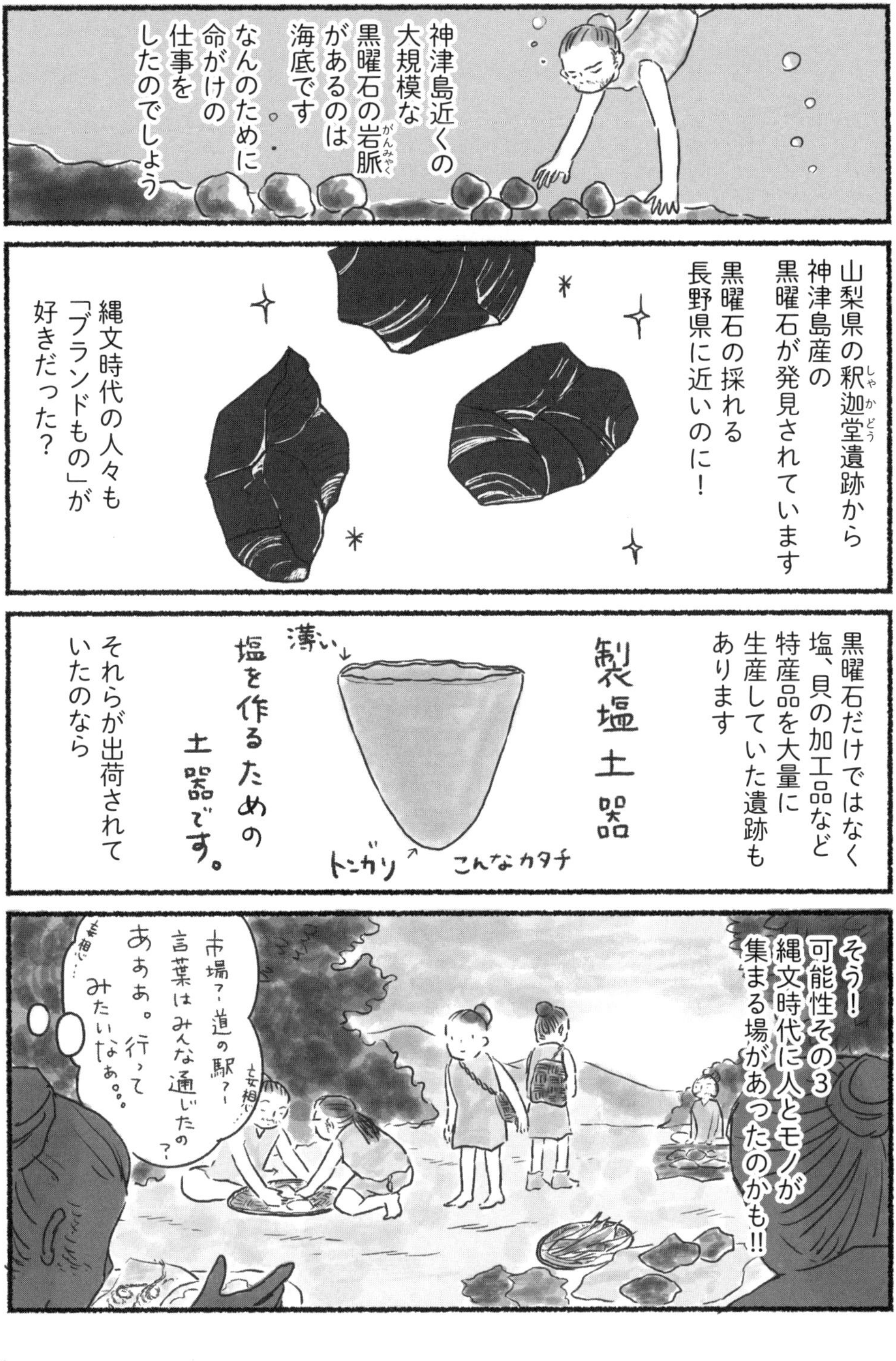
神津島近くの
大規模な
黒曜石の岩脈《がんみゃく》
があるのは
海底です
なんのために
命がけの
仕事を
したのでしょう
山梨県の釈迦堂《しゃかどう》遺跡から
神津島産の
黒曜石が発見されています
黒曜石の採れる
長野県に近いのに！
縄文時代の人々も
「ブランドもの」が
好きだった？
黒曜石だけではなく
塩、貝の加工品など
特産品を大量に
生産していた遺跡も
あります
製塩土器
薄い↓
塩を作るための
土器です。
トンガリ↑
こんなカタチ
それらが出荷されて
いたのなら
そう！
可能性その3
縄文時代に人とモノが
集まる場があったのかも!!
妄想…
市場？道の駅？
言葉はみんな通じたの？
ああ。行ってみたいなあ。。。
妄想…

「貨幣《かへい》」という
一定の基準がないのに
成り立っていた
謎だらけの
縄文時代の交易《こうえき》
彼らは
圧倒的な自然の中で
生きながらえるために
人間同士の
関係性を保った
それは確かなことで
縄文時代の人々は
気づいていたんですね
豊かさは
「持っていること」
じゃなくて
「与えあうこと」
ムムッ
月末になると
縄文時代の人々に
想いを馳《は》せてしまう
悲しき現代人は
わたしです

考察
縄文時代のお嫁入り
マンガの中では
自由
恋愛
っぽいシーンを描いたのだが
これは
違うかも。
人も「交《こう》換《かん》財《ざい》」だった可能性ありますよ
山田康弘先生
P206から登場です
産まれる前に行き先が決まってたりするような
そうよねぇ
だって
結婚ってのは家と家のハナシ
顔を知らない相手に嫁ぐ……とか
つい最近までよくあったこと
とにかく人の命が
夫さまはどんな方かしら
好きだったよー
「縄文嫁入り」
注・全くの想像図です
丸木舟
現代までつながっているこのスゴさ!!

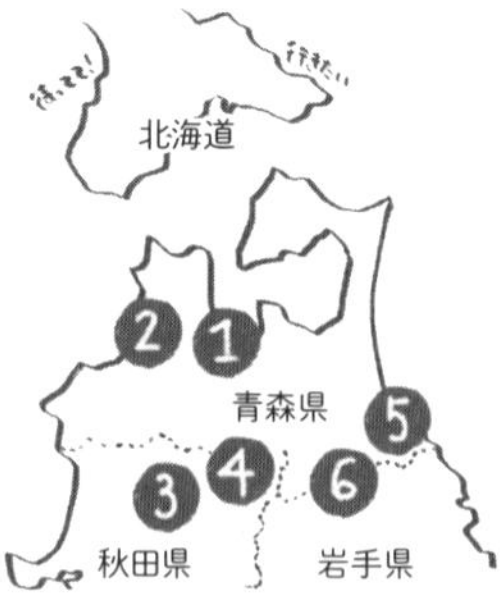
行きたい
北海道
青森県
秋田県
岩手県
1
2
3
4
5
6

Let's go to the Jomon!

濃厚
東北編
めぐり

1 三内丸山《さんないまるやま》遺跡・縄文時遊館

青森県青森市三内丸山305

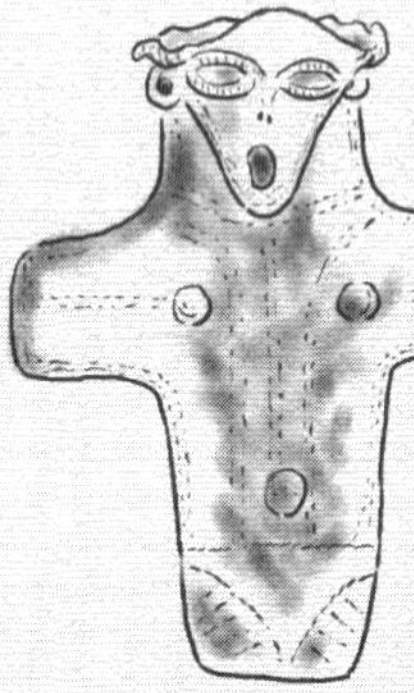

巨大６本柱の建造物が有名。他にも見どころだらけです。土器の展示は下から古い順に感激！
遺跡内も展示室も、ガイドさんの解説はぜひ聞いてください。

レストランで
発掘プレート
いただきました
ホタテ
ゴロ
ゴロ

2 亀ヶ岡石器時代遺跡・木造亀ヶ岡考古資料室

青森県つがる市木造館岡 ⟷ 青森県つがる市木造館岡屏風山195
車で5分くらい

史跡 亀ヶ岡石器時代遺跡

あの有名な遮光器土偶の出土場所（現在本体は東京国立博物館に）。
車で５分の通称「縄文館」では、地元の方々の寄託品がズラリ。掘ると甕《かめ》が出てくることから、「亀ケ岡」という地名になったそうなのです。

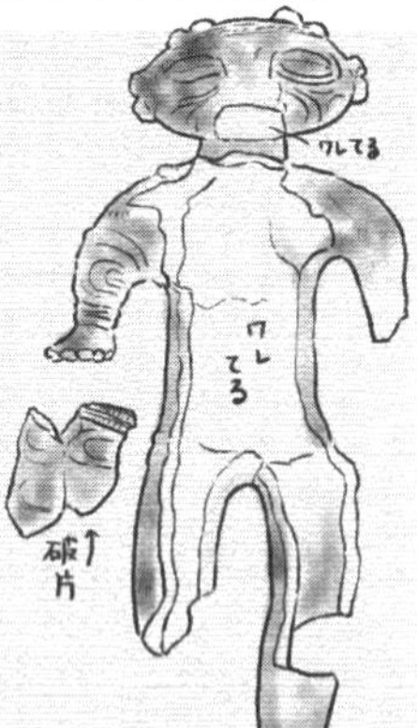
ワレてる
ワレてる
破片

JR五能線
木造《きづくり》駅
駅舎見たさにまわり道…
大迫力!!

小牧野遺跡と
大平山元遺跡も
行きたい…。

まだまだ東北
盛りだくさんです！

つがる市
縄文住居展示館
「カルコ」
楽しいよ
復元住居内
縄文母さん
カカトが
あかぎれぶ～

3 伊勢堂岱《どうたい》遺跡・伊勢堂岱縄文館

秋田県北秋田市脇神字小ヶ田中田100-1

土偶、石偶、土器など、とにかく人っぽいものだらけで面白いです。遺跡までの途中には、建設途中で中止になった高速道路の脚柱に解説がついた展示になっています。オリジナルグッズもセンス良し！

4 大湯《おおゆ》環状列石・大湯ストーンサークル館

秋田県鹿角市十和田大湯字万座45

日時計上に組まれた石、数の概念が表された土版など、理系縄文人のムラだった!?　縄文時代の人々は、様々なことに理解度が深く、その知恵で生き抜いてきたんだなとわかります。

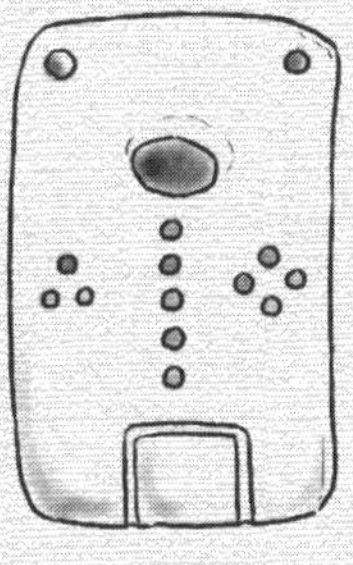

5 八戸市埋蔵文化財センター 是川《これかわ》縄文館

青森県八戸市大字是川字横山1

当時の漆器や木製品などの鮮やかさ!!
工芸技術力の高さに驚きます。
国宝以外の土器や土偶も充実しており、
縄文の美、ここにあり。

6 御所野《ごしょの》遺跡・御所野縄文博物館

岩手県二戸郡一戸町岩舘字御所野2

山道をずんずん行くと、駐車場に到着。モダンな吊り橋にワクワクし、その先にある博物館も樹立に囲まれ、なんとも素敵です。妖精？　精霊？　シャーマン？　の描かれた土器が出土しており、会える気がしちゃいました。

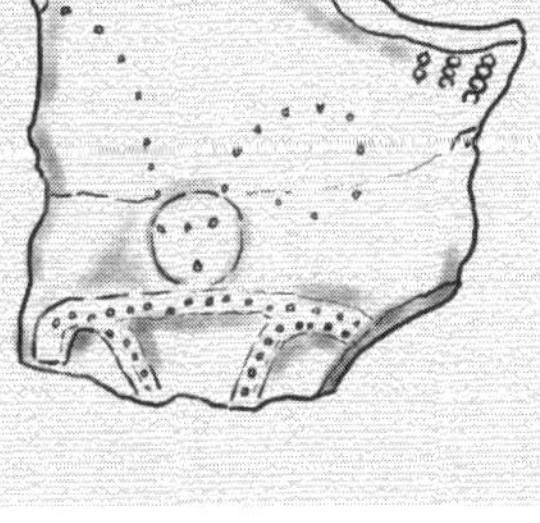

遺跡めぐりの旅に出て
おいしいものにも
たくさん、めぐり会えてる

第8章

変わる信仰

～石と土偶とシンボルと～

縄文時代って
呪術や儀礼が
激しいイメージ
何を信じ
どんな世界を
見ていたの？

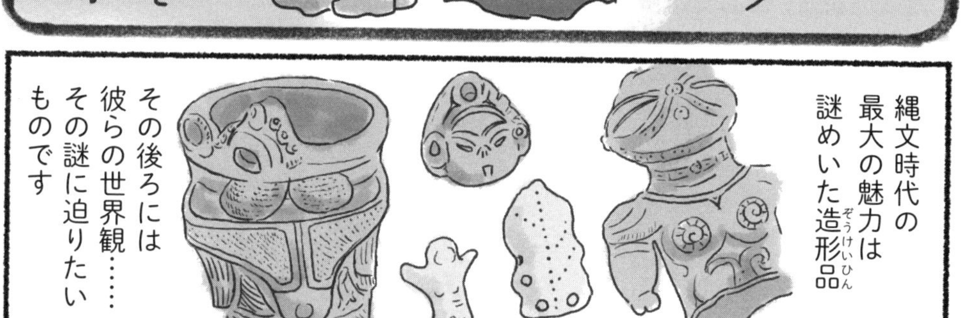
縄文時代の
最大の魅力は
謎めいた造形品《ぞうけいひん》
その後ろには
彼らの世界観……
その謎に迫りたい
ものです

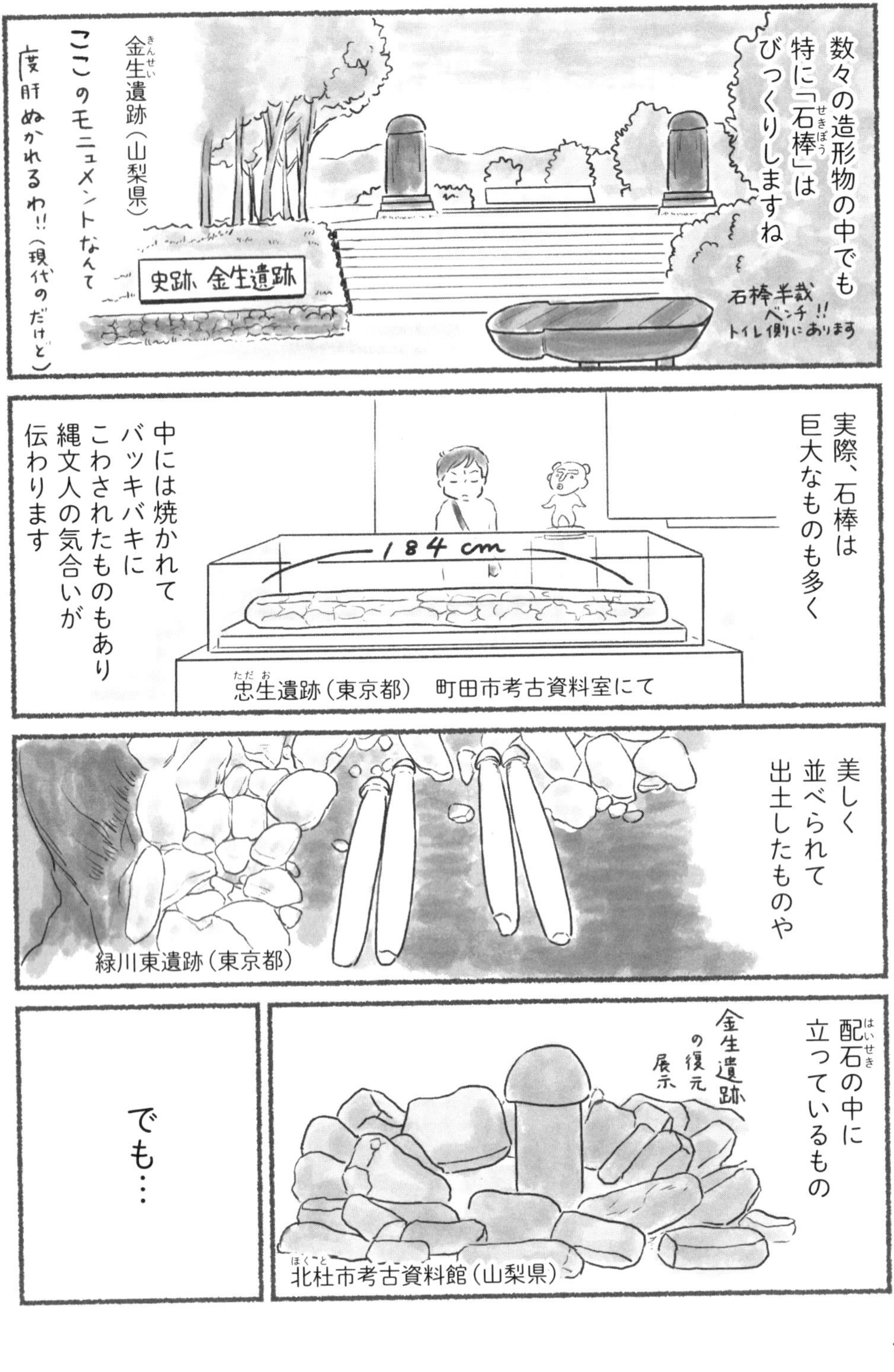
数々の造形物の中でも特に「石棒《せきぼう》」はびっくりしますね
石棒半截ベンチ!!
トイレ側にあります
史跡 金生遺跡
金生《きんせい》遺跡（山梨県）
ここのモニュメントなんて度肝ぬかれるわ!!（現代のだけど）
実際、石棒は巨大なものも多く
184 cm
忠生《ただお》遺跡（東京都） 町田市考古資料室にて
中には焼かれてバッキバキにこわされたものもあり縄文人の気合いが伝わります
美しく並べられて出土したものや
緑川東遺跡（東京都）
配石《はいせき》の中に立っているもの
金生遺跡の復元展示
北杜《ほくと》市考古資料館（山梨県）
でも…

うちの近くにも!
マラセエの神だよ
現代にもあります
うわ 不覚に…!!
千葉県 厳島神社にて
木製です
山の神は
女だから
喜んでもらえるよう
捧《ささ》げるんだって!!
と聞いたことが…
そのおおらかな発想
なつかしいわ。
昭和なんて、TVで
女性の胸ポロンとか
あったもん。
そして
男性器だけじゃなくて
女性器の造形もあります
土器文様にも
似たような
モチーフが
あります
たくさん

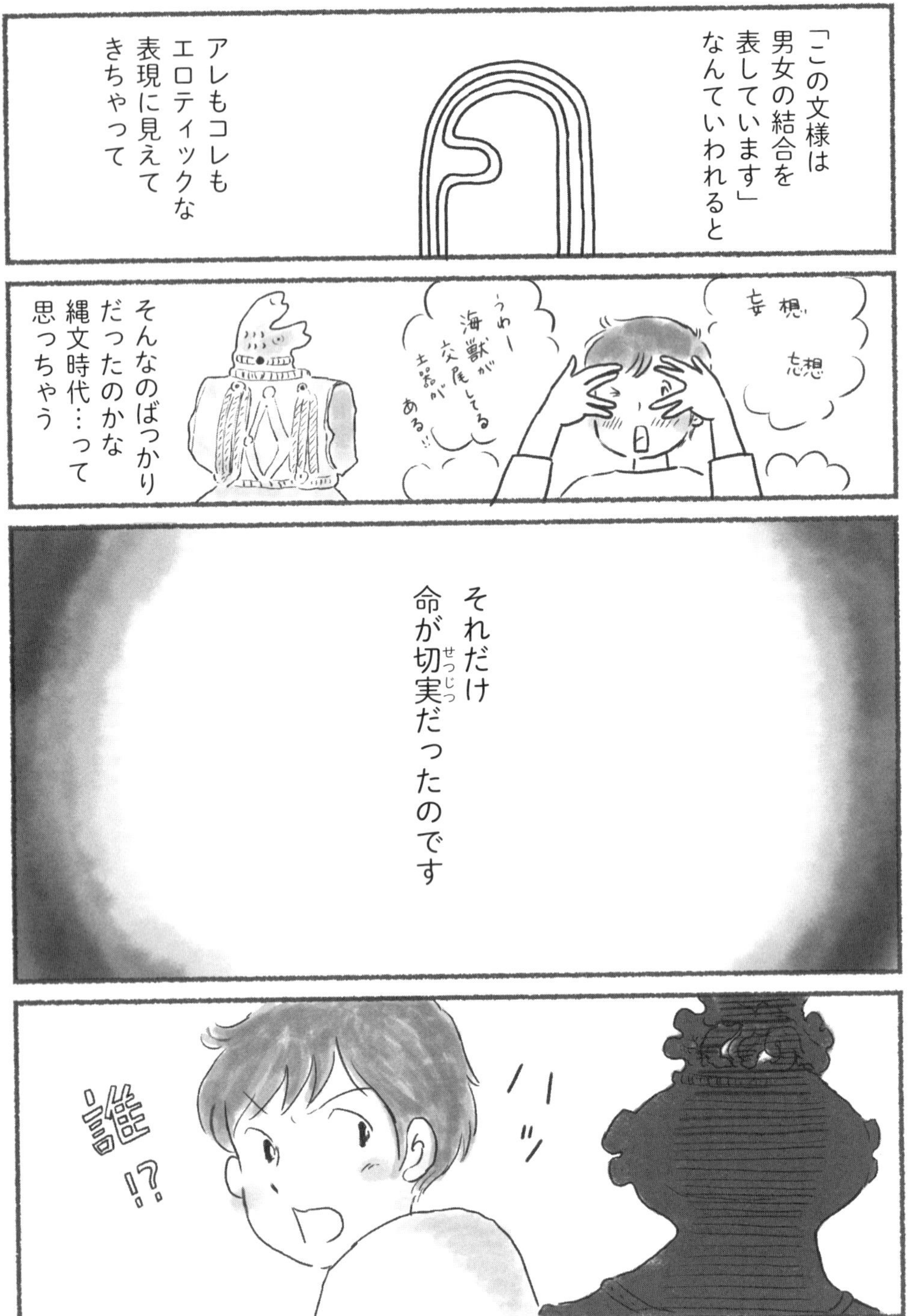

「この文様は男女の結合を表しています」なんていわれると
アレもコレもエロティックな表現に見えてきちゃって
妄想
忘想
うわー海獣が交尾してる土器がある!!
そんなのばっかりだったのかな縄文時代…って思っちゃう
それだけ命が切実《せつじつ》だったのです
ハッ
誰!?

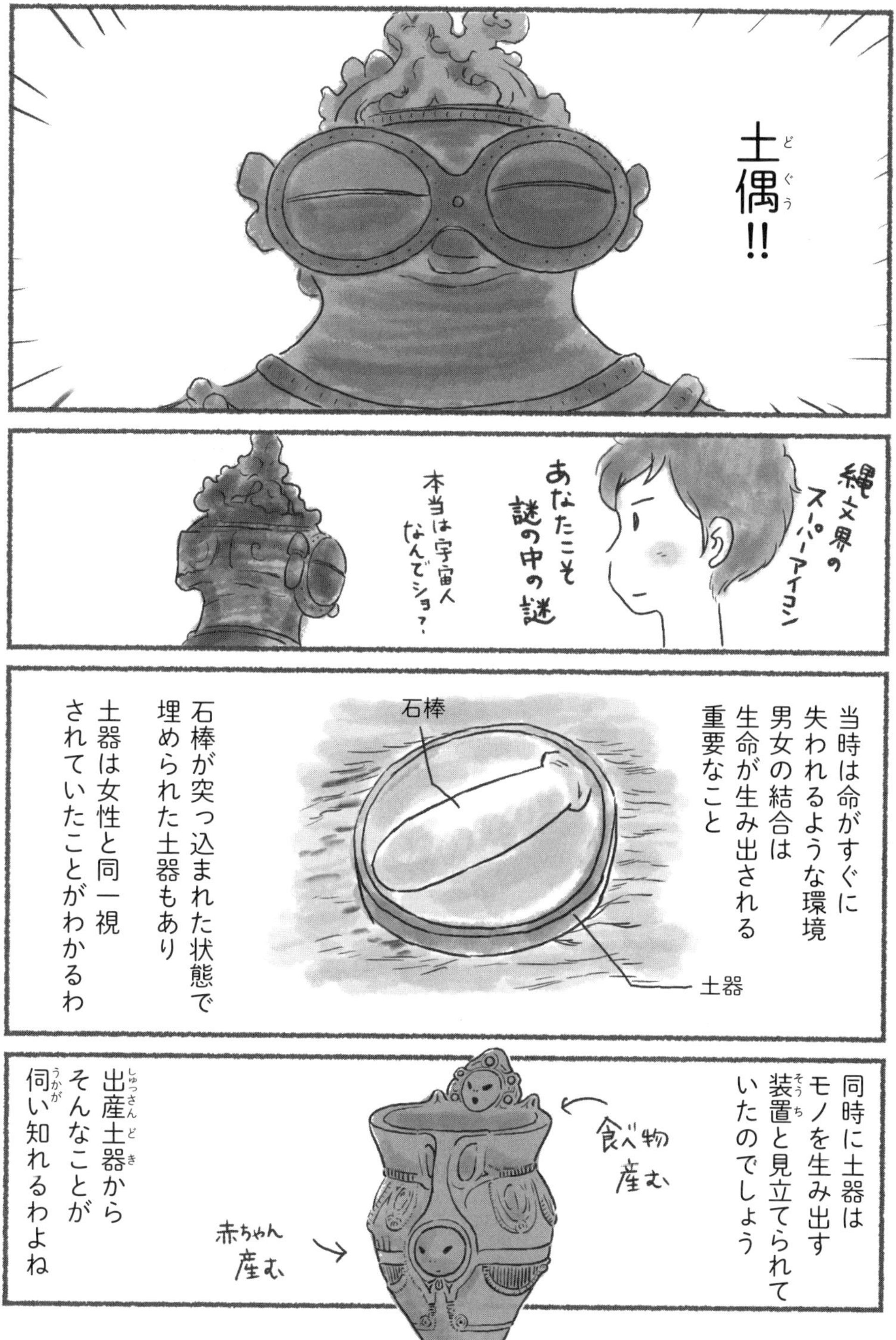
土偶《どぐう》!!
縄文界の
スーパーアイコン
あなたこそ
謎の中の謎
本当は宇宙人
なんでショ？
当時は命がすぐに
失われるような環境
男女の結合は
生命が生み出される
重要なこと
石棒
土器
石棒が突っ込まれた状態で
埋められた土器もあり
土器は女性と同一視
されていたことがわかるわ
同時に土器は
モノを生み出す
装置《そうち》と見立てられて
いたのでしょう
食べ物
産む
赤ちゃん
産む
出産土器《しゅっさんどき》から
そんなことが
伺《うかが》い知れるわよね

そうして
願いが結実《けつじつ》し
具現化《ぐげんか》したものが妊婦《にんぷ》
ザ 妊婦
縄文のヴィーナス!!
そう
土偶です
茅野《ちの》市尖石《とがりいし》縄文考古館
（長野県）
でも
わたし
股間《こかん》の突起《とっき》の
ついた土偶を
見たことあって
赤ちゃんの頭が
出てる説を
聞いたけど
そう見えなかった
なぁ
やっぱり
男性の土偶も
あるんじゃ
ないかなあ
そうね
それは
土偶の正体に
かかわって
くるわね
いわゆる
精霊的な
なにかトカ？？？
縄文人が男女を
超えたものを
表現しようと
していた可能性も
あるじゃない
たしかに！
わからないことだらけ！
あなたはなんなの？
教えて土偶！
落とさないでね
わたし
重要文化財よ
簡単には
答えられないわ
でもね
考古学の成果で
わかっていることも
たくさんあるわよ

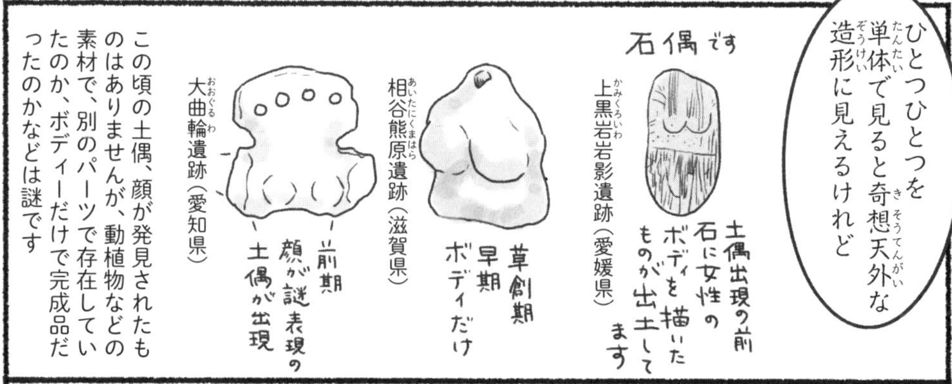
ひとつひとつを単体《たんたい》で見ると奇想天外《きそうてんがい》な造形《ぞうけい》に見えるけれど
石偶です
上黒岩《かみくろいわ》岩影遺跡（愛媛県）
土偶出現の前 石に女性のボディを描いたものが出土してます
相谷熊原《あいたにくまはら》遺跡（滋賀県）
草創期 早期 ボディだけ
大曲輪《おおぐるわ》遺跡（愛知県）
前期 顔が謎表現の土偶が出現
この頃の土偶、顔が発見されたものはありませんが、動植物などの素材で、別のパーツで存在していたのか、ボディーだけで完成品だったのかなどは謎です

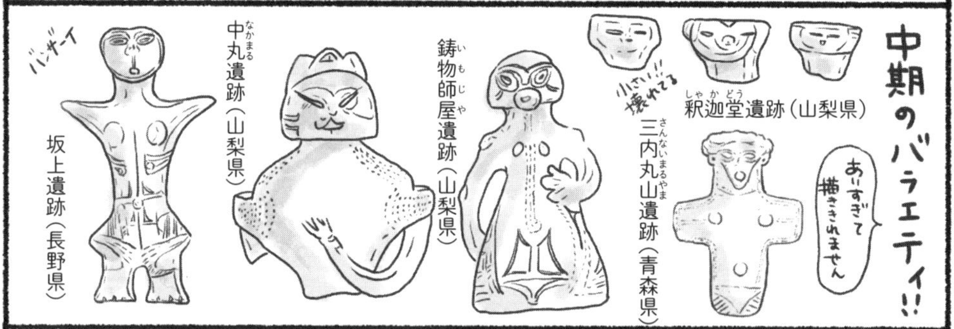
中期のバラエティ!!
小さい!! 壊れてる
釈迦堂《しゃかどう》遺跡（山梨県）
ありすぎて描ききれません
三内丸山《さんないまるやま》遺跡（青森県）
鋳物師屋《いもじや》遺跡（山梨県）
中丸《なかまる》遺跡（山梨県）
坂上遺跡（長野県）
バンザーイ

後期になると派手さが増して
椎塚《しいづか》遺跡（茨城県）
滝馬室《たきまむろ》遺跡（埼玉県）
晩期はもはや異形!?
亀ケ岡石器時代遺跡（青森県）
わたしよ♡
ちゃんと地域性や時代で傾向《けいこう》があるのよ

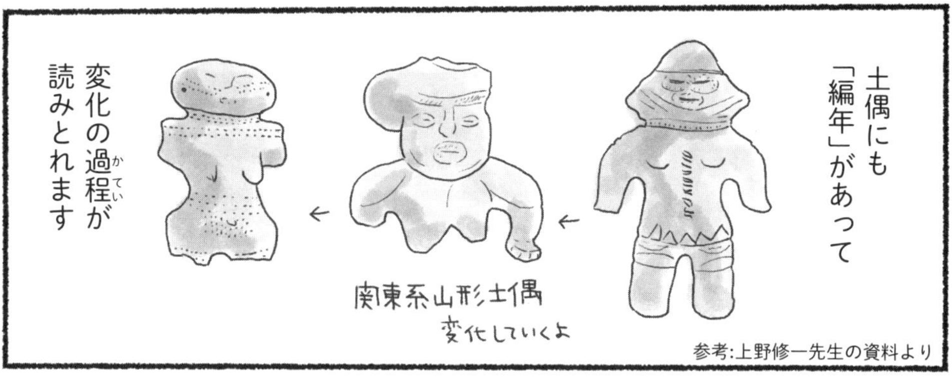
土偶にも「編年」があって
関東系山形土偶
変化していくよ
変化の過程《かてい》が読みとれます
参考:上野修一先生の資料より

近頃では女性の研究者が多産や豊穣《ほうじょう》以外の可能性も考えるべきと発表しているわ
確かにね…スリムでシュッとした
土偶さんいるのよ
西ノ前遺跡（山形県）
女性の役割は出産だけではないでしょ土偶に他の意味が込められたかも……
人形《ひとがた》の造形物って世界中にあって
石や木製のものもある
ヴィレンドルフのヴィーナス
BC15,000〜10,000年頃
オーストリア ウィーン博物館
石製品
縄文時代だって全部の土偶が同じ目的・使用法だったとは限らない
同時多発的に発生したのかもしれないよ
ああタイムトリップできたらなあ
あら
縄文時代に行って見たら全部わかるなんて考えてる？
現代人のあなたたちは自分たちがやってること全部理解しているの？
例えばコギャル
口唇は白く
マッキーでアイライン描くよ
例えばバブリー文化
なんで前髪トサカにしてたんだろ
なんで肩パッド…
なんで扇ふってたんだろ
もはや全てが謎
儀礼だったのかも…

当時の人々も意味が置き去りになりもはや「常識だから」でやってることもあったかもねえ
エリ穴遺跡（長野県）
なんでー!?
ほっぺにメガネかい?
とんでもなく間違えてる!!
ソコ気付かない?、
ウフフフ
解けない謎
だからあなたたちは惹《ひ》かれるのでしょうね
土偶ーーッ
まってー
もっと教えてーーっ

ハッ
じつは
考古学は
カタチを持たない
言語とか心の
ジャンルの解明《かいめい》が苦手
でも、世界観や
精神性は
残された「モノ」に
現れるはず
この文様……。
文字のない時代の
彼らの「言葉」を
表現している……？
そういえば
ペルシャ、絨毯《じゅうたん》って
「色や文様に意味が
ある」って聞いた
ことがある……。
土器文様も……かも。
どうにか
近づいてみたい
それが考古学なのです

中期の※中部《ちゅうぶ》高地《こうち》
この地域には土器に生き物が貼《は》り付くようなはたまた土器自体が生き物のような
使い勝手度外視《どがいし》の土器をつくった人々がいました
絶対使いにくいっ
井戸尻《いどじり》考古館（長野県）
縄文中期のこの地域のダイナミックで不思議な造形の土器をたっぷりと見ることができます

※山梨県と長野県にまたがる八ヶ岳を中心としたエリア

オレだって ヒマなら これくらい つくれるんだよ
出た!! 縄文人 ヒマ人説!!
確かに 会社も学校も ないもんねぇ
〆切りも
ズバリ 館長さんに 聞いてみました
あの〜
質問です
はい
どーぞ
井戸尻考古館
小松隆史《こまつたかし》館長

縄文人はヒマだからこんなすごいのつくったんですか？
ズバリ
失礼…
いや
そうは思いません
神話がそこにはあり
これらの造形には祈りが込められていて
祈らざるを得ない環境があったんだとわたしは考えます

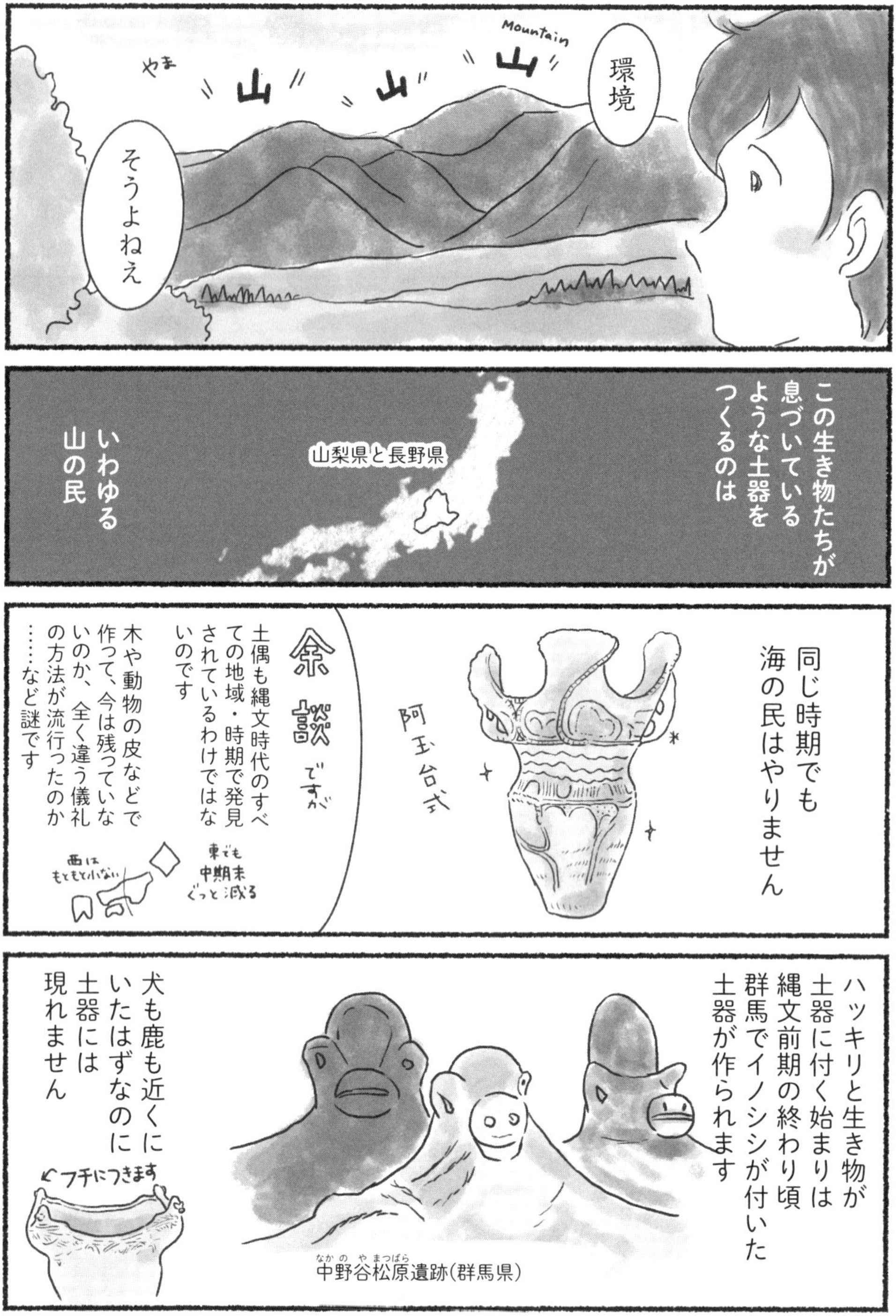
環境
そうよねえ
やま
山
山
山
Mountain
この生き物たちが息づいているような土器をつくるのは
山梨県と長野県
いわゆる山の民
同じ時期でも海の民はやりません
阿玉台式
余談ですが
土偶も縄文時代のすべての地域・時期で発見されているわけではないのです
木や動物の皮などで作って、今は残っていないのか、全く違う儀礼の方法が流行ったのか……など謎です
東でも中期末ぐっと減る
西はもともと少ない
ハッキリと生き物が土器に付く始まりは縄文前期の終わり頃群馬でイノシシが付いた土器が作られます
犬も鹿も近くにいたはずなのに土器には現れません
←フチにつきます
中野《なかの》谷《や》松原《まつばら》遺跡(群馬県)

縄文中期の中部高地の不思議でステキな具象的土器カタログ
蛇やツチノコみたいなものが付いてるものや
札沢《ふださわ》遺跡（長野県）
カエルもいます
曽利《そり》遺跡（長野県）
何やら人みたいなものが付いたのも
鋳物師屋《いもじや》遺跡（山梨県）
うしろ姿もすごいんです
このタイプのものは土偶が貼り付く
わたしの
うしろ姿
くるり
こんななの
中丸《なかまる》遺跡（山梨県）
頭が欠けてる
ほうら
ベッタリ貼り付いてるのよ
土《ど》偶《ぐう》装《そう》飾《しょく》付《つき》土《ど》器《き》といわれています
木曽《きそ》中学校遺跡（東京都）
出産っぽくなってるものも
酒呑場《さけのみば》遺跡（山梨県）
御所前《ごしょまえ》遺跡（山梨県）
九鬼《くき》II遺跡（山梨県）

これを
結構な範囲で
みんなでやっています
これは
土偶
顔面把手《がんめんとって》（土器についてる装飾）
一の沢遺跡
（山梨県）
釈迦堂《しゃかどう》遺跡
（山梨県県）
草刈《くさかり》遺跡
（千葉県）
蟹ヶ澤《かにがさわ》遺跡
（神奈川県）
なにか
同じ世界を
みんなで見ていた
何を見ていたの？
とにかく
山々に囲まれた
遺跡なら
当時の環境と
近いはず
行ってみよう！

県道から
脇道《わきみち》に入って
ずいぶん進んだ頃
大森勝山遺
徐行
路肩注意
徐行
待避所
危険
クマに注意
8月23日出没！
弘前市
絶対にお会いしたくない…
ホッ
キキッ
大森勝山遺跡（青森県）
到着っ
カチッ
プスン
ザワワ

あ
静か
いや
たくさんの音が音になる前のザワザワとした
気《け》配《はい》

それは生きている
ものたちが
そこここにいる
という
気配
ブルルッ
危険
クマに注意
8月23日出没!
弘前市
ゾッ
クマ出現
NEWS
クマに襲われ
山田一郎さ
本当に
こわかった
クマよけ
鈴
ガラーン
ゴローン
オズ
オズ
縄文の人々のまわりには
たくさんの
「なにか」がいて
それはきっと
八百万《やおろず》の神や精霊《せいれい》で
人間はとっても小さくて

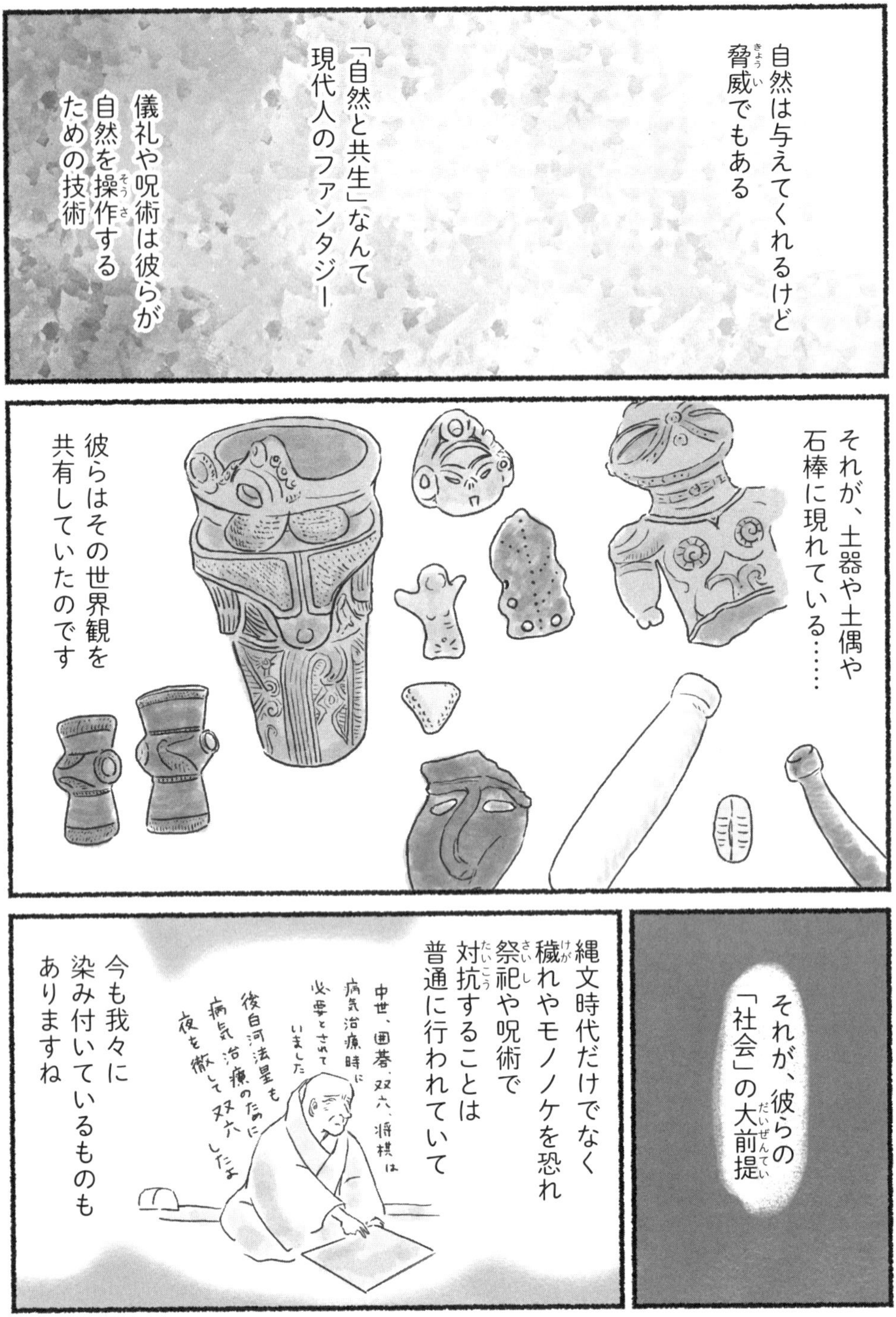
自然は与えてくれるけど
脅威《きょうい》でもある
「自然と共生」なんて
現代人のファンタジー
儀礼や呪術は彼らが
自然を操作《そうさ》する
ための技術
それが、土器や土偶や
石棒に現れている……
彼らはその世界観を
共有していたのです
それが、彼らの
「社会」の大前提《だいぜんてい》
縄文時代だけでなく
穢《けが》れやモノノケを恐れ
祭祀《さいし》や呪術で
対抗《たいこう》することは
普通に行われていて
中世、囲碁、双六、将棋は
病気治療時に
必要とされて
いました
後白河法皇も
病気治療のために
夜を徹して双六
したよ
今も我々に
染み付いているものも
ありますね

やがて
中期末になると
牛石《うしいし》遺跡(山梨県)
18んの
台地の上で
唯一富士山が
見える場所に
つくられています
「ストーンサークル」が
出現します

このころは富士山と
浅間山が噴火
それに重なる
環境変化で
食料も不足していた
と考えられている
時期です
そんな中彼らは
わざわざ重い石を
運んで、呪術の場を
つくっています

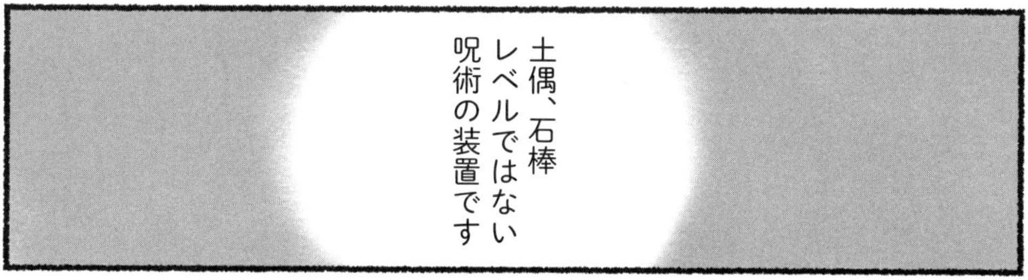
土偶、石棒
レベルではない
呪術の装置です

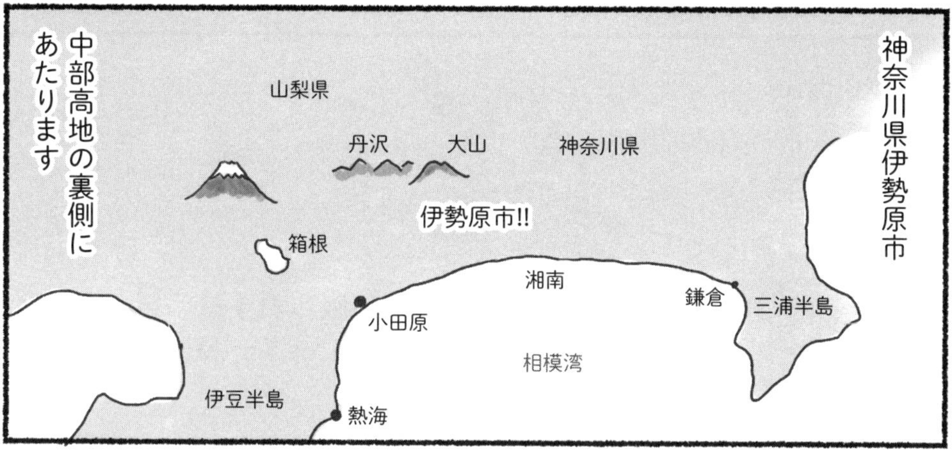
神奈川県伊勢原市
山梨県
丹沢
大山
神奈川県
伊勢原市!!
箱根
湘南
鎌倉
三浦半島
小田原
相模湾
伊豆半島
熱海
中部高地の裏側に
あたります

ここにもあります
呪術してたっ!?
東名高速道路建設時に発見された遺跡が比々多神社敷地内に移設復元されています
様々な施設を石で作ったムラの跡が
大山のふもとには縄文時代の人々が暮らした跡がたくさんあるんですよ
住居や墓は大山を意識しているような方向をもってつくられています
伊勢原市教育委員会
葉《は》山《やま》貴史《たかふみ》さん
大山山頂からは縄文土器が発見されています
後の時代の人々が山頂に運んだんじゃないですかぁ?
山頂に遺跡があったかもしれないと最近も発掘調査をしたんですよ
大山のふもとは古墳時代にはたくさんの古墳中世には寺院
山岳《さんがく》信仰《しんこう》のメッカとなり江戸時代には大山講《おおやまこう》が大流行
大山講の様子はたくさんの浮世絵に描かれています

今でも大山山麓には
年間13万5千人が訪れ
霊山《れいざん》大山に登る人々で
にぎわいます
恐《おそ》れ多いものが
宿《やど》る山
その認識《にんしき》は
縄文時代から
現代の我々まで
続いているのです
おもむろに
拝
ああ
そうなのです
人間以外の
チカラが様々な
ところに
働いている

ザワワ
ピヨー
わたしたちは
その感覚を
持った民族なのです
ザワワ
ケロケロ
大きな大きな
自然の中で
懸命《けんめい》に生きた人々から
産み出された
とっても不思議な
造形の色々は
「奇抜《きばつ》」なんかじゃなく
生きることへの
切実な欲求
魂からの発露《はつろ》なんだって
そんなふうに
思います
宮田遺跡(東京都)　国立歴史民俗博物館

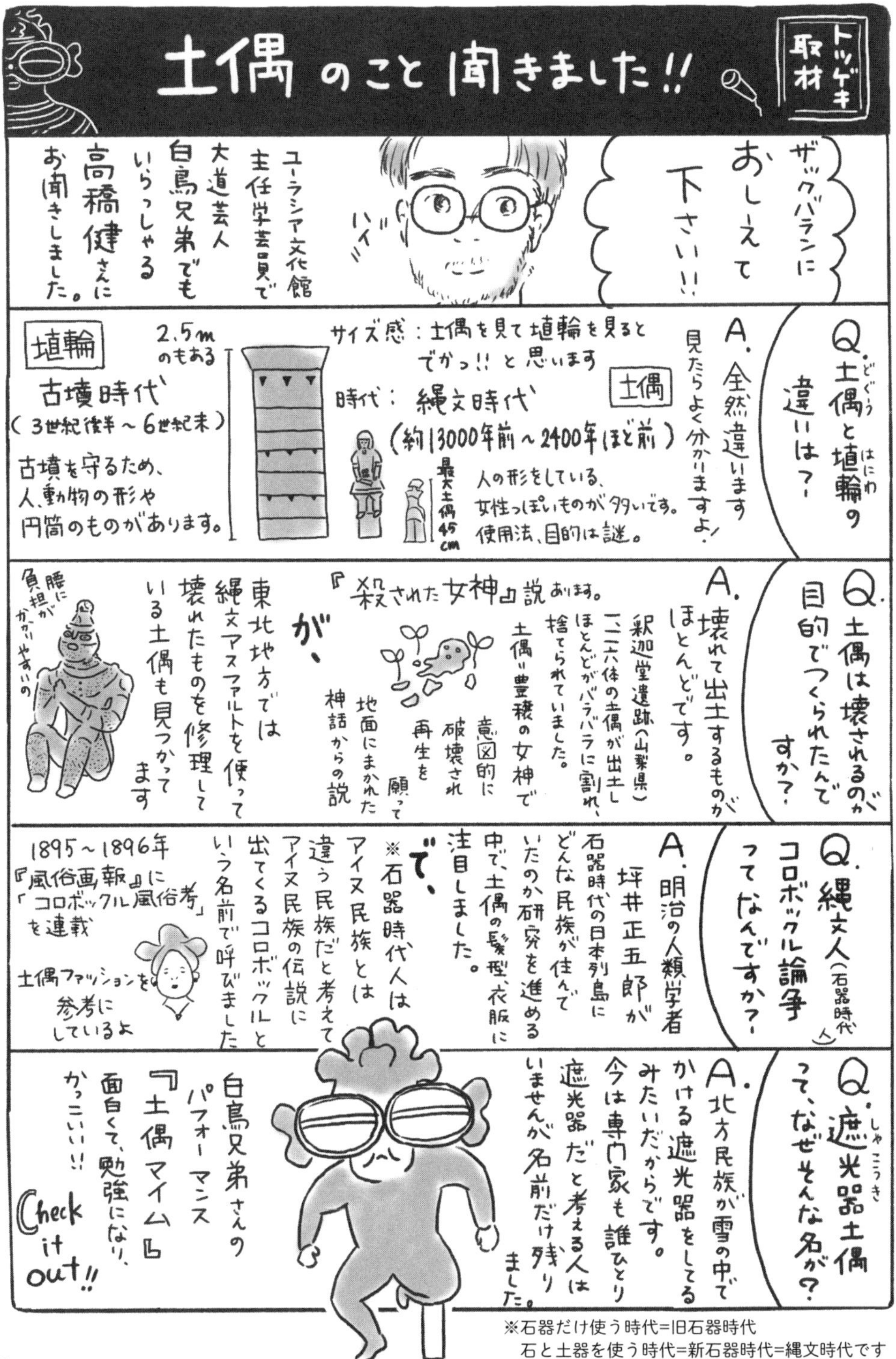
土偶のこと聞きました!!
トツゲキ取材
ザックバランにおしえて下さい!!
ハイ"
ユーラシア文化館主任学芸員で大道芸人白鳥兄弟でもいらっしゃる高橋健さんにお聞きしました。
Q.土偶《どぐう》と埴輪《はにわ》の違いは?
A.全然違います
見たらよく分かりますよ!
サイズ感：土偶を見て埴輪を見るとでかっ!! と思います
土偶
時代：縄文時代
（約13000年前～2400年ほど前）
最大土偶45cm
人の形をしている。女性っぽいものが多いです。使用法、目的は謎。
埴輪
2.5mのもある
古墳時代
（3世紀後半～6世紀末）
古墳を守るため、人、動物の形や円筒のものがあります。
Q.土偶は壊されるのが目的でつくられたんですか?
A.壊れて出土するものがほとんどです。
釈迦堂遺跡（山梨県）
二二六体の土偶が出土しほとんどがバラバラに割れ、捨てられていました。
『殺された女神』説あります。
土偶＝豊穣の女神で意図的に破壊され再生を願って地面にまかれた神話からの説
が、
東北地方では縄文アスファルトを使って壊れたものを修理している土偶も見つかってます
腰に負担がかかりやすいの
Q.縄文人（石器時代人）コロボックル論争ってなんですか?
A.明治の人類学者坪井正五郎が
石器時代の日本列島にどんな民族が住んでいたのか研究を進める中で、土偶の髪型、衣服に注目しました。
で、
※石器時代人はアイヌ民族とは違う民族だと考えてアイヌ民族の伝説に出てくるコロボックルという名前で呼びました
1895～1896年『風俗画報』に「コロボックル風俗考」を連載
土偶ファッションを参考にしているよ
Q.遮光器《しゃこうき》土偶って、なぜそんな名が?
A.北方民族が雪の中でかける遮光器をしてるみたいだからです。
今は専門家も誰ひとり遮光器だと考える人はいませんが名前だけ残りました。
白鳥兄弟さんのパフォーマンス『土偶マイム』
面白くて、勉強になり、かっこいい!!
Check it out!!

※石器だけ使う時代=旧石器時代
石と土器を使う時代=新石器時代=縄文時代です

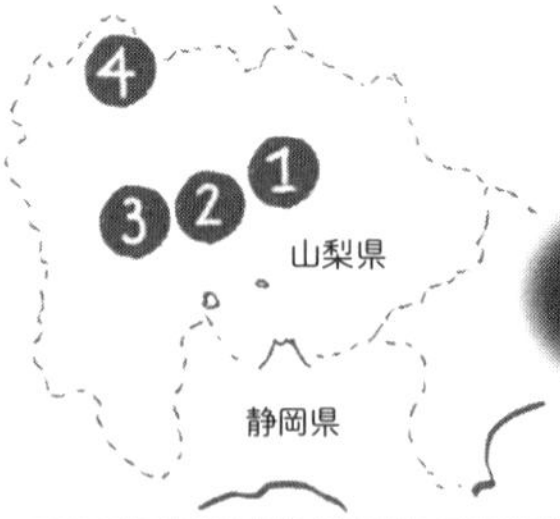
4
3
2
1
山梨県
静岡県

Let's go to the Jomon!

不思議クセ強 山梨編

1 釈迦堂《しゃかどう》遺跡博物館

山梨県笛吹市一宮町千米寺764

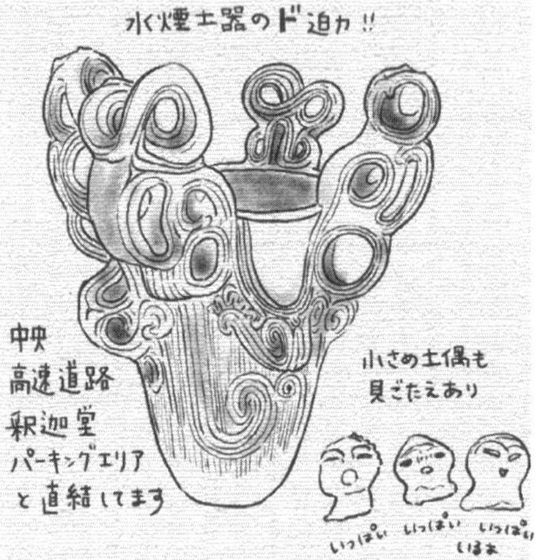
水煙土器のド迫力!!
中央
高速道路
釈迦堂
パーキングエリア
と直結してます
小さめ土偶も
見ごたえあり
いっぱい
いっぱい
いっぱい
いるよ

2 山梨県立考古博物館

山梨県甲府市下曽根町923

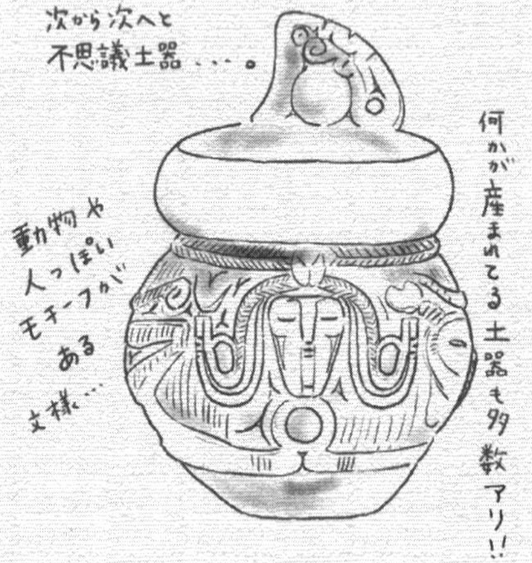
次から次へと
不思議土器・・・。
動物や
人っぽい
モチーフが
ある
文様・・・
何かが産まれてる土器も多数アリ!!

3 南アルプス市 ふるさと文化伝承館

山梨県南アルプス市野牛島2727

「有孔鍔付土器《ゆうこうつばつきどき》」と言います
孔《あな》が有って
鍔《つば》がついてます
蓋をして、
「お酒をつくる容器説」
や
「太鼓として使ってた説」
があります

4 北杜《ほくと》市考古資料館

山梨県北杜市大泉町谷戸2414

出産土器も
有名ですが
不思議な
デザインの土偶も気になる!!

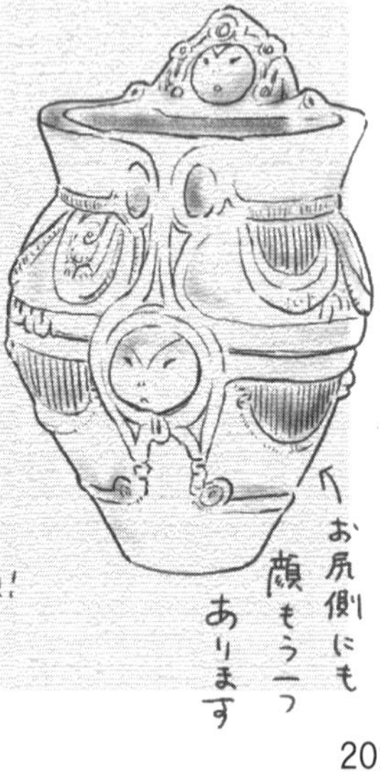
お尻側にも
顔もう一つ
あります

第9章

変わる埋葬

～眠りと祖先とまじないと～

縄文時代の人々の
お墓のイメージは
わたし、なんにも
ありませんでした。
全然考えたことが
なかったのです。

そういえば、土偶って
亡くなった人の表情
なのかなって、思って
ましたが、あんまり
お墓からは出土
しないみたいです
ね。
一回そう
見えちゃうと
もう全部が
・・・。

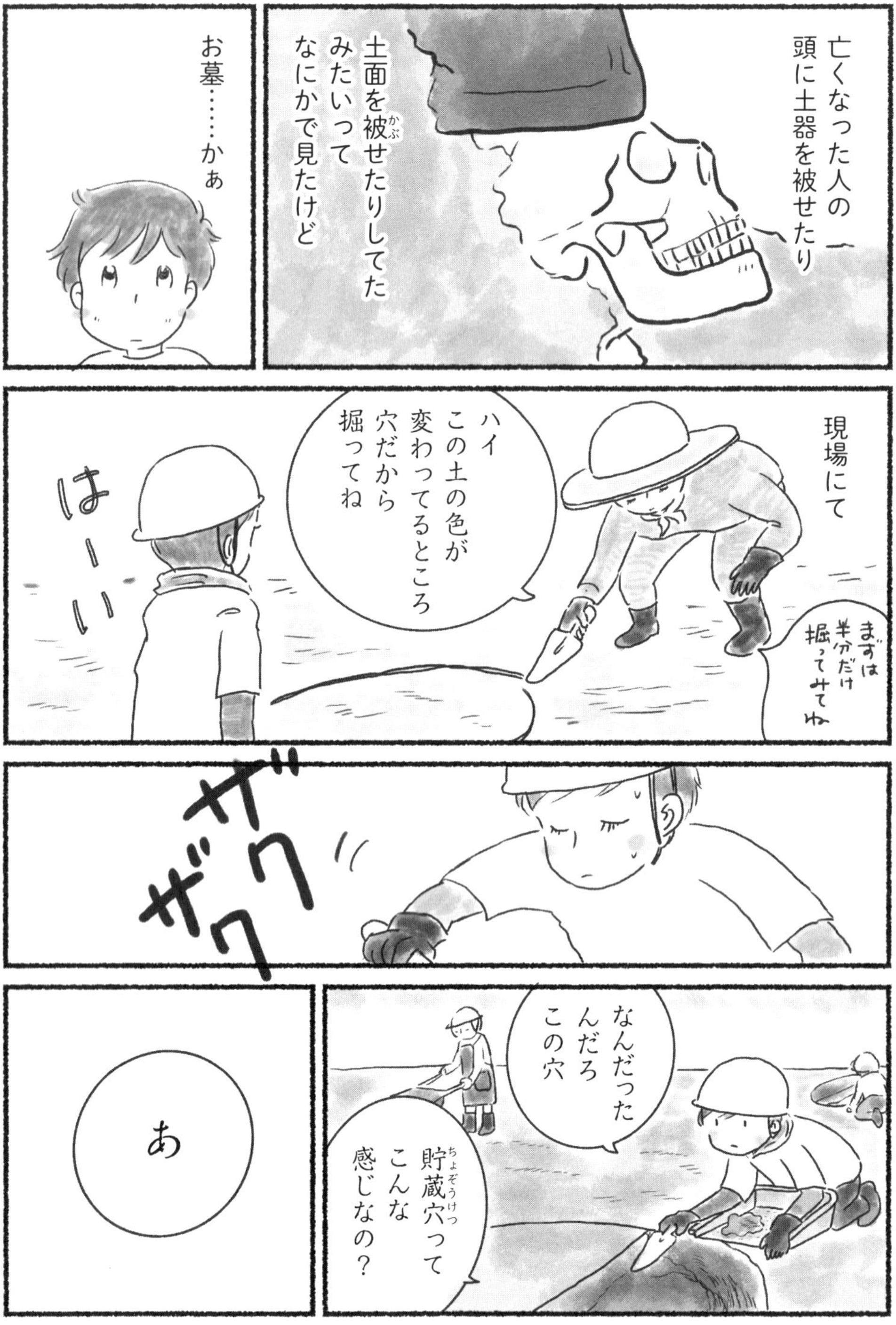

亡くなった人の頭に土器を被せたり
土面を被《かぶ》せたりしてたみたいってなにかで見たけど
お墓……かぁ
現場にて
ハイ この土の色が変わってるところ穴だから掘ってね
まずは半分だけ掘ってみてね
はーい
ザクザク
なんだったんだろ この穴
貯蔵穴《ちょぞうけつ》ってこんな感じなの？
あ

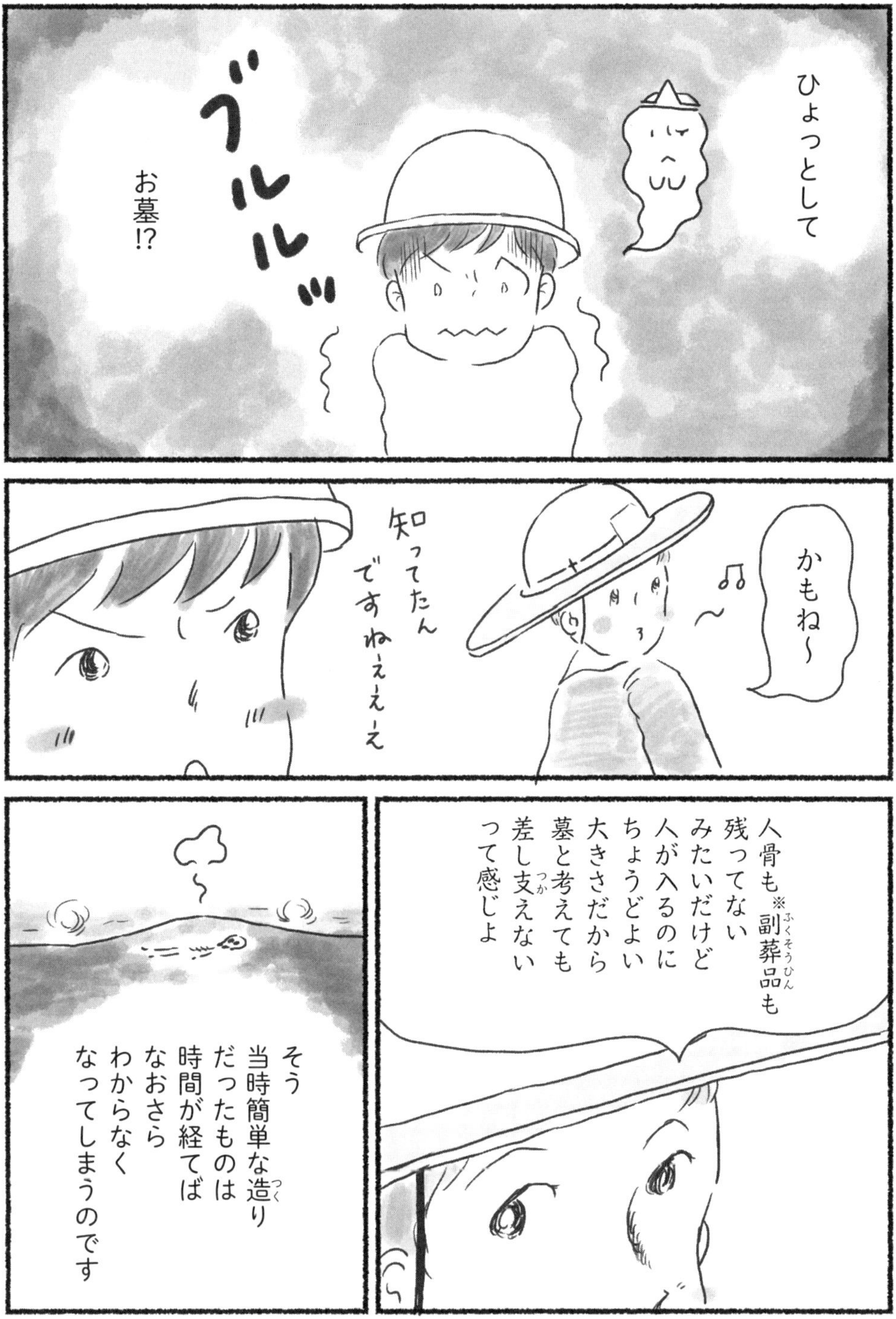
ひょっとして
お墓⁉
ブルルッ
かもね〜
知ってたんですねぇぇぇぇ
人骨も※副葬品《ふくそうひん》も残ってないみたいだけど人が入るのにちょうどよい大きさだから墓と考えても差し支《つか》えないって感じよ
そう当時簡単な造《つく》りだったものは時間が経てばなおさらわからなくなってしまうのです

※故人と一緒に墓に埋葬する物

THE
縄文時代の『墓』ってどんななんだろ
とある宴《うたげ》にて
宴もたけなわ
縄文後期のですねぇ
かながわ考古学財団
野坂知広《のさかともひろ》さん
墓なんですけど
キタァ♡
墓萌え♡
神奈川県伊勢原市や秦野市この辺りでは石組《いしぐ》みの墓が多く見つかっていて
中部高地の山の民と同じようなことをしています

ちゃんと計算して川から石を運んできています
この川からこのサイズをあと3つ
あとは海からも運んでくるゾ
えっ！テキトーに運んできてテキトーに並べてるんじゃないんですか!?
ハアアア わたし縄文人やる自信ないわあああ
おおざっぱ気質
Sigh
そして…
次の人のお墓を石1個分切り合って
重ねてつくっていってるんです

やっぱりそれは
縄文家の墓
血族《けつぞく》を表しているんでしょうか!?
やっぱり家族で入るものなの?
縄文時代の家族って?
うーん人骨は溶けてなくなってしまっていて
DNA鑑定《かんてい》などもできないのでわからないのですが
なんらかの関係性がある人たちなんでしょうねぇ
やはり親子なのかナ〜
鶏のカラあげ
玉子焼き
こういう時
ええ血縁《けつえん》のある一族なんでしょう
などといわない専門家の態度

最初は
物足りなかった
でも…
いまはこれが
過去を生きた人々にも
未来の人々にも
誠実な態度なんだって
わかる
だってね
これは、つい最近のお話
考古学協会の研究発表で

※DNAは母親からだけ受け継がれるミトコンドリアDNAと両親からの遺伝情報を受け継ぐ核DNAがあります

え!
え――っ!!
ギュッ
そうかっ
女性と赤ちゃんがセットなら
それは血の繋《つな》がった
母子《ははこ》
これこそが
現代を生きる私たちの
色眼鏡《いろめがね》ガッツリ案件なのですっ!

核DNAの結果は
これからなので
父親を介した
おばあさんと
孫という
可能性はあります
先生っ!!
山田先生!!
質問がありますっ!

合葬墓って
事件の可能性はないんですか？
同時に人が死ぬって不自然です
例えば赤ちゃん王子にお供するように侍女《じじょ》が殺された……とか
ああ
あの女性の人骨には刺されたとか突き落とされたとかそういう外傷はありません
不幸にも同じ時期に亡くなって
合葬された2人なのでしょう

ハハハ
そーうですか
ついドラマ性求めちゃって
すみません
※殉死《じゅんし》なのでは？と
階層《かいそう》があったと
考えられた時期も
あったのですが
わたしの考えは
縄文時代は
『階層社会』ではなく
ある場面では
シャーマンが
ある場面では
長老が
クリの木は
硬いから
建物つくるのに
いいぞ
ある場面では
現場監督？が
狩りにいくぞ
オレが
指揮を
とる!!
場面場面で
違うリーダーが
団体を率いる
『多頭社会《たとうしゃかい》』だったと
考えています
考察中……
自然相手の
縄文時代
うわーー
天災だー
獣があ
儀礼
やるぞう
食料が
呪術
やるぞ
米つくり
システム社会
弥生以降
我に従えば
米がたくさん
安泰なりーっ
まつりごと
つかさどる人
役人
一般庶民
あらゆることが
起きる自然相手では
一人の権力者に
従って…では
生き抜けなかったのかも

※臣下《しんか》や妻子が死者に随従するために自殺したり殺されたりすること

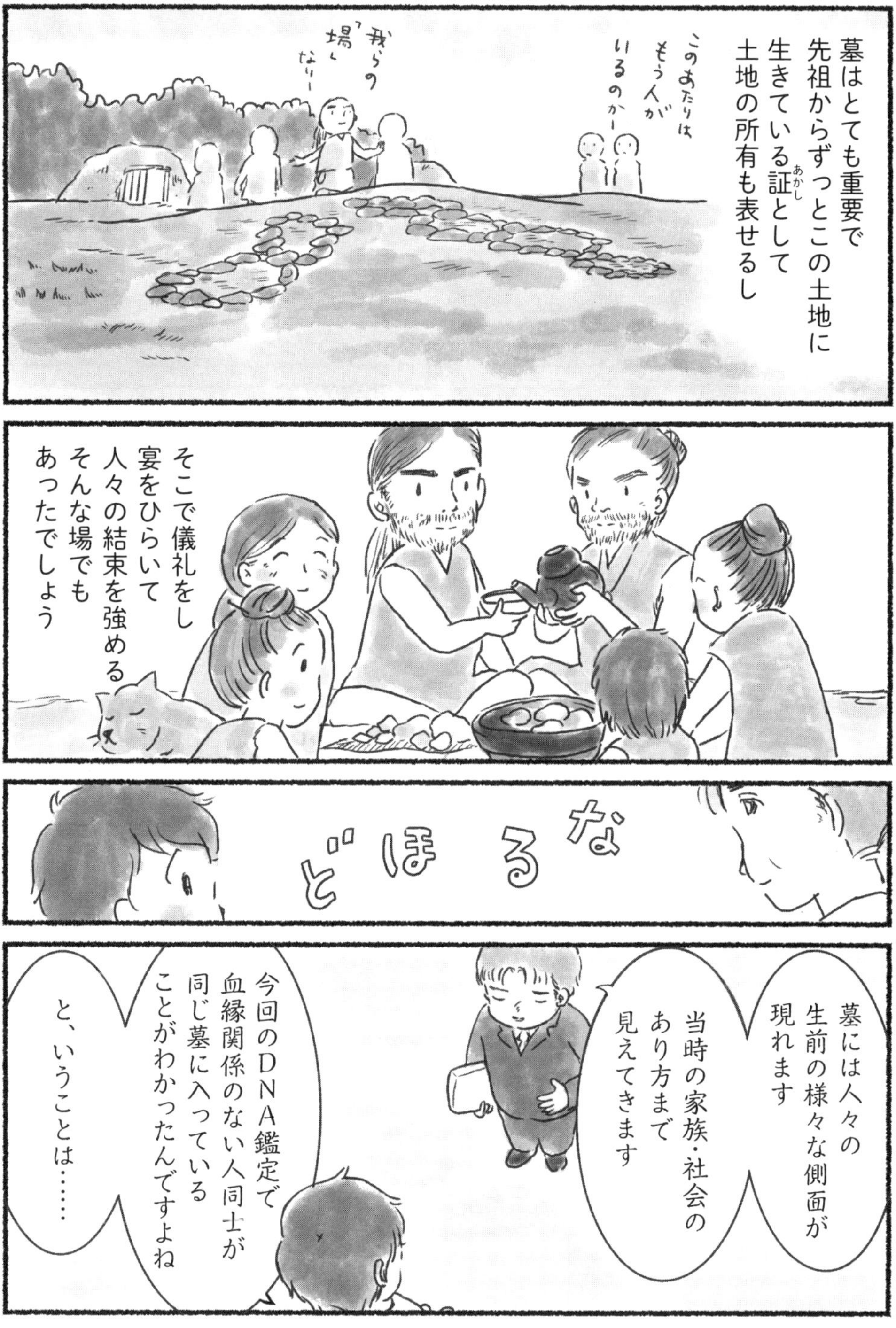
墓はとても重要で
先祖からずっとこの土地に
生きている証《あかし》として
土地の所有も表せるし
このあたりは
もう人が
いるのかー
我らの
「場」
なりー
そこで儀礼をし
宴をひらいて
人々の結束を強める
そんな場でも
あったでしょう
どほるな
墓には人々の
生前の様々な側面が
現れます
当時の家族・社会の
あり方まで
見えてきます
今回のDNA鑑定で
血縁関係のない人同士が
同じ墓に入っている
ことがわかったんですよね
と、いうことは……

家族のあり方自体が現代の核家族中心とは大きく違っていたはずです
再婚や養子縁組 血縁以外の家族の成立 再構築《さいこうちく》もありえたでしょう
一夫《いっぷ》多《た》妻制《さいせい》も？
人口数が少ない中で集団維持をするのですから
大いにありえると思いますよ
ワオッ
一妻多夫とか…
蝦島《えびしま》貝塚（岩手県）縄文時代晩期の貝塚で89体の人骨が出土しています
その埋葬方向、近接《きんせつ》状況や抜歯の状況で血縁関係や婚姻《こんいん》の研究がされてきた墓なのですが
抜歯いろいろ
なんらかの血縁関係があると推測《すいそく》されてきた人骨6体をミトコンドリアDNA鑑定をしたところ血縁関係はなく母と子というつながりもありませんでした
どのやり方でも痛い!! それはわかります。。。
近年、今までの研究を覆《くつがえ》すような発見がされているのです
縄文時代の人々のお墓を…

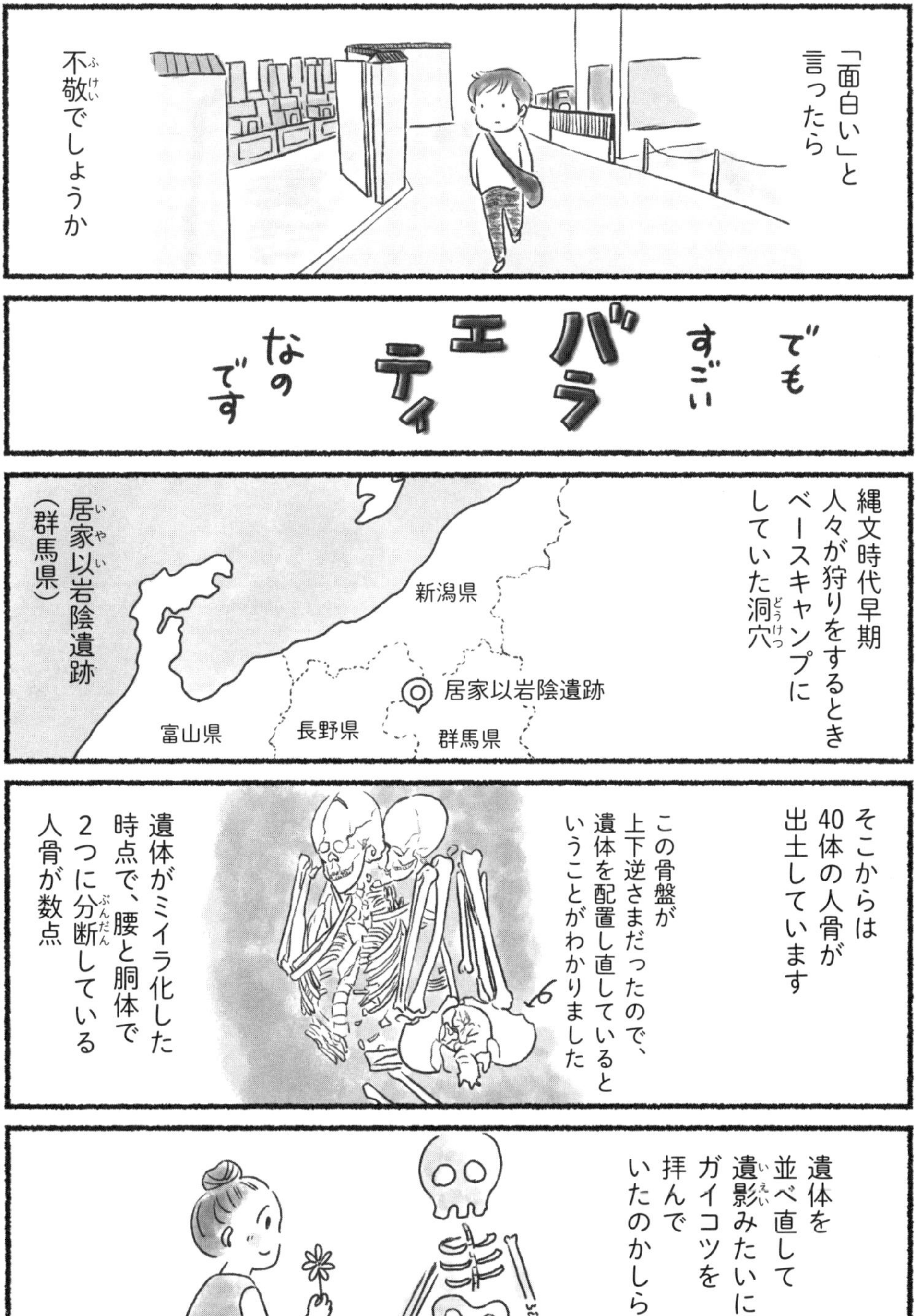
「面白い」と言ったら
不敬《ふけい》でしょうか
でもすごいバラエティなのです
縄文時代早期人々が狩りをするときベースキャンプにしていた洞穴《どうけつ》
居《い》家《や》以《い》岩陰遺跡（群馬県）
新潟県
居家以岩陰遺跡
富山県
長野県
群馬県
そこからは40体の人骨が出土しています
この骨盤が上下逆さまだったので、遺体を配置し直しているということがわかりました
遺体がミイラ化した時点で、腰と胴体で2つに分断《ぶんだん》している人骨が数点
遺体を並べ直して遺影《いえい》みたいにガイコツを拝んでいたのかしら

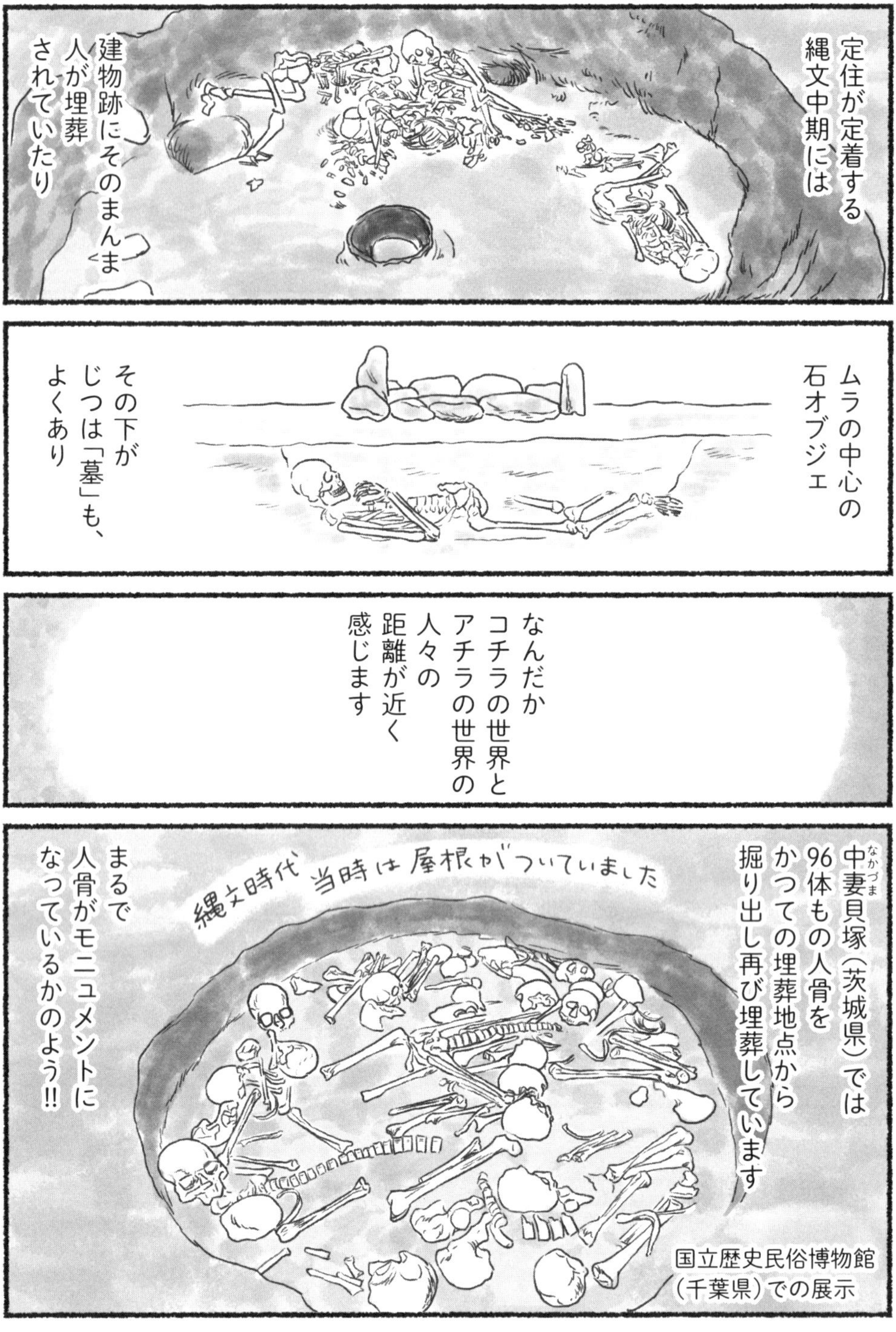
定住が定着する
縄文中期には
建物跡にそのまんま
人が埋葬
されていたり
ムラの中心の
石オブジェ
その下が
じつは「墓」も、
よくあり
なんだか
コチラの世界と
アチラの世界の
人々の
距離が近く
感じます
中妻《なかづま》貝塚（茨城県）では
96体もの人骨を
かつての埋葬地点から
掘り出し再び埋葬しています
縄文時代 当時は屋根がついていました
まるで
人骨がモニュメントに
なっているかのよう!!
国立歴史民俗博物館
（千葉県）での展示

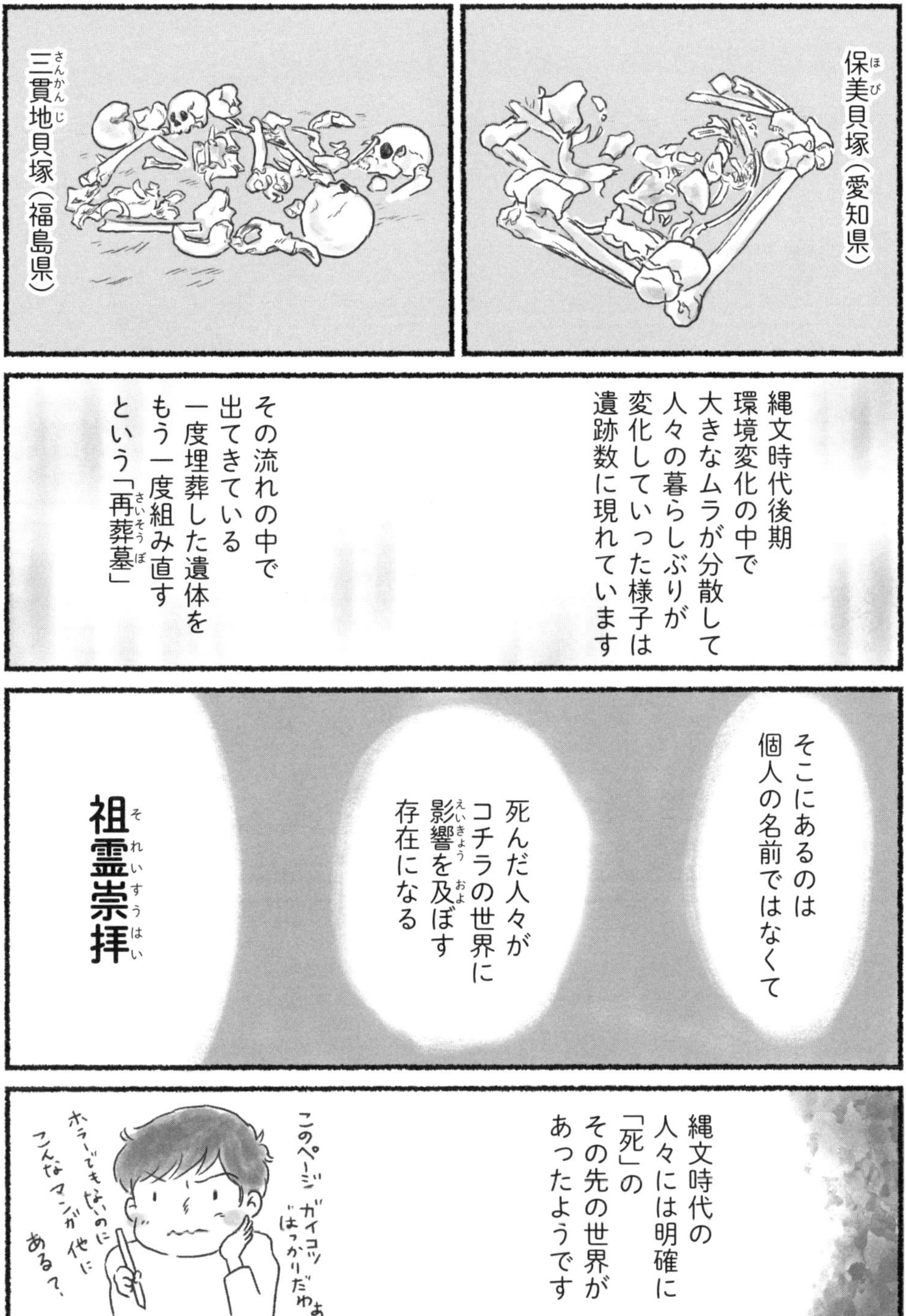
保美《ほび》貝塚（愛知県）
三貫地《さんかんじ》貝塚（福島県）
縄文時代後期
環境変化の中で
大きなムラが分散して
人々の暮らしぶりが
変化していった様子は
遺跡数に現れています
その流れの中で
出てきている
一度埋葬した遺体を
もう一度組み直す
という「再葬墓《さいそうぼ》」
そこにあるのは
個人の名前ではなくて
死んだ人々が
コチラの世界に
影響《えいきょう》を及《およ》ぼす
存在になる
祖《そ》霊《れい》崇《すう》拝《はい》
縄文時代の
人々には明確に
「死」の
その先の世界が
あったようです
このページ ガイコツばっかりだわぁ
ホラーでもないのに こんなマンガが他にあるって、

そして
赤ちゃんの埋葬
そう
今日の作業は
接合ですっ!!
この破片たちをくっつけてありし日の姿にっ!!
事務所で扱う土器
大抵は壊れています
だって、使っていて壊れたものが役目を終えて地面に埋もれるそれが普通

でも
来ました
完形《かんけい》（完全なカタチ）
完形で土から出てくる
ということは
まだまだ使えるにも
かかわらず
そこに置かれた
と、いうこと
考えられるのは
儀礼か呪術か
埋葬
きっと今より
バカスカ
命が
失われる
中で

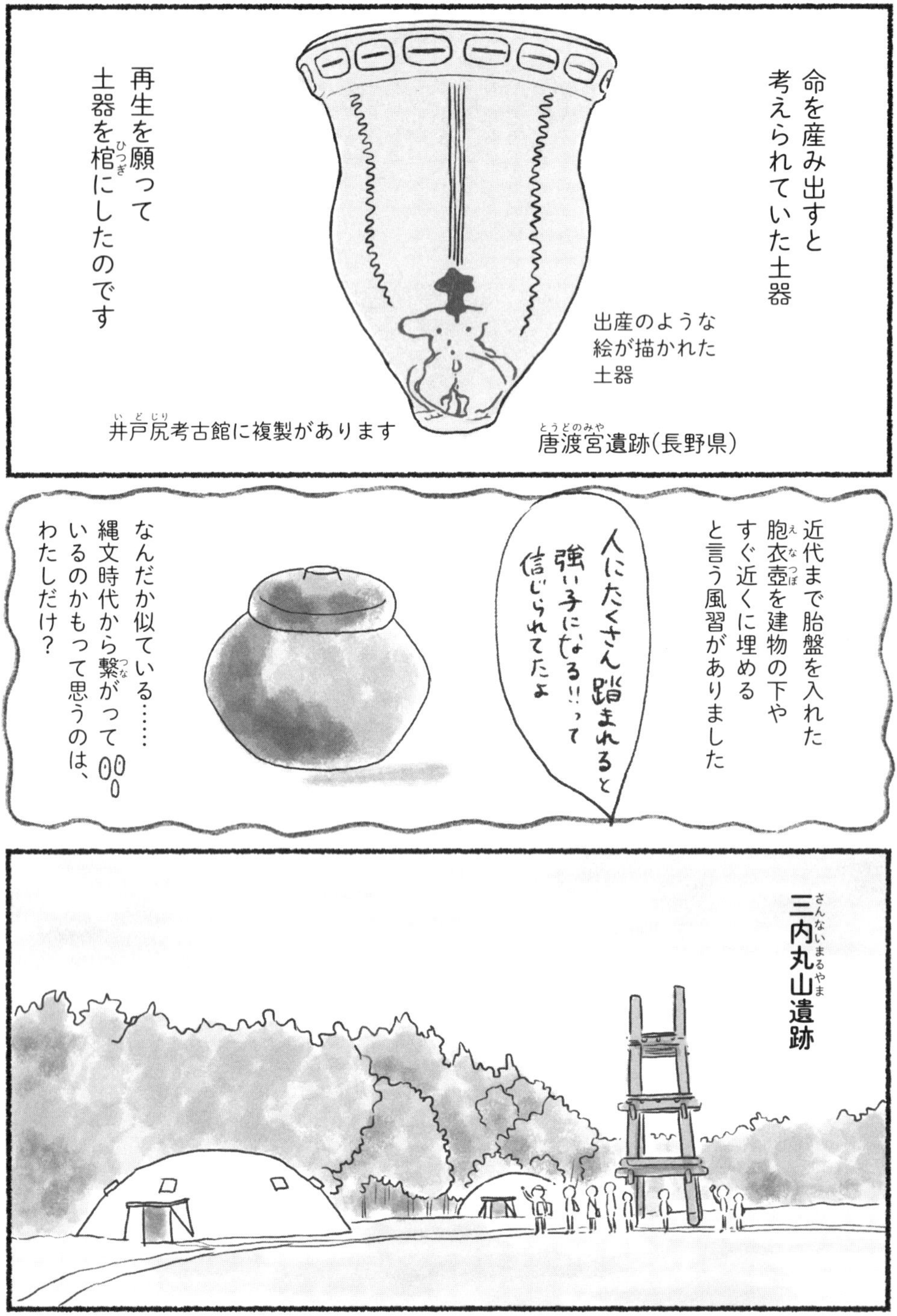
命を産み出すと考えられていた土器
出産のような絵が描かれた土器
唐渡宮《とうどのみや》遺跡(長野県)
井《い》戸《ど》尻《じり》考古館に複製があります
再生を願って土器を棺《ひつぎ》にしたのです
近代まで胎盤を入れた胞《え》衣《な》壺《つぼ》を建物の下やすぐ近くに埋めると言う風習がありました
人にたくさん踏まれると強い子になる!!って信じられてたよ
なんだか似ている……縄文時代から繋《つな》がっているのかもって思うのは、わたしだけ？
三内丸山《さんないまるやま》遺跡

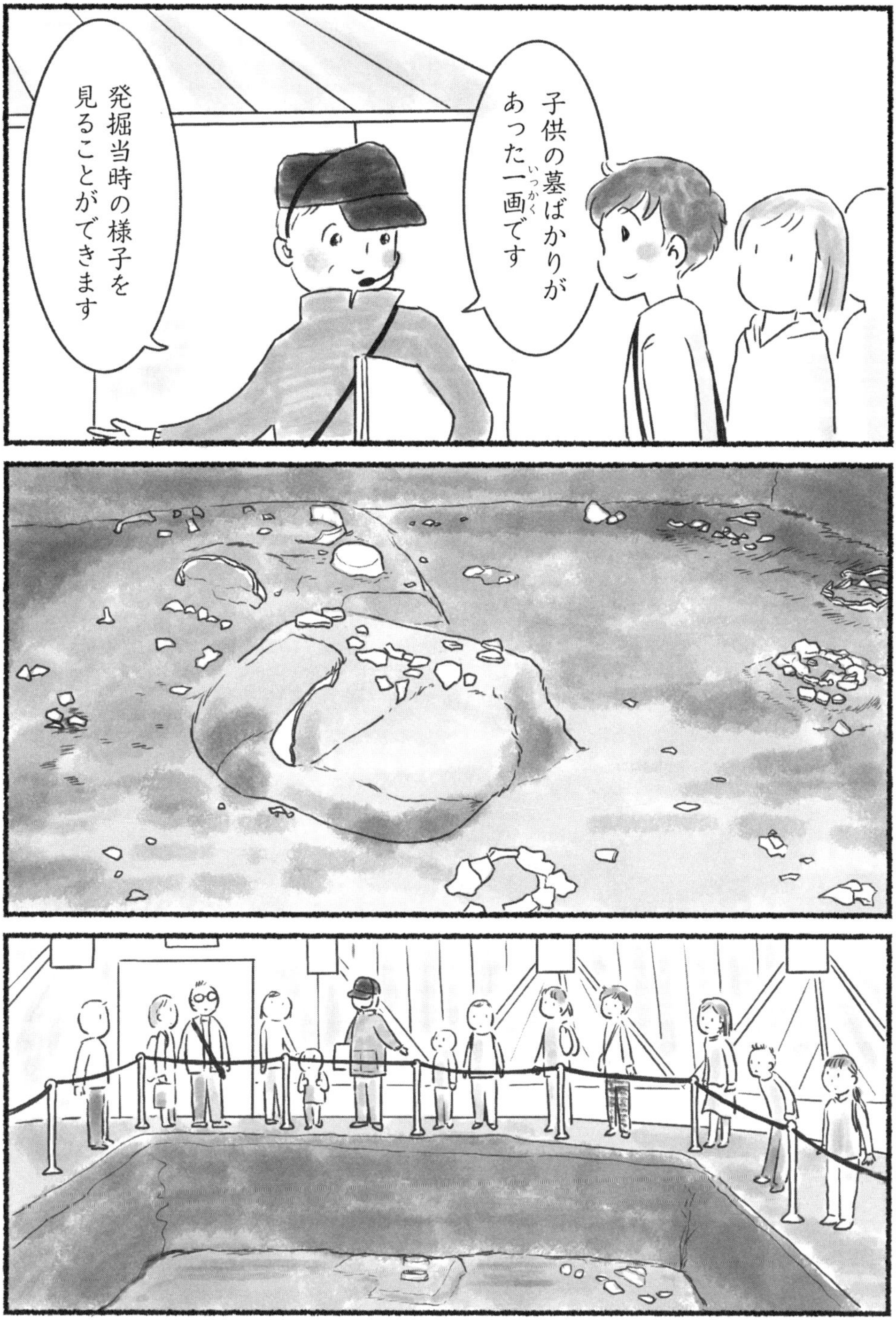
子供の墓ばかりがあった一画《いっかく》です
発掘当時の様子を見ることができます

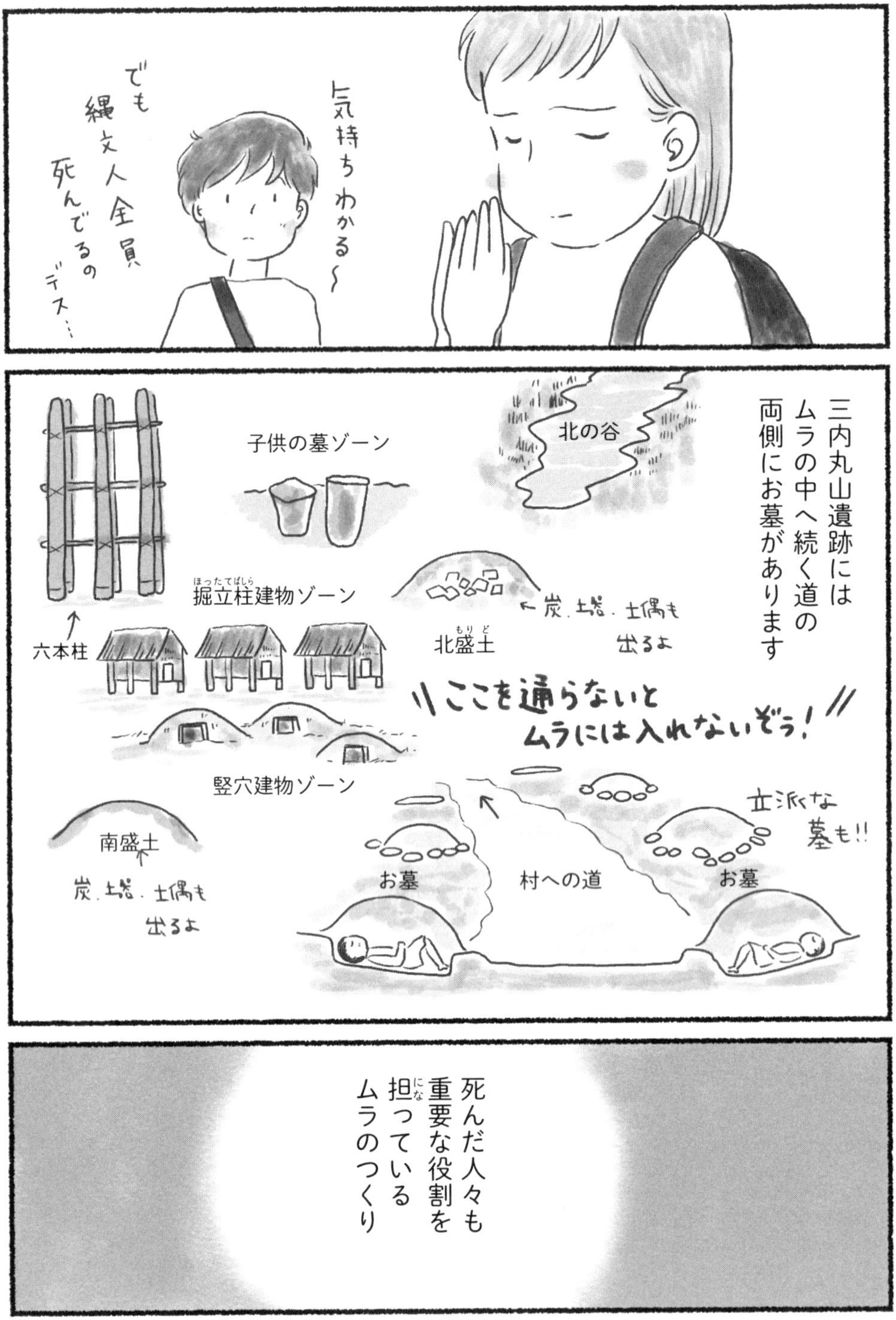
気持ちわかる〜
でも縄文人全員死んでるのデス…
三内丸山遺跡にはムラの中へ続く道の両側にお墓があります
北の谷
子供の墓ゾーン
掘立柱《ほったてばしら》建物ゾーン
六本柱
北盛《もり》土《ど》
←炭、土器、土偶も出るよ
ここを通らないとムラには入れないぞぅ!
竪穴建物ゾーン
南盛土
炭、土器、土偶も出るよ
立派な墓も!!
お墓
村への道
お墓
死んだ人々も重要な役割を担《にな》っているムラのつくり

金生《きんせい》遺跡（山梨県）には
墓域《ぼいき》の横に、墓守《はかもり》の家だった
ような大型の建物があります

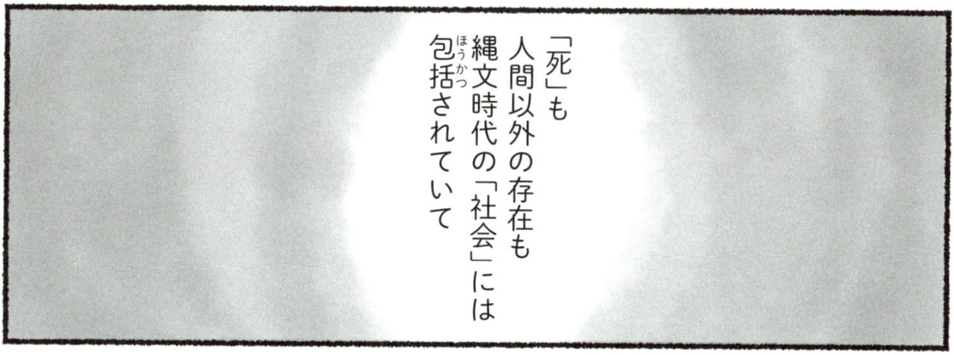
「死」も
人間以外の存在も
縄文時代の「社会」には
包括《ほうかつ》されていて

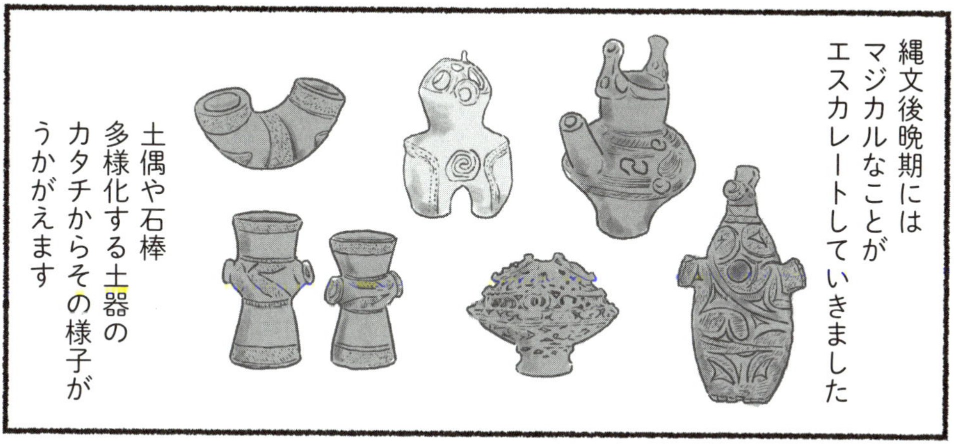
縄文後晩期には
マジカルなことが
エスカレートしていきました
土偶や石棒
多様化する土器の
カタチからその様子が
うかがえます

※亀ヶ岡式土器の正式名称は「大洞式土器」といいます

やがて人々は変化を迎えます

きっと根底には同じ願い

縄文時代が終わるのです

私自身に見る日本人の多様性みたいなことを考えた話

イトコ(父方)のケイコちゃんは歯科衛生士になる勉強をしているときにびっくりしたという
え
歯の裏がシャベルって、何？
そんな人いる？
教科書
ケイコの歯の裏、平らなんだよ
しょーこちゃんどうなってる？
わたし、シャベル!!
それって、縄文人からの形質※って、聞いたことあるよ！
むしろ、めずらしいって！
また、イトコ(母方)のケンちゃんは
オレの耳アカ湿ってるよ
わたしは、乾いてるよ!!
それって、縄文人からの形質って、聞いたことあるよ！
案外すぐ近くに縄文人の
なごりが…。

※生物個体がもつ形や性質、機能などの特徴のこと

面白かったなぁ…。
吉野ケ里遺跡(佐賀県)の、展示で見た弥生人の復顔像
在来(縄文)系弥生人
(大友遺跡)
50km しか離れてない遺跡
渡来系弥生人
(吉野ケ里遺跡)
明治のドイツ人医師E・フォンベルツ日本人2タイプ説を、主張したよ。
薩摩タイプ
長州タイプ
様々なルーツの人たちが、
混ざりに混ざって、
母、新潟県出身
わたし
夫 山梨県
父、島根県出身
まだまだ混ざる…。
そして様々な文化。
日本列島にはいろんなモノがのっかっている。
北の文化
北のボカシの地域
中の文化
南のボカシの地域
南の文化
「弥生時代以降の日本列島の文化」
出典:考古学でつづる日本史　藤本強　同成社　2008

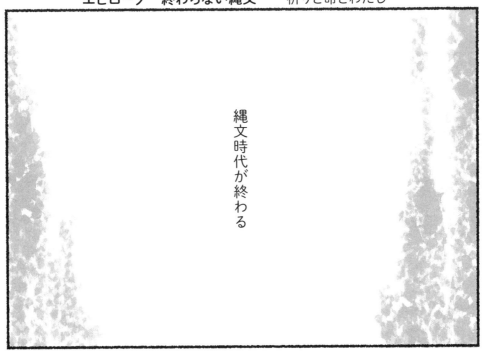

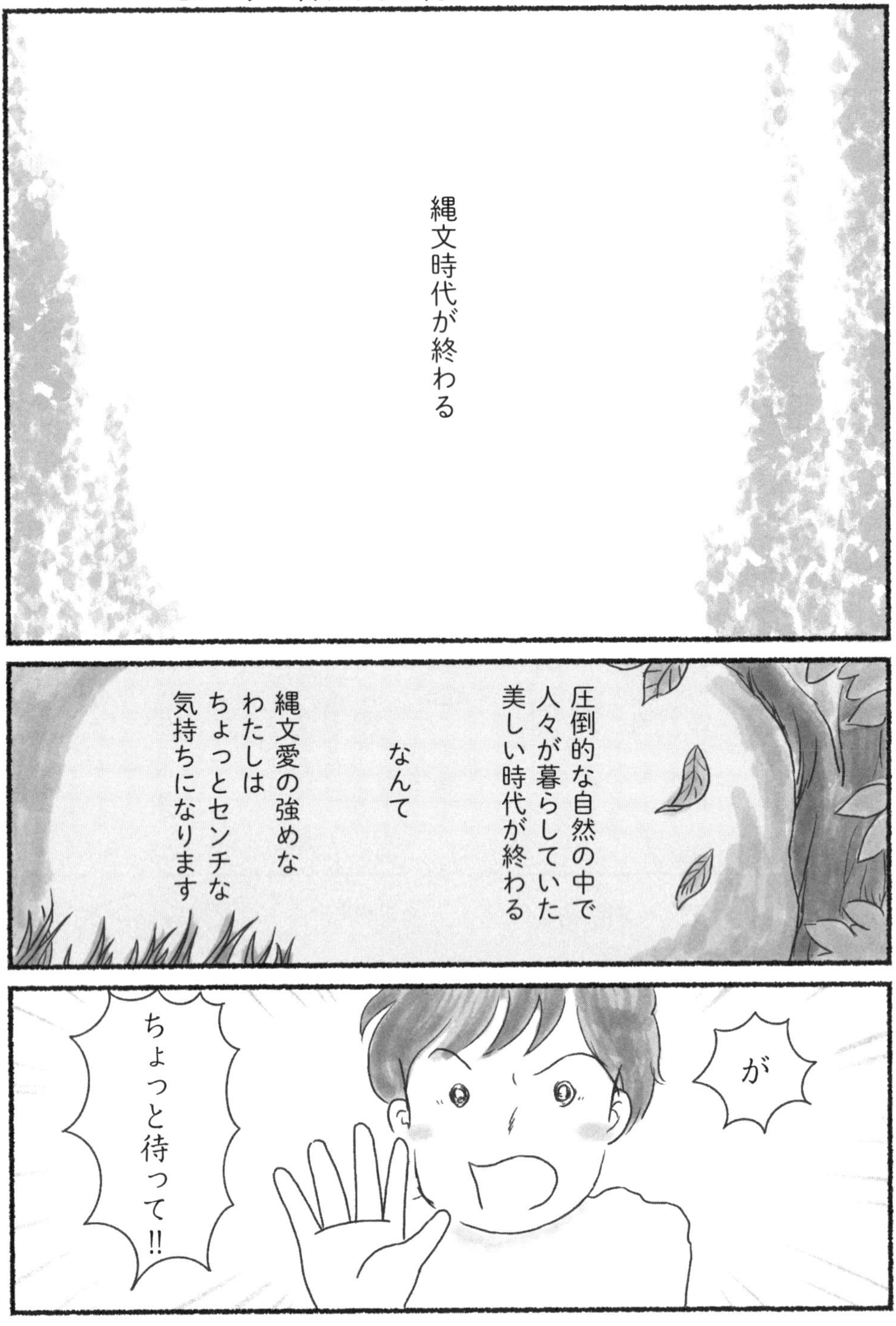
縄文時代が終わる
圧倒的な自然の中で人々が暮らしていた美しい時代が終わる
なんて
縄文愛の強めなわたしはちょっとセンチな気持ちになります
が
ちょっと待って!!

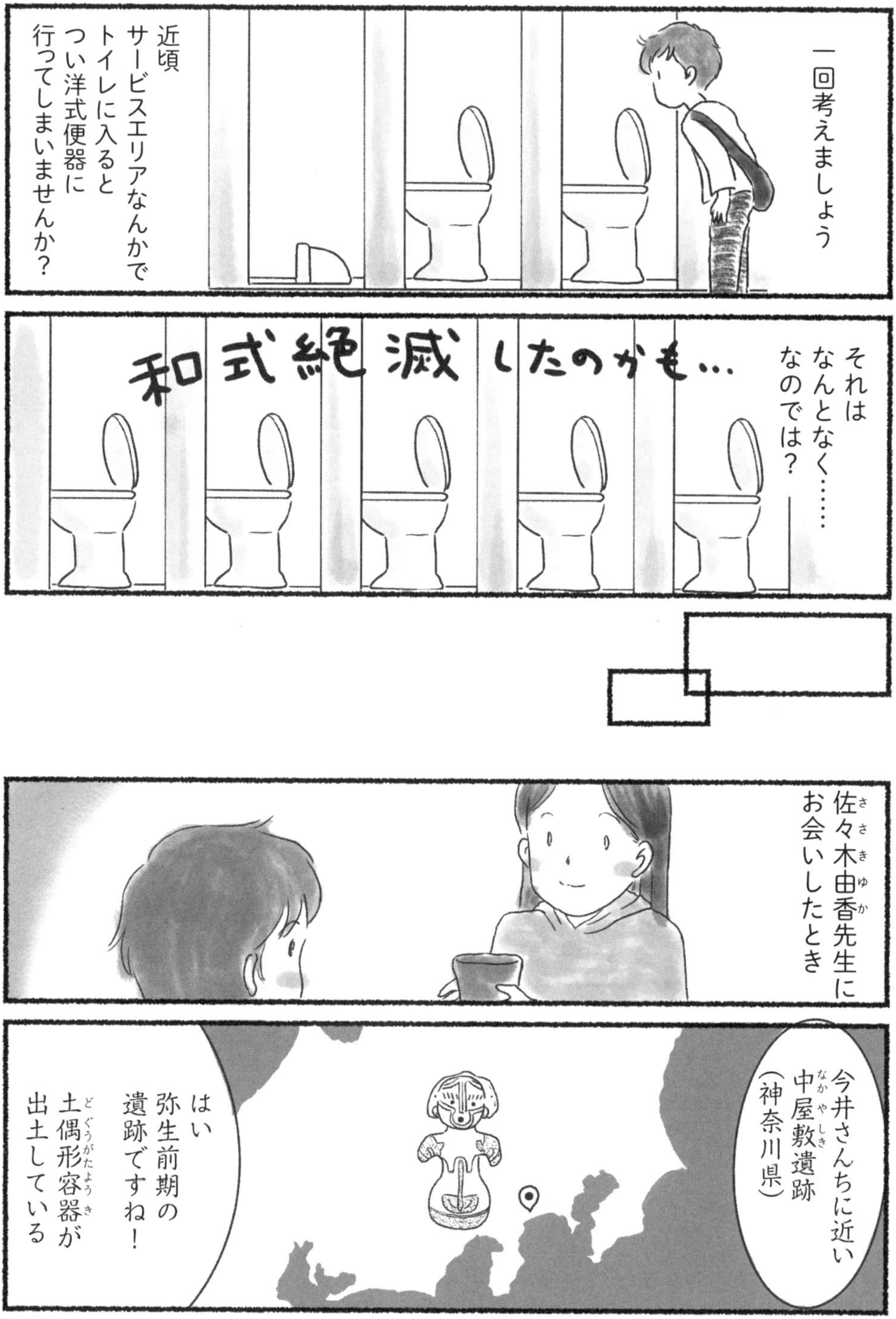
一回考えましょう
近頃サービスエリアなんかでトイレに入るとつい洋式便器に行ってしまいませんか？
それはなんとなく……なのでは？
和式絶滅したのかも…
佐々木由香《ささきゆか》先生にお会いしたとき
今井さんちに近い中屋敷《なかやしき》遺跡（神奈川県）
はい弥生前期の遺跡ですね！土偶形容器《どぐうがたようき》が出土している

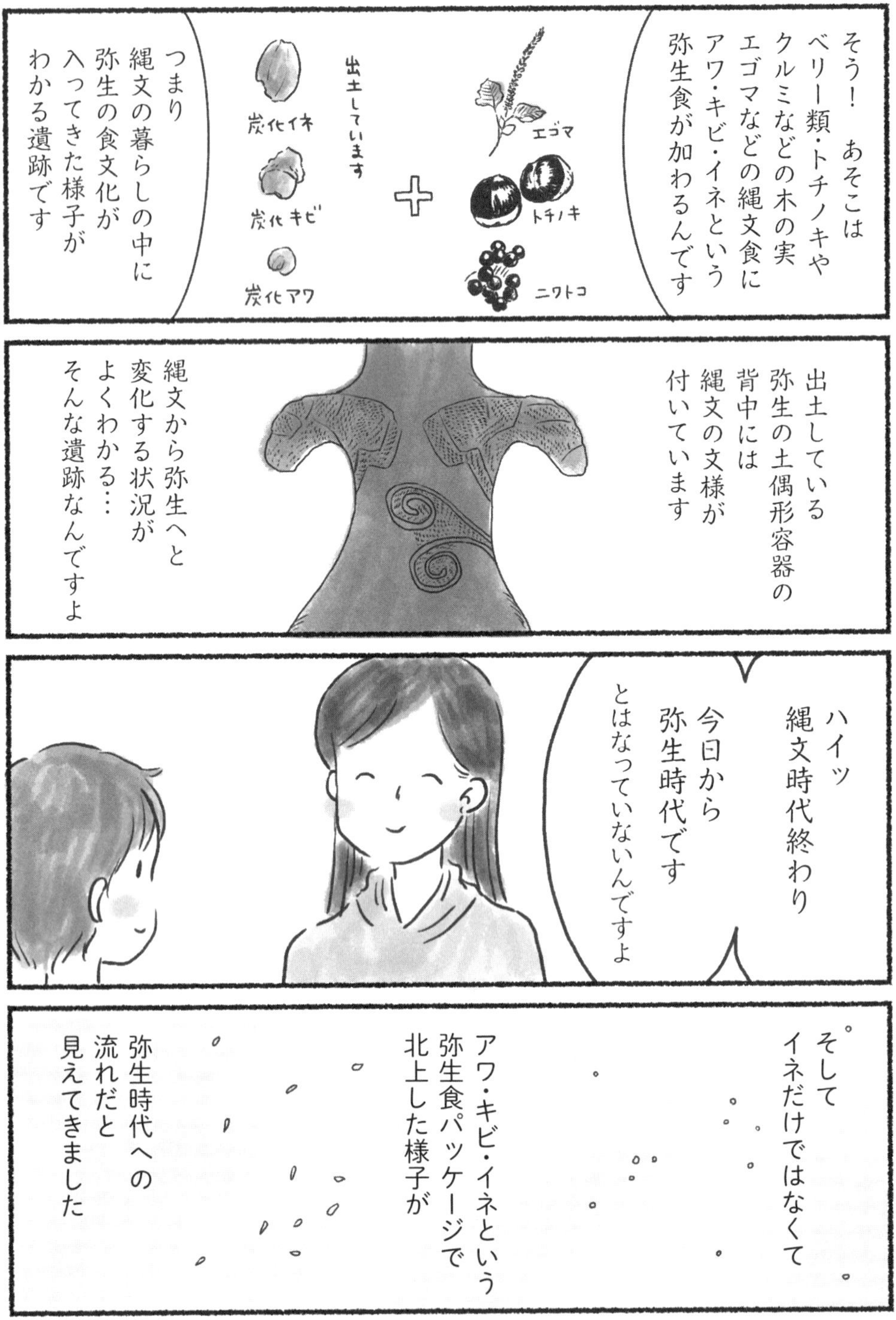
そう！　あそこは
ベリー類・トチノキや
クルミなどの木の実
エゴマなどの縄文食に
アワ・キビ・イネという
弥生食が加わるんです
エゴマ
トチノキ
ニワトコ
出土しています
炭化イネ
炭化キビ
炭化アワ
つまり
縄文の暮らしの中に
弥生の食文化が
入ってきた様子が
わかる遺跡です
出土している
弥生の土偶形容器の
背中には
縄文の文様が
付いています
縄文から弥生へと
変化する状況が
よくわかる…
そんな遺跡なんですよ
ハイッ
縄文時代終わり
今日から
弥生時代です
とはなっていないんですよ
そして
イネだけではなくて
アワ・キビ・イネという
弥生食パッケージで
北上した様子が
弥生時代への
流れだと
見えてきました

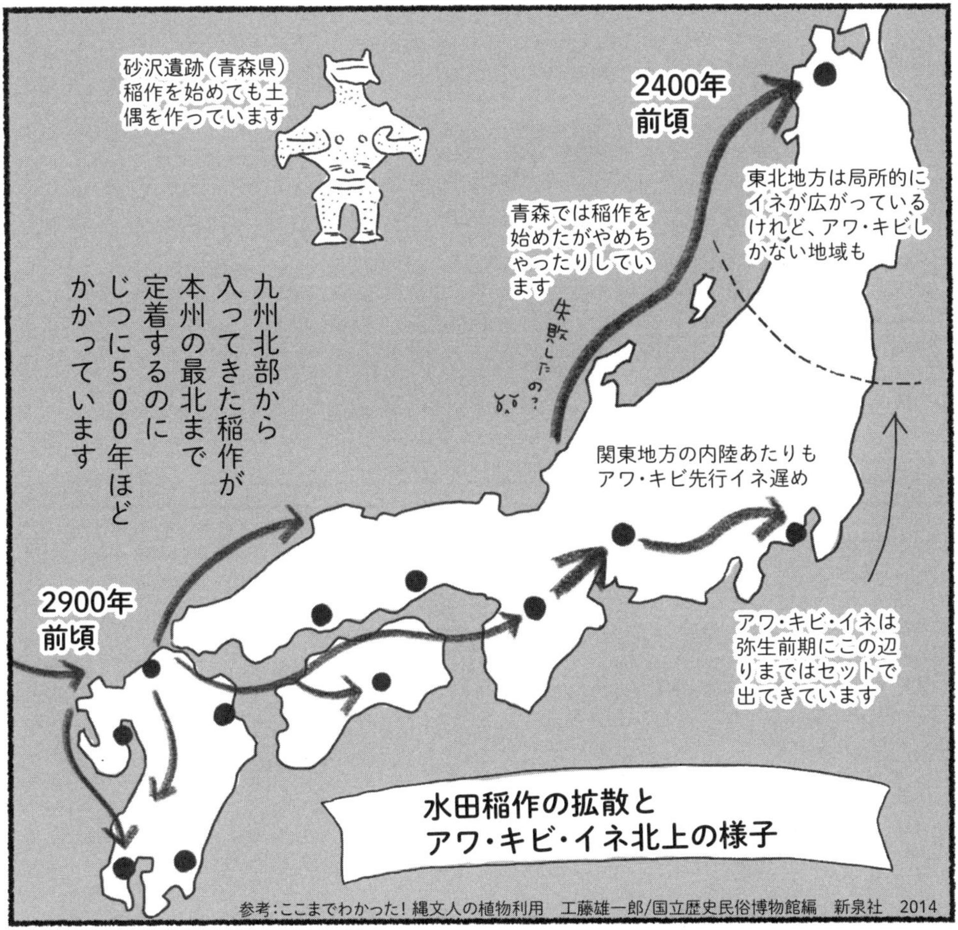
2400年
前頃
砂沢遺跡（青森県）
稲作を始めても土
偶を作っています
東北地方は局所的に
イネが広がっている
けれど、アワ・キビし
かない地域も
青森では稲作を
始めたがやめち
ゃったりしてい
ます
失敗したの？
九州北部から
入ってきた稲作が
本州の最北まで
定着するのに
じつに500年ほど
かかっています
関東地方の内陸あたりも
アワ・キビ先行イネ遅め
2900年
前頃
アワ・キビ・イネは
弥生前期にこの辺
りまではセットで
出てきています
水田稲作の拡散と
アワ・キビ・イネ北上の様子
参考：ここまでわかった！縄文人の植物利用　工藤雄一郎/国立歴史民俗博物館編　新泉社　2014

縄文時代の人々も
自然に手を入れ
東日本では
有用植物を
管理栽培する
ムラをつくっていました

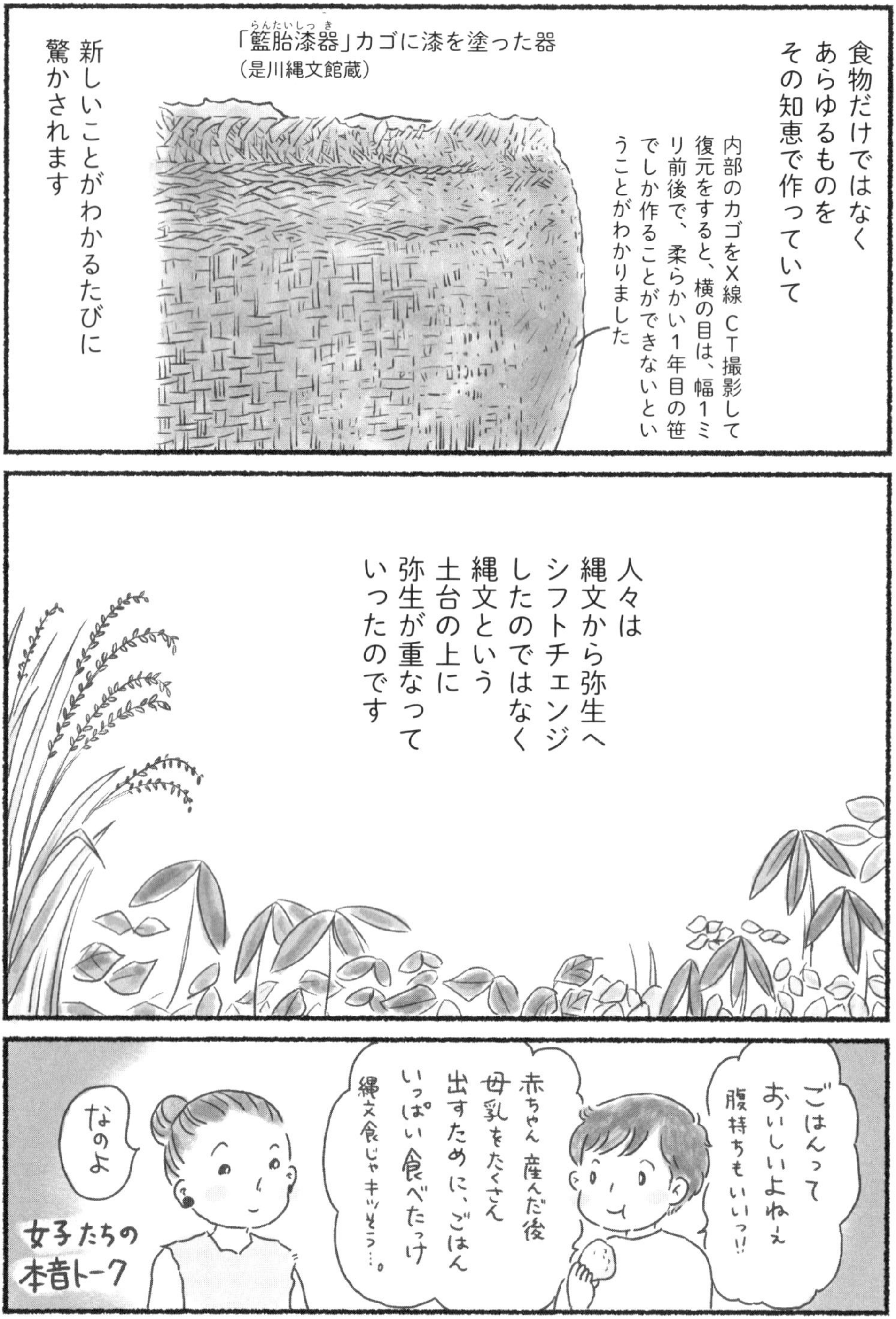
食物だけではなく
あらゆるものを
その知恵で作っていて
内部のカゴをX線CT撮影して復元をすると、横の目は、幅1ミリ前後で、柔らかい1年目の笹でしか作ることができないということがわかりました
「藍胎漆器《らんたいしっき》」カゴに漆を塗った器
（是川縄文館蔵）
新しいことがわかるたびに
驚かされます
人々は
縄文から弥生へ
シフトチェンジ
したのではなく
縄文という
土台の上に
弥生が重なって
いったのです
ごはんって
おいしいよねぇ
腹持ちもいいっ!!
赤ちゃん産んだ後
母乳をたくさん
出すために、ごはん
いっぱい食べたっけ
縄文食じゃキツそう…。
なのよ
女子たちの
本音トーク

やがて稲作の規模が大きくなっていき
灌漑《かんがい》施設を伴《ともな》うムラを作ります
それはつまり「都市」を作ること
人々は管理栽培を大掛かりに行うようになっていったのです
農耕をはじめると人口が増えます
人口増加率
狩猟採集民 0.01%
農耕民 0.1%
近代 2%

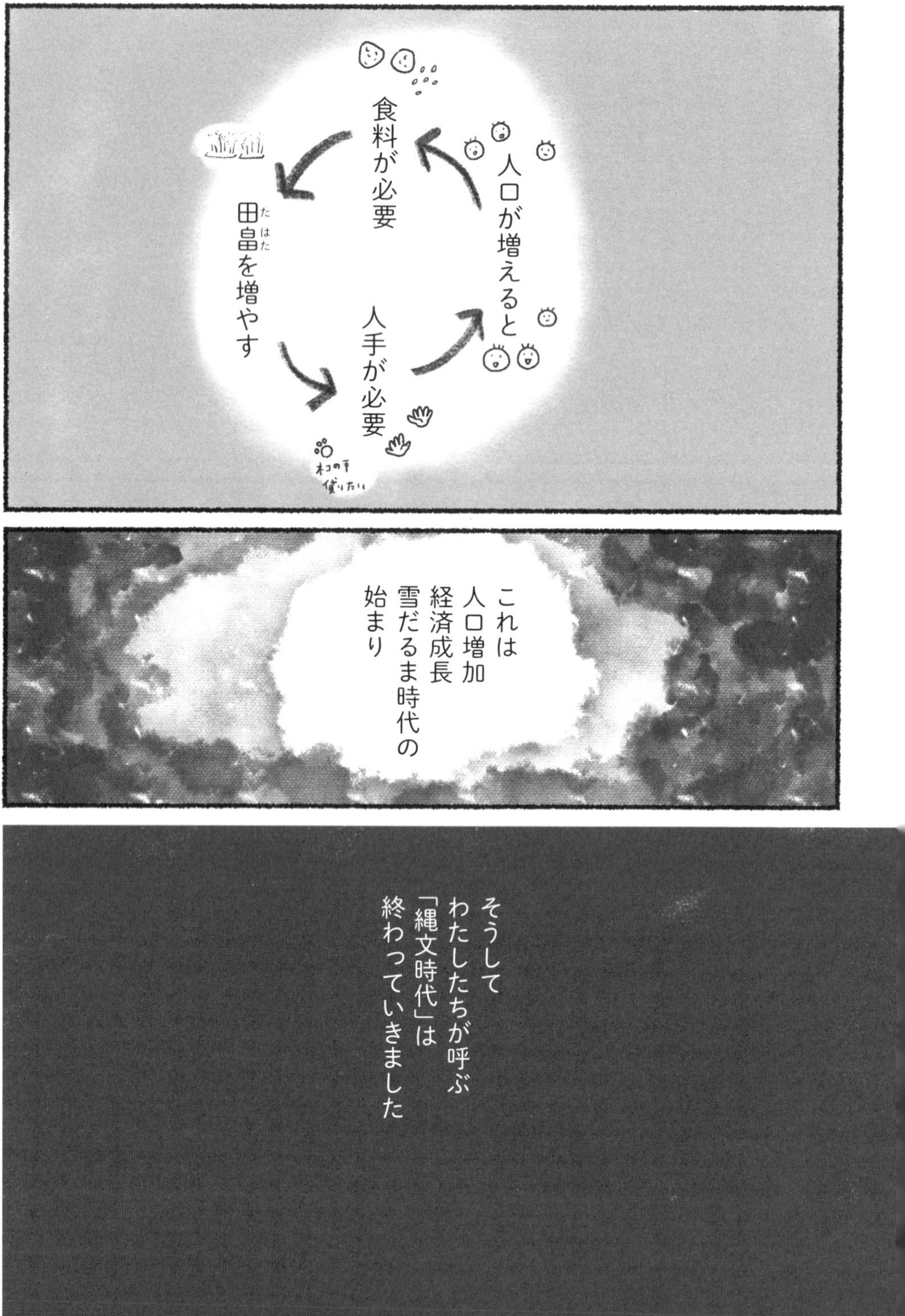

人口が増えると
食料が必要
田畠《たはた》を増やす
人手が必要
ネコの手
借りたい
これは
人口増加
経済成長
雪だるま時代の
始まり
そうして
わたしたちが呼ぶ
「縄文時代」は
終わっていきました

カッ
ゾロ
ゾロ
ピッ
ピッ

今から200万年以上前の
祖先たちも石器などの
道具を使っていたんだって
その末裔《まつえい》が
ホモサピエンスの
わたしたち
仲間はみんな
絶滅したけど
今や我々
「道具」だらけの中に
います
疲れたー 座りたい…
そして、人間は
「幸せ」になった
……のかな
ボーッ

ふと思い出します
火おこしをやってみますか？
ハイッ ぜひぜひ
やってみたいです

フウッ
ザッ
ハイッ
交代します

今井さんも
やってみて！
ハイッ
交代しますっ
キュッ
キュ
キュッ
なかなか
付かない
全然付かない

ああ
火の精霊
ここに来て!!

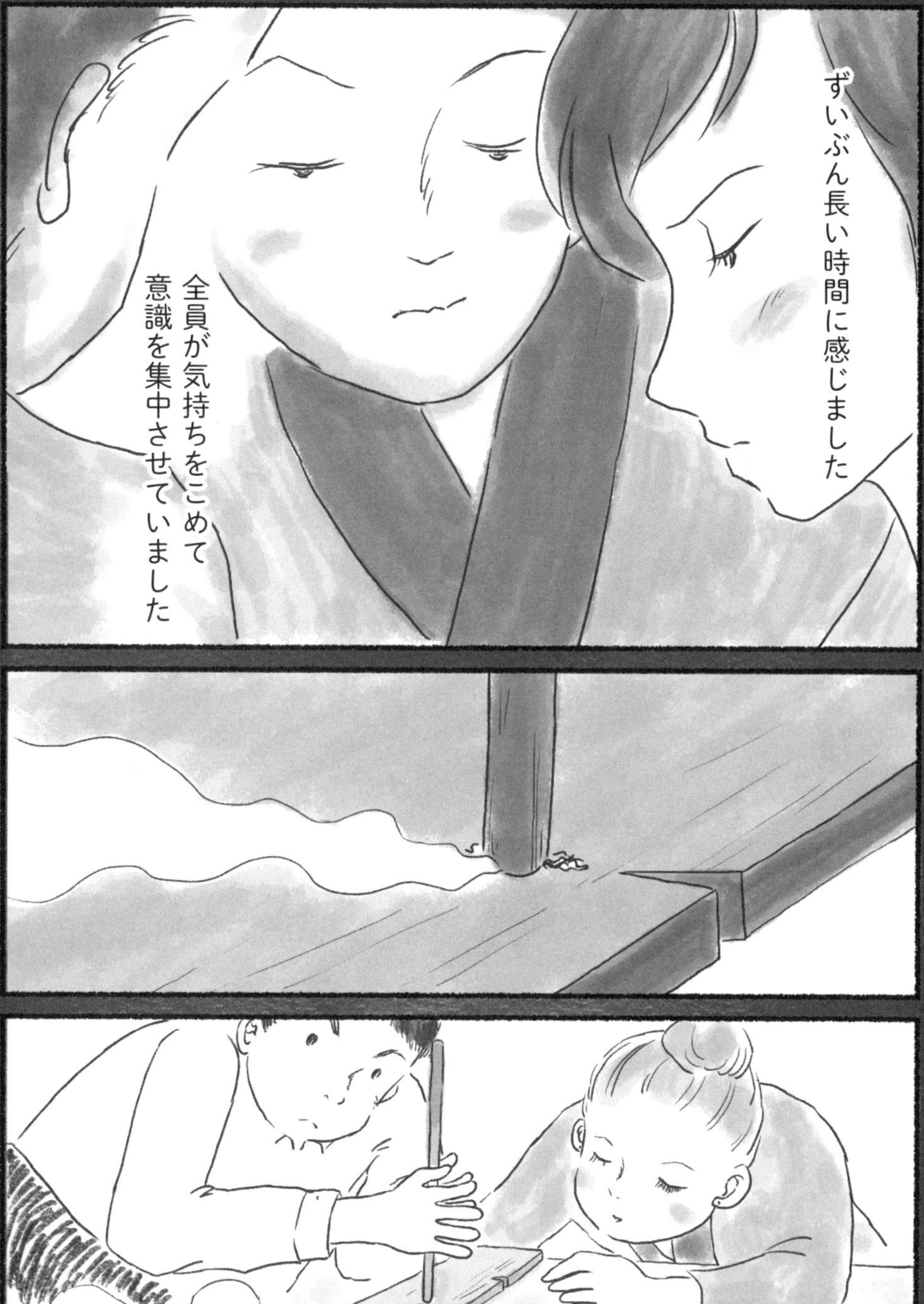
ずいぶん長い時間に感じました
全員が気持ちをこめて
意識を集中させていました

ポッ
産まれた火が
消えないように
慎重に大きくしていきます

消えないで!!
お願い
ガタタ－ン
ガタタ－ン
あのとき
わたし
確かに
祈りました

「命」が与えられますように

そんな、祈り

完

オススメ縄文本

Let's go to the Jomon!
by reading books.

もっと縄文時代を知りたい。そんなあなたにお勧め本です。この本に登場していただいた先生たちの書かれた本です。実際に縄文フィールドを駆け巡る専門家たちの性《サガ》！　熱い魂が感じられる良書ばかりです。ぜひぜひ！

縄文時代を解き明かす
阿部芳郎 編著

『縄文時代を解き明かす　考古学の新たな挑戦』

阿部芳郎編著　岩波書店　2024年

ジュニア新書のため、優しくわかりやすい文章で大変ありがたいです。内容は詳細な事実の積み重ねで、縄文時代を網羅しており濃密。これぞ考古学。執筆した先生たちの縄文に魅了されていく生い立ちが書かれたＶ章の「なぜ研究者になったのか」が、とても良いです。ぜひ大人にも！

タネをまく縄文人
最新科学が覆す農耕の起源
小畑弘己

『タネをまく縄文人　最新科学が覆す農耕の起源』

小畑弘己著　吉川弘文館　2016年

小畑先生の行動力と心理的描写と専門的記述が巧みに織りなされ、難しい箇所もぐいぐい読んでしまいます。縄文人と植物と虫たちへの探究心の根底には、先生のセンスオブワンダーがあります。いつしか、あなたも害虫ウォッチャーに！

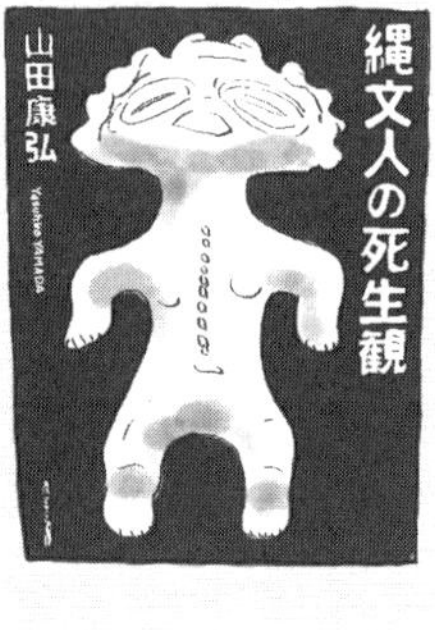
縄文人の死生観
山田康弘

『縄文人の死生観』

山田康弘著　KADOKAWA　2018年

国立歴史民俗博物館の縄文展示コーナーを見て興奮冷めやらず、帰りに売店で購入。私の縄文関連書の最初の1冊です。山田先生が中妻貝塚の100体近い人骨を発掘していく過程は、手に汗を握って拝読。まだわたしの手の汗、乾いてません。

『ここまでわかった！　縄文人の植物利用』

工藤雄一郎/国立歴史民俗博物館編　新泉社　2014年

最新の縄文研究の成果が詰まっています。実験考古学の凄まじさに圧倒されます。写真やイラストも多く、今までの縄文のイメージが覆《くつがえ》されます。続編の『さらにわかった！　縄文人の植物利用』で研究チームが迫ったのはカゴの遺物。これまた驚愕の事実が続出。ぜひ驚いてください。

『八ヶ岳を望む縄文集落の復元　梅之木遺跡』

佐野隆著　新泉社　2022年

大好きな新泉社のシリーズ「遺跡を学ぶ」。実際に遺跡を発掘した専門家たちによる遺跡発掘ドキュメント。八ヶ岳の麓の梅之木遺跡を発掘した佐野先生の発掘過程の記録では、発見した「道」の推定年代に悩む姿がリアルで印象的です。遺跡に行ってから読むか、読んでから行くか!?

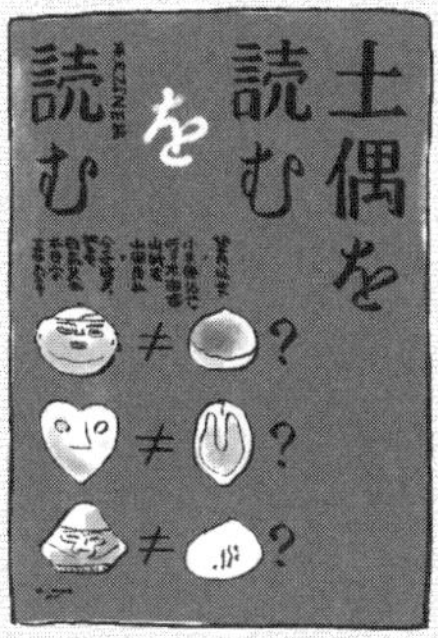

『土偶を読むを読む』

望月昭秀（縄文 ZI NE）編　文学通信　2023年

ヒット作『土偶を読む』を真正面から検証した本。『土偶を読む』を読んでいないわたしでも興味深く読み、勉強になることばかり。というのも登場する専門家たちに望月さんがグイグイ迫ります。でキラリと見えてきちゃうのです。専門知ってすごい！　縄文沼へようこそ！

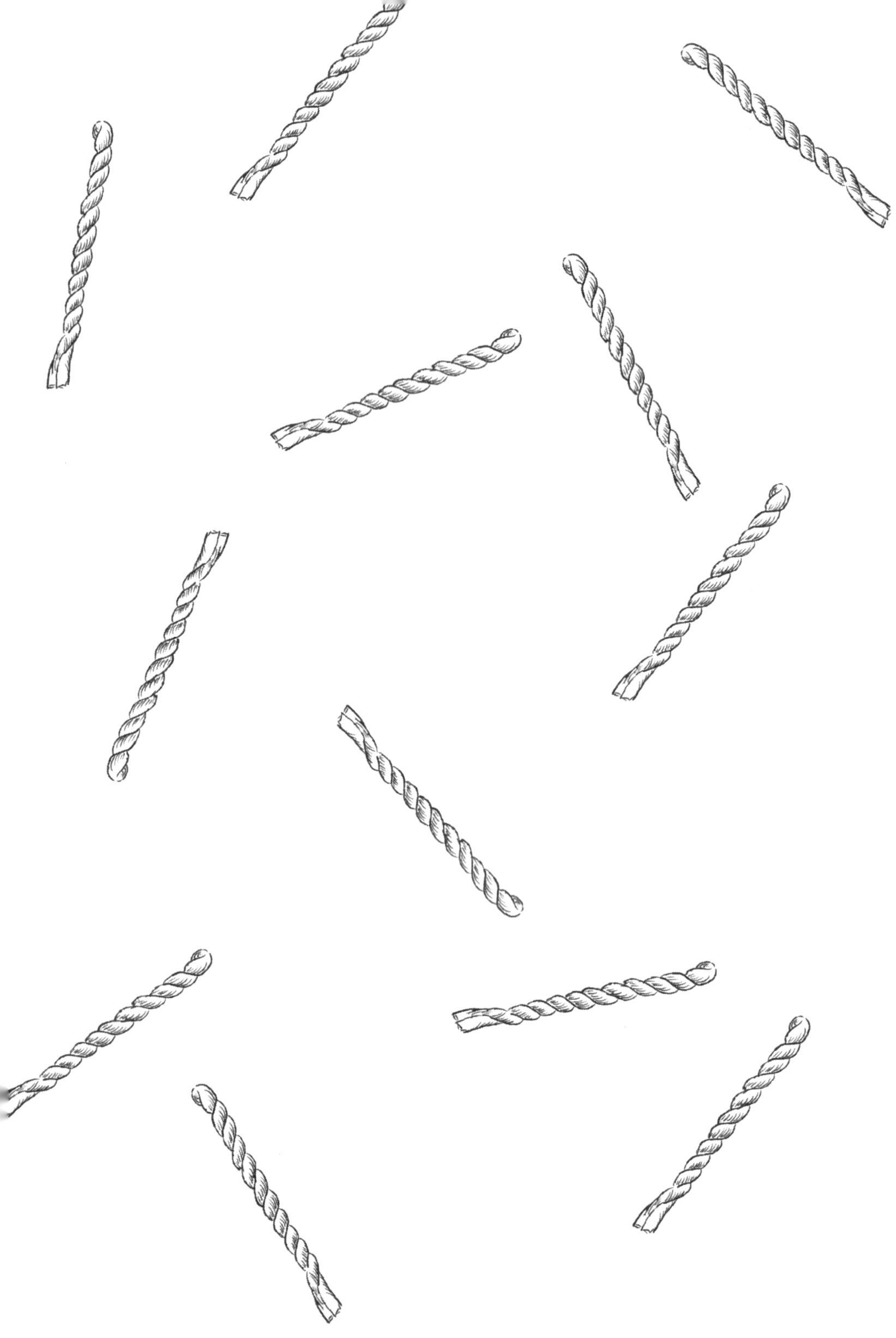

おわりに

これを書いている今、窓の外は大雨です。過去最大級の台風が九州から日本列島を舐《な》めるように北上し、昨日の時点でわたしの住んでいる地域は土砂崩れや浸水箇所があり、かなりの被害が出ています。

マンガにも描きましたが、こんなとき、縄文時代の人々はどうしたのでしょう。想像するだけで震えてしまいましたが、今やわたしにもいつそんなことが起こるのかわからない現実味を帯びてきました。

とはいえ、こうしてマンガが描ける、この恵まれている状況。そして縄文をテーマに様々な場所を訪れ、嬉しい出会いがたくさんありました。

鹿児島を案内してくださったアキじいこと西島昭治さん。縄文フレンドの石山理恵子さん。佐野菜津子さん。羨《うらや》ましいくらいに縄文人の黒田将行さん。皆さまの力強く明るい縄文愛に引っ張られ、なんとかわたしの縄文ストーリーを紡ぐことができました。

様々な専門家の方々が快くお話をしてくださいました。皆さまお忙しいなか対応していただいたのに、ときにはマンガのアドバイスもいただいて、とても楽しく特別な時間を過ごさせていただきました。

石坂雅樹さんにはプライベートな時間を割いていただき、連日質問に答えていただきました。的確なアドバイスで、この物語をより充実させることができました。国語力を下支えしてくださる砂田友己枝さん。いつも頼りにさせていただいています。

創作で困るといつも助けてくれる森下奈穂さん、森下結羽さん、Kardemummaこと小泉寛奈さん。皆さまにエネルギーをいただきました。本当に本当にありがとうございます!!

そして編集者の神崎夢現様。縄文テーマに右往左往して、ご心配をお掛けしました。深謝いたします。

たくさんの方々に助けていただいて、本書が完成しました。それがそのまんま、わたしにとっての縄文スピリットの追体験となりました。

不安がたくさんの昨今ですが、この本を読んでくださった皆さまの深いところに届いたならば幸いです。

令和6年　秋風を感じる頃の嵐の日　今井しょうこ

本書を記すにあたり、たくさんの文化財関係者の方々にご指導、ご教示いただきました。ここに感謝いたします。
以下掲載順

（公財）鹿児島県文化振興財団　上野原縄文の森　園長　前迫亮一様
公益財団法人かながわ考古学財団　新山保和様　新開基史様　野坂知広様
熊本大学大学院人文社会科学研究部　教授　小畑弘己様
金沢大学古代文明・文化資源学研究所　考古科学部門　特任准教授　佐々木由香様
富士見市教育部　水子貝塚資料館　学芸員　齊藤麻那様
伊勢原市教育委員会　教育総務課　諏訪間伸様　葉山貴史様
一戸町教育委員会　世界遺産課　菅野紀子様
八戸市埋蔵文化財センター　是川縄文館　学芸員　小久保拓也様
国立歴史民俗博物館　研究部准教授　中村耕作様
特定非営利活動法人　茅ヶ岳歴史文化研究所　主任調査技師　佐野隆様
新潟県津南町教育委員会　文化財班・ジオパーク推進室　文化財専門員　長澤展生様
富士見町井戸尻考古館・歴史民俗資料館　館長　小松隆史様
南アルプス市教育委員会　文化財課　文化財担当　保阪太一様
大田原市なす風土記の丘湯津上資料館　館長　上野修一様
公益財団法人　横浜市ふるさと歴史財団横浜ユーラシア文化館　主任学芸員　高橋健様
東京都立大学　人文社会学部歴史学・考古学教室　教授　山田康弘様
東北芸術工科大学　芸術学部歴史遺産学科　准教授　佐藤祐輔様

協力団体
公益財団法人かながわ考古学財団

今井しょうこ（いまい・しょうこ）

作家。

神奈川県箱根町出身。日本大学芸術学部文芸学科卒。学芸員資格取得。２０１０年、ハローワークに出ていた求人で遺跡発掘事務所に雇われる。業務は遺跡の発掘から報告書作成のための整理作業まで多岐にわたる。

自身の経験をもとにした著書『マンガでわかる考古遺跡発掘ワーク・マニュアル』『マンガでめぐる考古遺跡・博物館』（創元社）がある。

[note] https://note.com/shokorunrun

[X（旧Twitter）] https://twitter.com/tanu_ima

参考文献

『縄文式階層化社会』 渡辺仁 六興出版 １９９０
『いれずみ（文身）の人類学』 吉岡郁夫 雄山閣 １９９６
『イザベラ・バードの「日本奥地紀行」を読む』 宮本常一 平凡社 ２００２
『シリーズ「遺跡を学ぶ」14 黒潮を渡った黒曜石 見高段間遺跡』 池谷信之 新泉社 ２００５
『先史日本を復元する2 縄文のムラと社会』 松本直子 岩波書店 ２００５
『市民の考古学４ 考古学でつづる日本史』 藤本強 同成社 ２００８
『移動と流通の縄文社会史』 阿部芳郎編 雄山閣 ２０１０
『歴博フォーラム 縄文はいつから!? 地球環境の変動と縄文文化』 小林謙一／工藤雄一郎／国立歴史民俗博物館編 新泉社 ２０１１
『列島の考古学 縄文時代』 能登健 河出書房新社 ２０１１
『縄文土器を読む』 小林達雄編 アムプロモーション ２０１２
『縄文土器ガイドブック 縄文土器の世界』 井口直司 新泉社 ２０１２
『シリーズ「遺跡を学ぶ」別冊03ビジュアル版 縄文時代ガイドブック』 勅使河原彰 新泉社 ２０１３
『歴博フォーラム ここまでわかった！ 縄文人の植物利用』 工藤雄一郎／国立歴史民俗博物館編 新泉社 ２０１４
『タネをまく縄文人 最新科学が覆す農耕の起源』 小畑弘己 吉川弘文館 ２０１６
『縄文時代史』 勅使河原彰 新泉社 ２０１６
『歴博フォーラム 縄文時代 その枠組・文化・社会をどう捉えるか？』 山田康弘／国立歴史民俗博物館編 吉川弘文館 ２０１７
『歴博フォーラム さらにわかった！ 縄文人の植物利用』 工藤雄一郎／国立歴史民俗博物館編 新泉社 ２０１７
『縄文人の死生観』 山田康弘 ＫＡＤＯＫＡＷＡ ２０１８
『縄文時代の歴史』 山田康弘 講談社 ２０１９
『縄文時代の不思議と謎』 山田康弘 実業之日本社 ２０１９
『入門縄文時代の考古学』 谷口康浩 同成社 ２０１９
『もののけの日本史 死霊、幽霊、妖怪の１０００年』 小山聡子 中央公論新社 ２０２０
『歴史文化ライブラリー５１４ 顔の考古学 異形の精神史』 設楽博己 吉川弘文館 ２０２１

『すべては「姿かたち」にあらわれる！　日本の歴史生活図鑑ビジュアルブック』　山田康弘・仁藤敦史・澤田和人　東京書店　２０２１

『縄文人も恋をする!?　54のQ&Aで読みとく縄文時代』　山田康弘　ビジネス社　２０２２

『週末の縄文人』　週末縄文人　縄・文　産業編集センター　２０２３

『シリーズ「遺跡を学ぶ」154　八ヶ岳を望む縄文集落の復元　梅之木遺跡　佐野隆　新泉社　２０２２

『ゲノムでたどる古代の日本列島』　斎藤成也監修・著　山田康弘・太田博樹・内藤健・神澤秀明・菅裕　著　東京書籍　２０２３

『土偶を読むを読む』　望月昭秀編　文学通信　２０２３

『縄文時代を解き明かす　考古学の新たな挑戦』　阿部芳郎編著　岩波書店　２０２４

『Q&Aで読む縄文時代入門』　山田康弘・設楽博己編　吉川弘文館　２０２４

『楽しく学べる歴史図鑑　土偶』　山田康弘　スタジオタッククリエイティブ　２０２４

参考図版

『縄文の女神　人面装飾付土器の世界』　山梨県立考古博物館　２００４

『縄文はいつから!?　一万五千年前になにがおこったのか？』　国立歴史民俗博物館　２００９

『特別展縄文　一万年の美の鼓動　ＪＯＭＯＮ』　東京国立博物館　２０１８

変わる縄文

遺跡発掘作業員のわたしが追いかけた一万年

2024年11月29日　初版発行

著　今井しょうこ

発行者　山下直久

編集　ホビー書籍編集部

編集長　藤田明子

担当　岡本真一

発行　株式会社KADOKAWA

〒102-8177 東京都千代田区富士見2-13-3

TEL:0570-002-301（ナビダイヤル）

企画・編集・デザイン　神崎夢現［mugenium inc.］

本文組版　小石和男

印刷・製本　大日本印刷株式会社

ISBN978-4-04-738162-9 C0095

［お問い合わせ］

https://www.kadokawa.co.jp/（「お問い合わせ」へお進みください）

※内容によっては、お答えできない場合があります。

※サポートは日本国内のみとさせていただきます。

※Japanese text only